ジャック・サピール

EU崩壊

秩序ある脱＝世界化への道

坂口明義◉訳

藤原書店

日本語版への序

――イギリスのＥＵ離脱とトランプの勝利から脱グローバル化を考える――

ブレグジット（イギリスのＥＵ離脱）とトランプ勝利によって、いくつもの重要な変化が起きつつあることがわかってきた。イギリスのテリーザ・メイ首相は、営々としてブレグジットを進める中で、イギリス再工業化の必要性を主張している。彼女が提案している政策は、事実上、イギリスで三〇年以上続いてきた新自由主義的政策に背を向けるものである。だがドナルド・トランプは、これに関しては躊躇している。自分のアイデアのいくつかがアメリカの大企業によって支持されていることを紹介したトランプのツイッターからは、彼が国際的な選択に関してはメイよりもずっと慎重であることがわかる。今起きている変化は、ブレグジットやトランプ勝利によっては不完全にしか表現されていない。実を言えば、ブレグジットもトランプ勝利も全体的な問題に対する部分的な対応でしかない[(1)]。実情は、脱世界化《デモンディアリザシオン》＊が進行中である、ということである。これは、今ひとつ輪郭をとらえにくい現象なのである。このテーマに関しては、統一的なイデオロギーも練り上げられたプランも存在しておらず、悪行の確認リストがあるだけである。脱世界化が無秩序な仕方で実現されていくのかどうか、それとも逆に最大多数の国民の利益になっていくのかどうかはまだわからない。

＊〔訳注〕本書では「グローバル化《グロバリザシオン》」は経済のグローバル化（商品のグローバル化と金融のグローバル化の総称）を、「脱グローバル化《デグロバリザシオン》」はそこからの脱却を指す用語である。これに対して「グローバル化」「脱グローバル化」の現象を、付随する政治的・社会的変化も含めて総体としてとらえようとする用語が「世界化《モンディアリザシオン》」「脱世界化《デモンディアリザシオン》」である。詳しくは「はじめに」を参照のこと。

■世界化か自給自足体制か――的外れの論争

まず用語について理解しておく必要がある。歴史の中では、紛争の時以外、全面的な自給自足体制の時期というのはきわめて稀にしかなかった。ファラオの時代、既に遠隔地貿易は存在していた。中世や近代になると、貿易フローが大きくなり、その距離も既にきわめて長くなっていた。こうして振り返って見ると、遠隔地の貿易ないし取引の存在によっては世界化《モンディアリザシオン》の時期は定義されないことがわかる。世界化の時期を定義するのは何か。一つは、諸国間の金融流通であり、これは資本移転を容易にするだけでなく、危機〔の展開〕に新たな空間を開き、いくつかの企業が生産空間の外で利潤を実現することを可能にする。もう一つは、これに関連する現象として、製品を製造している企業の立地場所とそれが販売される場所との分離である。この点は重要である。この分離により企業経営者たちは、自らの利潤を危険にさらすことなしに、労働者の賃金に低下圧力をかけることができるのである。もしも生産の場所と販売の場所が同一である場合に同じことをすれば、必ずや利潤が危険にさらされるだろう。

したがって、われわれが「世界化《モンディアリザシオン》」ないし「グローバル化《グロバリザシオン》」と呼ぶものは、一方では、企業の取引が国のルールから解放されることによって、他方では、この解放に対する反動として、それぞれの国の民主主義が潜在的に危機に陥ることによって性格づけられる。[2]「世界化」を経済的現象（自由貿易）や金融的現象（管理されざる資本の超国家的流通）に還元してしまうことは、たとえ二つの現象が重要でありかつそこで種々の新しい行動が生起しているとしても、[3]やはり誤りである。「世界化《モンディアリザシオン》」は総体的な現象であり、諸国民がそれについて抱く表象には社会的次元と政治的次元の両方が入り込んでくる。多国籍企業が国家的ルールから解放されるまさにそのことによって、民主主義の危機が引き起こされる。これにより今度は、多様な形態の異議申し立てが活発化する。そうした異議申し立てはどれも大衆受けするものであるが、いくつかのものは「ポピュリスト的」である。

■世界化の政治的影響

「世界化《モンディアリザシオン》」は、その派生効果によって、意思決定能力と意思決定者の統一性を、すなわち民主主義の存在基礎となる統一性を突き崩すに至る。ところが民主主義は、「人民」がそこにいることを、つまり国境によって画される主権的な政治体が存在することを必要としている。ここで「主権的」

という語は広い意味で用いられている。主権は、人民という政治的共同体を性格づける意思決定の自由によって定義される。人民はこの自由を国民《ナシオン》ないし国家《エタ》の枠組みを通して行使する。われわれの自由に必ず見られるこの社会的・集団的な次元を忘れてしまうのが、「自由主義の《リベラル》」立場の特徴である。世界化《モンディアリザシオン》が「勝利」を収めて以降、自由主義の立場それ自体は「左－右」の区別を超越している。また、既に知られているように、いくつかの自由主義の流れにあっては、自由主義の立場は——驚くには及ばないことだが——主権性の観念を敵視するのだという。

しかし、社会を作っているのは何なのか、すなわち何が「人民」を構成しているのかを理解しなければならない。そうして、ここでの「人民」が倫理的・宗教的共同体ではないことを理解しなければならない。「人民」について語ることは、自らの手で将来をつかみ取ろうとする集合した諸個人の政治的共同体について語ることにほかならない。(4) ここで言う「人民」とは、行動の中で構築される「対自的」な人民のことであり、「即自的」な人民のことではない。

こうした政治体〔人民〕が、国境の内側でその主権を行使する。主権を主張する運動がどこにあっても——国は違えども——強力であることは、これで説明される。こうした運動のうちいくつかのものは、「ポピュリスト」的特性を獲得していった。それというのも、運動が繰り広げられる際の政治的枠組みには固有の病理学が、すなわち政治・経済・メディアのエリートたちの間での結託——エリート間の結託の特殊形態——がともなうからである。何よりもまず、ラテンアメリカで左翼ポピュリストが台頭したとき、このような現象が見られた。(5)

それゆえ、世界化《モンディアリザシオン》に対する大衆の反応のいくつかが――部分的または全体的に――代議制民主主義の枠組みを問い直すものであったとしても、驚くには当たらない。代議制民主主義そのものに歪みが起きていたことからすれば、これは正常なことである。「民主主義諸国」から政治が消滅するということは、取りも直さず、そこには全く意味がなくなるということにほかならない(6)。

■「もう一つの世界主義」の貧困

それでも、「世界化《モンディアリザシオン》」と民主主義の折り合いをつけることができると考えたり、そう期待する人がいるだろう。「もう一つの世界主義者《アルテルモンディアリスト》」と呼ばれる潮流を駆り立てているのは、こうした哲学であると言ってよい。しかしこの運動は根本的な矛盾に突き当たっている。すなわち、「人民」を正確に定義することなくして、すなわちその政治的アイデンティティを尊重することなくして、どうやって民主主義を再建すればよいというのか。世界政府（もしくは諸国民総体の中の地域政府）は、人民の構築に政治的アイデンティティが不可欠な要素であるという事実に直面せざるをえない（し直面するだろう）。ところが政治的アイデンティティは常にゆっくりとしか変化しない。おそらく政治変化のタイムスパンで見る限り変化はしないし、何らかの収斂も見られない。こういうわけで、「もう一つの世界主義者」と呼ばれる――あるいはやむをえずそれを自称する――人々は無力であらざるをえず、「彼らの」人民に対していかなる責任も負おうとしない公然と反民主主義的な哲学――「民《デモ》のない民主主義《デモクラシー》」（地に足が着いていていない民主主義）――へと後退せざるをえないのである。「法による民主主義」というアイデアは、この哲学に含まれると見てよい。「法による民主主義」のシステムにおいては、民主主義の定義が、単にルール遵守を監視するだけのことに還元される。昔から、そのようなシステムが現実には「行政的な独裁者[7]」、つまり独裁体制[8]であることは知られている。「法の支配」が完全に独裁権力の仮面になり下がりうることは証明されている。すなわちディヴィド・ダイゼンハウスは著著『法の制定（The Constitution of Law）』において事例研究を行い、最終的に、実証主義への批判を根拠づけることに成功している。この点はきわめて重要である。ここから、どうして法の支配（すなわち形式的な合法性）と法文遵守に関する強迫観念がたいていは政府の政策——いかなる政策であれ——の利益になるのかを理解できるのである。著者は繰り返しアパルトヘイト法体制の堕落についての自分の分析[9]を引用することによって、悪質な判例が、南アフリカの裁判官たちの人種差別的信念によりも、むしろ彼らの「実証主義」に起因していることに注意を促している[10]。

　われわれが理解するところでは、政治的共同体の——いわゆる人民の——自由は、その人民が暮らしている領土的全体の自由へと貫かれる。このことを直観的に理解する人もいれば、念入りな考察の結果として理解する人もいるであろう。同じ運動の中で「国民」を思い浮かべることなしに、「人民」について考えることはできない。それだから、「国民」の枠内における「人民」の自由がまさに主権と呼ばれるのである。これこそ、民主主義が存在する上で主権が不可欠である理由である。主権は一つであって分割されない——誰かの気に入らなくても——が、その利用のされ方は多様である。そうなると、「左派の」または「右派の」主権を語ることには意味がないか、もしくは、隠れた意味、すなわち主権の——事実上の——否定という意味しかないことになる。こうしてわれわれは、民主主義の表現と見なされる政治と、あらゆる場所であらゆる瞬間にこの政治を「廃位」しようとする「世界化《モンディアリザシオン》」とが二律背反であることを理解する。(11)

■ラディカルな異議申し立ての活発化

それゆえ、これとは逆に、われわれの政治システムの中に専制的要素を配置する諸形態に対してラディカルに異議を申し立てようとする運動は、「世界化《モンディアリザシオン》」と呼ばれるものと正面から直接に対決せざるをえなくなる。ユーロの事例のような、「世界化《モンディアリザシオン》」がとる地域的形態についても同じことが言える。(12)この運動には次のような二つの異なる形態があり、どちらも人民主権を再確認しようとするものである。すなわち、一方には、（文字通りポピュリズムの運動にあっては）カリスマ的正統性が支配する形態があり、他方には、正統性の民主主義的形態・官僚主義的形態・カリスマ的形態を多様なやり方で混合した枠組みがある。これらの運動は主要な諸条約をだけでなく、様々な形態の人民主権剥奪——それゆえグローバル化の拡張局面の際に見られた様々な形態の剥奪——を食い止める自らの能力を自負してきた諸機関をも再検討に付そうとしている。このことは、これらの運動がいかなる国際協力のアイデアも拒否しているということではない。むしろ、将来的には**諸国民**（Nations）が国際協力を支配しなければならないと言いたいのである。現実にある国際的な

権利（Recht）も各国の**権利**から——協調の**権利**から——派生したものである。[13] これは、シモーヌ・ゴヤール＝ファーブルによって展開された論理である。[14] 彼女はまた、主権行使の諸条件に立ち戻り、行使原則が物質的・技術的な障害によって問い直されることはないことを明らかにした。こうして彼女は次のように述べる。「分化した諸機関（専門的能力を持ち互いに独立して仕事をしている）の助けを借りてしか主権を行使できないということは、国家の主権的パワーの性質をいささかも変えるものではない。組織の多元主義によって［…］国家の本質や形態が分裂することはないのであり、主権は一個のもの、分割不能なものである」[15]。主権の実際的限界から主権の原理の限界を導きだそうとする議論は、根本において大きな弱点を抱えている。国家自身が、万物を——国家のものである領土も含めて——物質的にコントロールできるとは主張してこなかった。最も強大で最も絶対的な専制君主も、嵐や干ばつを前にすればなす術がない。自然の領域に関連するこうした限界を、**主権者**（Souverain）の能力の限界と混同してはならない。主権の問題がその十全な意義を獲得するのは、諸物の象徴的な秩序におけるその位置を考慮に入れる場合である。主権であるかどうかは、誰が意思決定を行うかを見るだけではわからない、言い換えれば、プロセスが当該の政治的共同体の内部なのか外部なのかを見るだけではわからない。ジャン・ボダンの著作にいう主権には、国家に具現される共同利益が考慮されているという含意がある。[16] そこでは、主権の原理は集団内の共通《コミュン》の事柄に基づくとされ、誰がこの主権を行使するかに基づくとはされていない。

■脱世界化の今日

ここにおいてわれわれは、二〇一六年に経験した様々な出来事および近い将来に経験するであろう出来事が一つの全体を形づくっていること、この一全体の首尾一貫性は、主権を回復しようとする人民の意思のうちに見いだされることを理解する。ブレグジットであれドナルド・トランプの勝利であれ、どの出来事にもその特殊性があり、それらは当然にもそれぞれの特殊な文脈において眺められねばならない。しかし、様々な特殊文脈は、それ自体がより一般的なメタ文脈——寡頭制に対する人民の反乱——の一部となっているのである。ここのところが見えない人は、真に盲目であると言うしかない。この反乱は、アメリカにおける実業家の当選という回り道をとることもあろう。しかしこれは、政治の狡智の表れでしかない。それゆえこれらの運動をその地域の特殊性においてだけではなく、全体においても理解しなければならない。地域性としてのイギリスの文脈とアメリカの文脈との大きな差異を考慮に入れるだけでは、ブレグジットとトランプ勝利は事実上ほとんど関係ないものとなる。これに対して——私が明らかにしてきたように——全体はグローバル化拒否の反応となって現れている。

ここで問題となるのは、二つの運動が世界化《モンディアリザシオン》に対する首尾一貫した反応をもたらすことができるかどうかである。二つの運動は、何よりもまず、世界化《モンディアリザシオン》の拡大局面で配備された諸制度という足枷を破砕しなければいけない。しかし二つの運動は、その相互作用から見てもその地域的特殊性から見ても、世界の組織化という問題を提起してはいない。したがって、運動は一定の場合——はっきり言えばトランプの場合――には「得手勝手主義」の様相を呈することが避け難い。ただしこうしたことは決まって一時的なものでしかない。加えて、トランプは自身の国際政治日程の一部を修正しつつある。また、ひとたび国民〔人民〕が自らの主権を回復するならば、協力と協調の論理が確立されることになろう。これはただ単に、大規模な戦争(ここでは内乱――われわれは既にいくつかを経験した――は考えていない)によるコストが指導者の生命を直接に脅かすからにすぎない。ただしわれわれは、世界政府のユートピアと紛争に満ちた世界の現実との狭間で、「ウエストファリア型」政治の困難な道を再び見いだし、協調の仕方、対等国同士の同盟の仕方を再学習しなければならないだろう。(17)

■EUの役割

こうした観点からすると、EUが「世界化《モンディアリザシオン》」に関して演じる役割を考察することが重要となる。最も頑迷なEU支持者がしばしば持ち出す議論の一つに、EUはわれわれを種々の災禍から「守ってくれるだろう」というものがある。しかしこれは大いに疑わしい。しかもM・エマニュエル・マクロンですら、EUをもっと「庇護者的」なものにするよう公けに訴えている。このことは、EUがその役割を果たしてこなかったことを、彼が暗黙のうちに認めていることを意味する。現実にはEUは、その加盟諸国を守ってくれていないし、これまでも守ってくれたことがなかった。もしも守ってくれているとすれば、アメリカの金融危機(住宅ローン市場が関係する危機)がEU諸国の銀行システムに対してこれほどの打撃を与えることはなかったはずだ。実際にはＥＵは、商品・金融の世界化《モンディアリザシオン》に屈服してきただけでなく、それを先取りしさえしていた。ＥＵはＷＴＯ協定の先取りであったし、今日もなお、完全なる秘密主義の下で、ＥＵの人々〔人民〕にとって極めて有害な協定をめぐり交渉を行っている。ＣＥＴＡ（カナダＥＵ包括的経済貿易協定）がそれであるし、将来的にはＴＡＦＴＡ（大西洋自由貿易圏）もそれである。

制度的に現存するＥＵすなわちＥＵ二七カ国は、グローバル化との断絶を推し進めるための条件を少しも満たしていない。ＥＵはグローバル化プロセスに深く関与しすぎているため、われわれの提示した見解が他の二六カ国を惹き付けることは期待されない。グローバル化プロセスの媒介者《ヴェクトゥル》となっているのが、ブリュッセルの指令である。このことから、ヨーロッパの様々な国の人民が、諸能力の「再国有化」――国により固有の差異はあるが――に賛成の立場をとっている。

グローバル化がフランス経済に圧力を及ぼすに際して、ＥＵが一五カ国から二八カ国（イギリスの離脱後は二七カ国）へと拡大したことの影響は大きかった。いまや旧「東欧」諸国は、障壁に出遭うことなくヨーロッパの原加盟主要国へ輸出することができるようになった。いくつかの生産部門において生産性が著しく上昇したが、賃金は高失業によって抑制されていたので、生産性と同じ速さでは上昇しなかった。実は、ここではいわゆる「近隣」立地分散《デロカリザシオン》のメカニズムが働いていた。旧「東欧」諸国は、自動車等のいくつかの部門において、巨額の投資を受け入れた。これが生産性上昇を可能にした。しかし西欧企業には、著しく安価な労働力によって必ず利益を得られるだろうことがわかっていた。

ここで、ＥＵでは賃金格差が非常に大きいこと（本書では平均賃金と中位賃金についてこれを確認した）を思い出していただきたい。フランス・ドイツ等の国とスロバキア・ポーランド等の国との間で生産性格差が著しく大きい可能性を考慮して調整したとしても、賃金格差はなお残る。一～三倍の賃金格差である。こういう条件の下で、単一市場を構築し、加えて為替相場の変動停止――ユーロのこと――を導入するならば、行き着く先は破綻以外にない。これこそまさに、フランスの産業と労働者に対する犯罪である。一九九九年以降の衰退について言えば、こうした状況がフランスの失業のうち約三分の二（すなわち約四五〇万人の直接失業）の原因であると考えられる。

■ＥＵの裏切り？

以上のような状況が立地分散《デロカリザシオン》運動の基本的原因である。この状況は、（生産性を調整した）賃金が最も低い国の水準へと賃金を低下させる可能性しかもたらさない。ＥＵは、本書のフランス語版が刊行された二〇一一年に私が他の著者とともに提案した「社会的補償金」のような是正措置の導入を一貫して拒否してきた。

種々の大きな不均衡が見られるこうした状況は、「新規参入国」と呼ばれる国の住民にさえも利益をもたらさなかった。実は、一九九〇年から二〇〇〇年代半ばにかけて、彼らと西側経済との間の所得格差は拡大してすらいる。今日それは、一九三〇年代末に観察された格差に再び等しくなっている。この点について私は、疑い深い読者に、拙著『ユーロ・リベラリズムの終焉』(二〇〇六年)(18)を参照するよう勧めたい。読者はそこに有用な数字を見つけるであろう。ソビエト後の〔市場経済〕移行とEU加盟を経て以降、西欧諸国(ドイツ・フランス)に対する「新規参入」諸国の相対的な状況は絶対的に後退した。このことが、「新規参入」諸国からの大量の移民の流れを説明するのである。しかしEUの大企業は、フォルクスワーゲンであれ、BMW、メルセデス、さらにはルノーやPSAであれ、低コストの労働力を見いだすことで利益を引き出してきた。これらの企業は、本国の労働力を低コストの労働力に置き換えたのである。

つまり、EU拡大プロセスによって、原加盟国とはいずれも大きく異なる経済社会構造を有する国々がヨーロッパに入ってきてしまった。よって、一人当たりGDPよりも「社会的な」データを見ても、同じプロセスが観察されることになる。例えば平均余命の格差は拡大傾向にありしばしば著しく拡大しているが、本来であれば一九九〇年以降縮小すると考えてよかったはずだ。こうした拡大プロセスが現実にブリュッセルで決定されてきたのである。このことは、EUに対する人々の激高にも説明を与える。このことが不断にヨーロッパのポピュリズムを育て上げてきた。エマニュエル・マクロンの勝利によりフランスではポピュリズムが一時的な挫折を経験したとはいえ、それを生み出した諸問題が依然として重要である以上、すぐに攻撃は再開されるものと考えてよい。

■EUを変革できるのか？

　このような状況を前に政治家諸氏は、今後三〇年くらい繰り返し、EEC〔欧州経済共同体または共同市場〕やEUの改革を訴えていくことになろう。ミッテラン大統領〔当時〕は、一九八八年にジャック・シラクとテレビ討論を行ったときに、「単一議定書」が想定している「大きな市場」を建設するには賃金と税制の調和が必要であると言っていた。マーストリヒト条約のための国民投票のときにも、この点は再び論議の的となった。しかし、残念ながら何もなされてはこなかった。新たな投票日の日程が発表されるたびに、前回と同じ政治家が、または彼らの後継者が、われわれにこう語ってきた。「EUを変えなければならないことは確かだが、何よりもまずEUを守らなければならない」と。彼らは、ゲーム論において、全プレイヤーが〈何よりもまず現状を維持したい〉と一斉に表明すると、現状を変える手段が決定的に奪われる、とされていることも知らないのだろうか。この観点から見ると、エマニュエル・マクロンの言説のうちに唯一見いだされる首尾一貫性は、ヨーロッパへの選好《プレフィランス》だけであることがわかる。これも一つの選択であって、共有することも可能である。しかしこれによって、マクロンが〈EUを内部から変革し進化させたい〉と主張することは全面的に禁じられる。というのも、時として変革は種々の対決を通じてしか進められないものだからである。目下の状況にあっては、何よりもまずドイツとの対決が重要である。このことを意識すべきである。後でドイツと「共に」働けるようにするには、それに先立ってまずはドイツと戦わなければならない。これは、マクロンが無視を決め込んでいることであるし、EUの変革に関する彼の言説をすべて無効にすることでもある。

したがって力関係を築き上げなければならない。そしてそのためには、このことが別の――まさしくEU離脱という――解を含意していることを意識しなければならない。この解が至極当然のことのように言及されることこそが、力関係の構築を可能にするのである。一九六〇年代初めのドゴール将軍によるいわゆる「欠席」戦術は、EECに無効を宣告した。いくつかの決定について満場一致ルールが廃止されてからは、この方法を用いることはできなくなった。これに代わることができるのは、EUからの退出《ソルティ》の威嚇だけになった。この観点からEU離脱をよく検討すべきである。だからと言ってこれは「第一選択」として望まれているものではなく、むしろフランスの歴代政権があまりにもしばしばとってきた妥協戦術に対する熟慮された対案として望まれるものである。

■協調と協力は連合に先立つものか？

そこでいまや、いくつかの点に関して、各国間の政策協調に立ち返るべきである。各国間の政策協調のみが発展と社会正義を同時に保証しうるのである。ここで強調しておきたいのは、われわれが全くの誤りからEUの功績に帰している偉大な産業的成功――エアバス（トランザール・プログラムに関する仏独協力の産物）やアリアン――は、〔実は〕協調と協力によるものだったということである。

こうした政策を既に実施している国は少なからずある。この点に関してヨーロッパ大陸がとってきた遅れはかなり悲劇的である。「ヨーロッパ」の建設は、現実的な産業政策および社会政策を実施する能力の欠如によって、政治的には風前の灯火となっている。われわれは「ヨーロッパ」建設という口実の下に、これらの政策を計画することすら放棄してしまったのである。しかしダニ・ロドリクが指摘するように、なぜそのような政策かはもはや問題ではなくなっており、いまやどのようにしてを問題にしなければならない(19)。この問題を総体的に――為替相場の問題、教育やインフラ開発の問題を含めて――考えなければならない。韓国（居住者四三〇〇万人）、台湾、マレーシア等の国々が行っているこうした政策からわかるのは、国家が大企業のための戦略や協力に関して役割を果たすのに必要な手段を持っているということである。

　今日時点で確認しておくべきは、以上の諸点のほとんどに関して、今作動しているEUが厄介な障害物になっていることは既に明白だということである。というのも、EUが進めた対外開放の政策は、一九九〇年代以降、われわれの産業の構造的危機を加速してきたからである。長い間わが国の強みであったエネルギーや輸送の分野においてインフラ体系が次第に劣化してきたのは、一貫してEUのせいであった。こうした政策を変えることは可能である。しかし抵抗があまりにも強いようであれば、断固としてわが国の経済政策を再国民化《ル・ナシオナリゼ》しなければならないだろう。ヨーロッパ・レベルの行動がわれわれに最大の可能性を開く行動であることは確かだが、貿易相手諸国との合意が一時的に不可能であることが判明したときには、各国レベルでの行動も決して排除すべきではない。商品の脱グローバル化が進行しているのは、商品グローバル化の現象が既にその（社会的・エコロジー的な）限界に到達してしまい、今日いくつかの国の一部の指導階級にとって脅威となっているからにほかならない。しかし彼らは商品グローバル化だけを非難しているのではない。というのも、商品グローバル化が進められるのと並行して、金融グローバル化の運動も見られ、二〇〇七年夏以降にわれわれが経験した金融危機――まだ終了したとは到底言えない――に示されるように、金融グローバル化の運動もまたその限界に到達したからである。

二〇一七年五月

ジャック・サピール

ＥＵ崩壊　目次

第Ⅰ部　商品のグローバル化――その冒険・遭難・結末　31

ＥＵ崩壊

秩序ある脱＝世界化への道

凡例

一　原文の脚注は（1）（2）……で示し、章ごとにまとめて巻末に配した。

一　あえて直接話法風に訳した箇所には、原文にない〈　〉を補った。

一　訳者による補足は〔　〕で示した。長い訳注は＊で示し、当該段落末に配した。

一　原文イタリックの箇所のうち、強調を意味する箇所には傍点を付した。

一　原文で大文字の普通名詞といくつかの見出しは、太字で示した。

一　書名、新聞・雑誌名は『　』で示した。

一　引用文のうちすでに邦訳があるものについては、できるだけ既訳に従うこととしたが、文脈に応じて表現を修正したものもある。

はじめに

フランス語では、経済のグローバル化〔グローバリゼーション〕のことを、もっと意味が広い用語で「世界化《モンディアリザシオン》」と呼んでいる。二十一世紀初めの現在、われわれが目撃しているものは、経済グローバル化の後退だと言える。歴史と政治のどちらもが権利回復をなし遂げている。少し前まで非力と見なされていた国家が息を吹き返し、万能と見なされていた市場は後退している。

これまでグローバル化――または世界化《モンディアリザシオン》――に関しては、相対立するいくつもの熱弁が振るわれてきた。ほめそやす人もいれば、けなす人もいた。追従する人もいれば、反対を唱える人もいた。グローバル化が後退しつつある今日にあって、グローバル化に退歩を見てとる人がいる一方、その進歩を讃える人もいる。

さて、脱世界化《デモンディアリザシオン》ないし脱グローバル化について考えることは、読者にとってさほど困難ではないだろう。というのも、上げ潮があれば引き潮もあるというエピソードは、誰もがいくつかは知っているはずだからである。しかし本当のところは〔それとは違って〕、大きな危機が通り過ぎた後に脱世界化《デモンディアリザシオン》がやってきた、ということである。ここから、昔ながらの不安が頭をもたげてきている。今の脱世界化《デモンディアリザシオン》は、戦争の時代への逆戻りを告げているのではないのか、と。だがこの不安は、かたや無知によって、かたや打算によって人々の間に広まった嘘の裏面でしかない。グローバル化ないし世界化《モンディアリザシオン》は「幸福」なことではなかったし、かつて一度も「幸福」であった試しがない。軍事対立に取って代わる「優しい貿易」という神話は、あまりにも広まりすぎたため、人々が気に留めることもなくなっている……しかし実はこれ、単なる神話にすぎない。いつだって軍艦は商船を先導してきた。支配的列強諸国は自らの力を行使して、市場の開放を迫り、交易条件を自国有利に修正してきた。

この四〇年ほどの間にわれわれが経験した世界化《モンディアリザシオン》は、ブレトンウッズ協定由来のシステムが一九七三年に解体したことから始まった金融のグローバル化と、自由貿易〔という用語〕に要約される商品《マルシャン》のグローバル化*とが組み合わせられたことから帰結したものである。商品のグローバル化は、その各段階において、幾多の暴力と戦争を喚起してきた。今日われわれは既に、その結果を知っている。すなわち、市場の全面化がもたらす経済的・社会的な退歩が、まずいわゆる「富裕」国を、その次にいわゆる「新興」諸国を襲った。市場の全面化は自然資源の過剰開発につながり、日々悪化しゆくエコロジー危機に一五億人以上もの人々が巻き込まれている。市場の全面化は、多くの国において社会的紐帯《リヤン・ソシアル》の破壊を引き起こしているだけでなく、無数の人々を「万人の万人に対する闘

い」に、すなわち熱狂的な個人主義のショック（もっと悪質な別の退歩の徴候）に追いやっている。(1)

＊〔訳注〕「市場のグローバル化」「商業のグローバル化」という訳語も可能だが、本書では財市場の対外開放を意味する用語であることを明確にするために「商品のグローバル化」という訳語を当てた。

こうした世界化《モンディアリザシオン》は、非常に大きな――だがプラスであったことは滅多にない――変化を引き起こしたがゆえに、物神化されてきた。歴史現象のうえでは、世界化《モンディアリザシオン》は、その崇拝者の筆により、万人の幸福を実現することのできる意識と全知を備えた存在として描かれている。なんという嘘、なんというペテン。人間行動の産物である世界化《モンディアリザシオン》は、人間行動の他の諸産物がたどった成り行きに倣って消え去るようにと宣告されているのに、そのことは忘れられている。われわれは、世界化《モンディアリザシオン》を超越的な力になぞらえることによって、世界化《モンディアリザシオン》が奉仕する諸利害を隠蔽しようとしてきた。ここに思想の敗北を認めねばならない。

世界化《モンディアリザシオン》への物神崇拝には、多くの打算が、それゆえ多くの嘘が紛れ込んでいる。本書では何よりもまず、現象の裏にある真の本質に関していくつかの真理を明らかにしていきたい。

既に始まっている大転換により、われわれは責任を引き受けるよう迫られている。金融および商品の脱グローバル化を通じて今日始動している脱世界化《デモンディアリザシオン》は、われわれがいなければ、われわれの行動がなければ進んでいかないものである。将来を築き上げることは、われわれの権限に委ねられている――築き上げられる将来が当初の希望に対応していることなど滅多にないが。脱世界化《デモンディアリザシオン》には、悲惨や貧困がともなうかもしれない。今日垣間見えているのは、対外的・対内的な戦争の多発へと通じる道である。商品グローバル化と金融グローバル化が押し進められた結果として、戦争はますます残虐なものとなろうとしている。しかし、もしもわれわれが秩序を構築する方法を知っていれば、この道をもっと秩序あるものにすることができよう。つまり、船が座礁して転覆しても残骸にはならないだろう。ところがグローバル化の下だと、水面に残骸が漂うこととなる。いま暮らしている世界よりもましな世界を将来に向けて構想するために、われわれは勇気と想像力を発揮しなければならない。

世界化《モンディアリザシオン》それ自体は一つのものだが、そこには文化的次元・宗教的次元も含まれており、それらの重要性も無視できない。しかし本書では、二つの側面のみ、商品グローバル化の側面と金融グローバル化の側面のみを取り扱うことにする。読み易くするために、二つのグローバル化を別個に説明していく。このようなやり方をとることによって、通常わかりにくくなっていることをわかり易く説明し、過程の全貌を明らかにできればよいと考えている。

世界化《モンディアリザシオン》の現在は深刻な危機の様相を呈しており、二五年前に起源をもつこの危機からわれわれはいまだ脱出できていない。このことを踏まえて本書では、国際協力のレベルだけでなく一国レベルにおいても解を求めうること、フランスが重要な役割を果たさなければならないということを主張したいと思う。

第Ⅰ部　商品のグローバル化

――その冒険・遭難・結末

世界化《モンディアリザシオン》〔＝経済のグローバル化とそれにともなう社会的政治的変化〕は商品のグローバル化から始まった。一九七〇・一九八〇年代以降に進んだ国際貿易の開放は、人々の記憶に強く刻まれていよう[1]。これは数多の幻想を引き起こしてきた。過去三〇年の間、経済発展はほぼ国際貿易によって推進されたと言われているのである。一部の経済学者たちは、自らの研究にしばしば用いていたデータを無視することによって、またしばしばイデオロギー的または物質的な利害によって、こういう結論〔幻想〕を広めてきた。

しかし国際貿易の大幅な拡大――現実の拡大もあれば想定上の拡大もある――にともない、われわれの生活環境総体の商品化が突然に加速した。これこそ資本主義システムに内在する論理である。既にカール・マルクスとフリードリヒ・エンゲルスが一八四八年の『共産党宣言』〔大内兵衛・向坂逸郎訳、岩波文庫、一九七一年〕において描写していたのが、これである。商品流通の二重の――量的にして質的な――転換は、大いに想像力をかき立てるのである。この転換が引き起こした効果は自明なものであったため、転換は不可抗力であるかのように見えてしまう。しかし子細に眺めると、その不可抗力性は消えうせる。

それというのも、自由貿易についての教義信条《ウルガタ》が、そのまま自由貿易についての重要な証明材料と見なされ、今回の危機によって重視されるようになったからである。二〇〇八〜二〇〇九年に、保護主義的障壁が構築されてもいないのに、主要工業国の生産減少に比例して国際貿易が減少した。よって〈貿易がそれ自体として価値を創造する〉ことはないのだが、この重商主義者の古い誤りは、

〈もっぱら貿易によって牽引される成長〉への信仰という形で突然に復活した――むしろ貿易を牽引するのが主要国の成長であるのだが。

しかし何よりもまず、およそ三〇年前からわれわれは、誤りまたは少なくとも統計的錯覚を目の当たりにしてきたのではなかったかを問うべきである。国内総生産（GDP）の成長であれ国際貿易の成長であれ、およそ成長という現象は、様々な理由によって不当に過大評価されてきた可能性がある。こうした測定ミスがあったとなると、国際貿易の推移と世界の成長との間の直接的・機械的連関についての陳腐な考え方は白紙に戻さないといけないかもしれない。つまり、成長から貿易へという因果連関を再考することが要求されているのである。そこから、商品のグローバル化を取り巻くすべてのイデオロギーが問い直されていくことになろう。

こうしたベールが引きはがされると、今度は別の問題が提起される。一九八〇年代末以降、自然環境の破壊が加速したが、これに関してグローバル化にはどんな責任があるのか。自然環境の破壊は、単に長距離輸送の増加にだけでなく、労働を支配する社会システムの大きな違いを超えての西欧労働者とアジア労働者の競争にも関係している。その一方、今日知られているように、このことは域内の所得分配に対してかなり不安定な影響を及ぼしている。企業としては、相対的に閉鎖的な経済という枠組みの中で、自らの〔製品の〕市場において賃金（企業にとってはコスト）が決定的因子になるという制約から解放される。この解放は、地域経済の論理を上位の論理に従属させることによってなし遂げられる。このことは重大な生態学的ダメージを引き起こしかねない。例えば、炭化水素の生産のために遺伝子組み換え大豆を栽培する、あるいは西側世界の食品・化粧品大企業の利益のためにインドネシアにおいて原生林を破壊して油ヤシを栽培する、というようにである。

こうしてグローバル化は新たな様相を呈している。いわゆる「優しい貿易」が発展していると主張される場合でも、実際に支配的なのは商品の原理の粗野な拡張であることに注意すべきである。この原理が地域経済を無慈悲に再編していく。

このような過程は、国民的な開発政策に組み込まれない限り、地元の利益になることはまずない。ここで典型例はチリのケースである。というのも、チリが過去二五年間に長足の発展をなし遂げたのは、極めて強力な国民的政策と対外開放との組み合わせを通じてであったからである。しかしこのケースにおいてさえも、社会的不平等と生態系破壊の進行によってモデル追求による問題が指摘されている。

つまり、グローバル化は各国の〔国民的な〕開発計画――しばしば国家主義イデオロギーと接合されている――を後ろ盾とするときにのみ、成長と同義になる。商品のグローバル化が成果を上げるのは、われわれは賭けを行わず、他国が賭けを行うことを受け入れる限りでのことである。このことは特に極東に当てはまるが、一九九九年以降のロシアにおいても確認される。

こうしてグローバル化は国家の超克をもたらすものというよりも、国民的政策を表現する新しい枠組みであることが、すなわち、より強い国民の利益を図るべく各国の枠組みを支配し破壊することを通じて、または反動を引き起こすことを通じて国民的開発という現象を生じさせる新しい枠組みであることが明らかである(2)。

このグローバル化が、一方で生態学的《エコロジー》限界――生態学的破局が増加せざるをえないためグローバル化の枠組みが否応なく再検討に付される――によって、他方で国家間の対立の激化――これにより「世界政府」に関するあらゆる言説が陳腐なものとなる――によって終局に向かっている。おそらくこういった対立や戦争は、二十世紀にわれわれが経験したものとは別の次元を獲得している。確かに大きな武力紛争は過去のものになったが、これは自由貿易によるものではなく、核拡散によるものである。むしろ「局地的」紛争の拡大と増加が、われわれの今いる新しい現実である。イラクからアフガニスタンに至るこうした紛争、それにアフリカにおける複数の紛争は、商品グローバル化の直接的・即時的な産物にほかならない。これらの紛争は、次第に耐え難くなるに違いない。それとともに、われわれの社会では内部紛争が復活するだろう。階級社会においては内乱が起きる可能性は常に想定されるのであり、過去二五年間に「都市」暴動が増加したことはそのことの証左である。フランスでも、またイギリス等の他国でも、貿易開放と社会暴力の増加との間には直接的な連関が存在してきた。

第1章　世界化の神話と伝説

諸商品の世界化《モンディアリザシオン》すなわち商品のグローバル化は、国際貿易において自由貿易・〔市場〕開放のシステムが普及したことから帰結した。一般にグローバル化現象と呼ばれるのは、こういうシステムの普及のことであり、これこそが大いに論議を巻き起こし論評の対象となってきたものにほかならない。しかしこういうシステムの普及はまた、神話も生み出してきた。

したがって、何よりもまず制度諸構造の変化がグローバル化に関する色々な数字にどのような影響を及ぼしたかを検証する必要があるだろう。というのも、グローバル化に関する数字の推移には、極めて大きな政治的・戦略地政学的な変化が影響するからである。しかしそうした影響がすべて認識されてきたわけではない。そのことから、自由貿易と――より一般的には――グローバル化に関する一連の誤った観念が生み出されてきた。

一九八〇、九〇年代の自由貿易の波

実は、国際貿易の成長が測定される際には、記録されたフローしか考慮されてこなかった。もちろん、そうしたフローを測定・記録している様々な機関を非難しようとするのであれば、どんな代替的方法をとるべきかをよく検討しなければならないだろう。しかし〔まず見ておきたいのは〕、この点に起因して、とりわけ一九八〇年代末に大きな歪みが生じていたことである。

〔第一に〕一九八〇年代には極めて大きな変化があった。具体的には、この間に東欧（ここでは経済相互援助会議（COMECON）の終焉とソビエト連邦の終焉という二つの大きな現象が見られた。どちらの場合にも、計上された貿易フローの著増が確認された。ところが、国際貿易の急伸が表していたのは、「域内貿易」だったものが「国際貿易」に移行したということにすぎなかった。したがって、世界貿易の成長の一部は、別の統計区分にあった貿易が「明るみに出た」効果によるものだった可能性がある。グローバル化の教理を広めようとする専門家〔経済学者〕がごく稀にしかこの問題を指摘しないのは驚くべきことである。

第二の原因はややとらえにくいものである。国際貿易フローの増加は、〔体制〕移行後の数年の間に移行経済がなし遂げた進化に関係している。つまり移行後、輸出入が、域内市場すなわちGDPとの関係において相対的にも、そして絶対的にも増加した。輸出入の増加は、移行それ自体――諸経済の構造変化としてとらえられる――に関係していた。例えば旧ソ連の場合、製造業の活動減退のために、アルミニウムと鉄鋼の生産の大部分が自国経済内で利用先を見いだせなくなっていた。この余剰分の輸出が合法的・非合法的に直ちに行われた。また地場産品が輸入品に置き換えられる現象も見られ、これが為替相場の激しい変動によって拍車をかけられた。以上により、一九九四～一九九七年における国際貿易の数字の著しい上昇は、統計的錯覚の産物であったように思われる。四年間に記録されたこうした数字が、成長に関するわれわれの見方をかなり強く条件づけてしまった。

最後に、この時期の大部分に見られた一次産品の価格上昇を考慮しなければならない。一九九八～二〇〇二年を例外として一次産品の価格上昇は際立っていた。ところが国際貿易においては生産物は市価で計上されるのである。

国際貿易が成長をもたらすという感覚は、この時期に生まれたと言ってよい。われわれは、貿易障壁が撤廃されたためにこの時期が著しい高成長となった、という印象――おそらく錯覚――を抱いてしまった。しかしかなりの程度、これは、それまで貿易と言えば域内貿易しかなかった国が「国民諸経済」へと構築される過程によるものであった。以前の域内貿易が国際貿易に転化したことを通じて、もしくは体制転換に関連した輸出入フローの急増を通じて、もしくは――最後に――計画価格から国際市場価格への移行後の製品販売価格の修正を通じて、この過程が、計上される貿易の拡大を引き起こしたのである。つまりここには統計的作為が認められる。

もちろん、国際貿易によって実質的に成長がもたらされた可能性もあるが、言われてきたほど大きな規模ではなかった。この事実〔国際貿易による成長〕を明らかにしようとした研究には、一九九二年のダラー(1)、一九九三年のベン＝デービッド(2)、一九九五年のザックスとワーナー(3)、一九九八年のエドワーズ(4)がある。しかしこれらの研究および出版物が執筆されたのはどれも、ヨーロッパ内のソビエト圏解体とソ連の統合解体の後のこと、なおかつ一九九七〜一九九八年の新興国危機より前のことであった。何人かの指摘により、これらの研究および出版物は統計上の問題を抱えており、したがって頑健性に乏しいことが明らかになっている(5)。

一般的に言って、実施された検証の結果は、少なくともかなり曖昧である。そこから言えるのは、〔国際的〕開放がプラスの成果を生んだ国もあれば、そうでない国もあるということだ。しかしわれわれはまたここから、開放を適切なマクロ経済的措置と結びつける政策のほうが、保護主義を不適切なマクロ経済的措置と結合させる政策よりもよいとしても、そのことは開放の質によるというよりもむしろマクロ経済的措置の質の結果であると言ってよい(6)。実際には、保護主義政策を適切なマクロ経済政策と組み合わせた国々のほうが、より開放的な国々を大きく上回る成長率を達成するのである。このことにより、開放に関する従来の結論は妥当とは言えなくなる(7)。

ここで開発の問題を考えておきたい。開発という問題が、自由貿易普及の支持者たちが考えているよりもずっと複雑であることは明白である。アリス・アムスデン(8)やロバート・ウェイド(9)の研究、それにヘライナーが編集した研究論文集(10)は、発展途上国の場合、保護主義を選択し、それを開発および工業化の真の国民的政策と組み合わせるならば、[11] 同じ選択をしない国々をはるかに上回る成長率が達成できることを明らかにしている。ダニ・ロドリックは、最も高い成長率を記録したアジア諸国が、世界銀行やＩＭＦによって作成・整備されたグローバル化ルールに一貫して違反してきた、という事実を強調している。[12]

ここで、国民的政策の問題と数年前から議論が再燃している開発国家の問題に立ち戻ろう。[13] 実際には、アジアの産業離陸の核心にあるのが、この開発国家の問題である。つまり、成長と発展にとって決め手となる真の変数は、こうした国民的政策なのであり、国際貿易の存在や自由化措置ではないのである。しかしそのことを認めてしまうと、経済政策における国家の役割や、開発のイデオロギーとしてのナショナリズムの役割について再考するよう迫られてしまう。このことは、政治学や経済学の正統的思想における根強いタブーに抵触することとなる。

ＧＤＰの増大＝富の増大か？——またはＧＤＰおよび統計的集計量という不祥事

統計的人為性の問題はたいへん根が深い。統計から生じるもう一つの大きな錯覚として、ＧＤＰの増加をもって、世界レベルにおける富増大の尺度と見なす、というものがある。そこで以下では、経済学の中での「ありふれた」言説によっては忘れられる傾向のあるいくつかの真実を、再度思い起こしておきたい。

第一に、GDP（もしくはGNP）[14]は、市場に出された財とサービスしか測定しない。定義上、自家消費されるものや市場メカニズムの外で交換されるものはすべて、GDPにもGNPにも計上されない。いわゆる伝統的な経済活動の大部分が「市場外」で行われる発展途上国にあっては、これは大きな問題である。非市場部面の活動が市場部面で行われる活動へと突然に転化することによって、生産量が同じままなのにGDPが増加するのである。GDPの成長は富の成長を反映しないことがある[15]。このことを単純な例で明らかにしておこう。

まず、一つの国があって、その国民が二つの財を生産しているとしよう。これは、デヴィッド・リカードが比較優位の説明に用いて以来、経済学者が頻繁に用いてきた有名な例――イギリスの羊毛とポルトガルのワイン――であり、二つの財のうち一番目はもっぱら自国の消費に用いられ（例えばコメ）、生産はすべて自家生産で行われるとする。よってこの財はGDPには算入されない。会計的観点からはこの財は存在しないのである。二番目の財は今度は、すべて輸出に振り向けられ商品的枠組みの下で生産されるとする。コーヒー豆やカカオ豆を思い浮かべればよい。したがってこの財はすべてこの国のGDPに算入され、その際に用いられるのは世界市場価格である。この国のGDPは輸出生産高に等しいと言える。この例は見かけはかなり単純だが、西アフリカのよく知られている状況を想起させるものでもある。

次に、大きな国際経済機関（世界銀行とかIMFとかいった代物）の下にある国際諮問機関または専門家がこの国を訪れるとしよう。彼らは、当初〔第一の期間〕の世界市場価格を前提とするとき、この国の国民は二番目の財のみを生産することが有利であろうと指摘する。つまり、輸出量の増加によって実現される利益で、現在生産している量を上回る量の一番目の財（ここではコメ）を世界市場で買えるというわけである。このことは、一番目の財の数量で表された二番目の財の相対価格が著しく高いことを意味する。

こうして、〔第二の期間において〕国民が食料品の自家生産をやめて、輸出財の生産に特化できるよう、「構造」改革が開始される。[16] 輸出財の生産量は増加するが、――不変の生産技術の下で――一定比率では増加しないとされる。つまり、このとき収穫逓減の法則が作用するとされる。

しかし最も重要なのは、この点ではない。二番目の財が世界市場で売られるとき、他のすべてのことが同じであれば――他の事情にして等しければ〔*ceteris paribus*〕という経済学者が好む決まり文句――、販売される財の過剰によって生産物価格の低下が引き起こされる。これに対して、コメの自家生産の停止にともない世界市場で新たな需要が出現するので、コメの相場は上昇する。こうして、コメとコーヒー豆（またはカカオ豆）のいわゆる相対価格が変化する。つまり、輸出財一定量のコメ表示の購買力は下がることとなる。

以上のことから、この不幸な国について、輸出財の生産増によりGDPが増加したとしても、実質的な富（ここでは食料品の数量を用いて計算される）は減少することになる。専門家たちは皆これで満足するだろう。なぜなら彼らはGDPの増加、したがって世界の成長の高まりを記録した上で、それを世界貿易フローの増加に関連づけることができるからである。しかし考察されている国では、生活の質が低下し、いかなる可能性にも増して、食料不足から多少とも重大な社会問題が起きることになろう。(17)このことからカルロス・オーヤは、商品のグローバル化の諸力に直接的・全面的に従属している自由市場の軌道がアフリカで機能することは、経済的にも政治的にも不可能であろう、と考えるに至っている。(18)

以上の例から明らかなように、もともと非商品部門を抱えていた経済が商品化するときには、たとえその国の実質的な富が減少するとしても、必ずGDPは増加する。この例においては、発展途上国を輸出可能な農作物に「特化させる」、いわゆる「単一栽培化《モノクロッピング》」の政策が念頭に置かれている。この政策は、基本的に世界銀行やIMFによって進められたものである。ここで付け加えておきたいのは、ケニアの園芸作物生産の例のように、投機的な農業の発展が重大な環境汚染問題を引き起こすことによって、結果的に食糧生産が影響を被ることがしばしばある、ということである。当然のことであるが、投機の比重が大きい生産への転換によって生じる汚染増加のコストは、GDPから差し引かなければならない。

成功への道はむしろ、伝統的農業の生産チェーンの構造を修正することである。(19)こうした修正には改革が必要となるが、それは、グローバル化の擁護者が一般に支持している改革とは異なる。農民が生産過程の総体を制御できるようにすることで、生産される価値に対する地元によるコントロールを促そうというのである。これに対してグローバル化の枠内で支持される改革は、直接生産者からの収奪を次第に増やすことによって、必ずしも当該国に居住しない市場仲介者に利益を与える。したがって、商品化のプロセスで顕在化する富の総計が、当初存在していた富の総計よりも少なくなることは明らかであるが、それだけでなく、商品化のプロセスを通じて地元アクターたちは官民の外国権力の意思に従属するようになる。

ＧＤＰによる錯誤は、既に同様に商品化が進んでいる先進経済にも関係がある。一九六〇〜一九九〇年代に起きた転換から、それを確認しておこう。

まず、都市の家内経済部面で実現されていた自家消費の一部が、商品経済部面に移された。このことは、レストラン利用券の普及とサービスの拡大から確認される。次に、大企業の中間消費の一部が大企業の外に移され、これにより企業内で非商品的に展開されていた取引が商品売買取引として顕在化した。最後に、一九八〇〜一九九〇年代に下請け化（ないしアウトソーシング）への依存が大幅に拡大した。この現象には、自社の従業員を保護する定款や労働協約を改正しようとする企業幹部の意思も関係している。つまり〈競争させる〉という名目の背後には、実は社会規範の解体があった。ところが、それ以前に企業内で行われていた活動が売買として計上されていなかったため、ＧＤＰ成長という統計的イメージが自動的に生み出されてしまった。

フランス経済の構造的・制度的転換は、それ以前に存在していたが計上されてはいなかった諸活動を会計的に顕在化させただけでなく、経済におけるサービスの比重を増やす傾向もあった。かつては産業大企業の中で行われていたがゆえに工業活動として記録されていた既存の活動が、統計のサービスというカテゴリーに記録されたからである。ＧＤＰの中で工業がサービス業に転換したことは、「ポスト工業化」経済という幻影を生み出すのに一役買ったが、その一部はこうした統計上の効果によるものだった。このメカニズムは長期間にわたって、新たな財やサービスを創出することなしにＧＤＰの増加を生み出した。このパラドクスは周知のものと思われるが、忘れられているようだ。例えば、あなたが誰かに報酬を支払って炊事洗濯をしてもらっていたとする。ところがあなたがその人と結婚する。ＧＤＰは減少する……。

ここで、フランスレベルまたは世界レベルのＧＤＰ増加がすべて、単なる統計的な作為によるものだと言うつもりはない。全体的に見て、生産量が増加したことはかなり明白である。しかし、一九七〇年代から一九九〇年代末にかけての世界のＧＤＰ増加には、ＧＤＰやＧＮＰの測定に用いる会計公準《コンヴァンシオン》による無視できない統計的作為が確実に含まれている。なぜなら、この時期には生産活動の商品化が大幅に進んだからである。

したがってまず、最近三〇年間の世界貿易の「大幅な」増加およびＧＤＰ成長の一部が「真の」動向には対応していないことを銘記しなければならない。単に、いくつかの会計基準の枠組みにおいて、以前は計上されていなかった種々の生産が、今や確実に存在するようになっただけである。その際忘れてはならないのは、記録される国際貿易フローに商品化の次元が含まれるようになったのは、国際経済機関（ＩＭＦ、世界銀行）が輸出可能な生産の商品化を拡大するよう発展途上国に圧力をかけてきたせいだということである。よって、一九七〇年代初頭と一九九〇年代末の貿易フローを比較するときには、こうした統計的錯覚の次元に留意することが必要である——貿易フローの三〇～五〇％に相当する可能性もある。

根本的なことを言うならば、「短い二十世紀[20]」が終焉した後に貿易による統合への傾向が復活した、という考えが神話であることは既に明らかである。ポール・ベーロシュとリチャード・コズル＝ライトは、国連貿易開発会議（ＵＮＣＴＡＤ）のために一九九六年に行った貿易フローに関する体系的研究の中で、この点を明らかにしている[21]。つまり、第一次世界大戦を以て終焉し、その後の長期にわたる後退期を経て、ついに一九七〇年代に復活したとされるグローバル化の「黄金時代」なるものは、実は一度も存在したことがなかった。根底的に問い直されているのは、「地球村」に通じる一つの道――均衡がとれていることが望ましいとされている――についてのイメージ全般である。最近に至るまでこの論議は続いているが、結論はいつも同じである。むしろここでは、ロドリックとロドリゲスが与えてくれた次のイメージを共有したい[22]。すなわち、より大きな〔国際的〕開放へと圧力をかけることは、最大多数を利することにはならない[23]、と。

商品のグローバル化が環境を破壊するとき、またはグローバル化の隠れたコスト

商品のグローバル化が環境（および飲料水、健康的な生活環境といった集合財の利用可能性）に及ぼすインパクトは、日々ますます明確になってきている。極めて有害な生産ないし産業廃棄物の「南」諸国への移転は、よく知られた事実である。あまり知られていないが、商品の輸送フローに

よる影響も決して小さくない。以下では、極めて顕著な例をいくつか挙げておきたい。

廃棄物の問題、特にグローバル化の典型的な財である携帯電話の廃棄物についての問題を取り上げよう。電子機器の廃棄物は毎年四〇〇〇万トンずつ増えている。二〇二〇年にはこうした廃棄物が、二〇〇七年に比べて中国では七倍、インドでは一八倍に増加するであろう[24]。このうち、これらの国の国内消費によるものはごく一部でしかない。廃棄物フローの増加を引き起こしているのは、合法か違法かを問わず、先進工業諸国からの廃棄物の輸出である。

場合によって廃棄物はかなり有害であることがある。自由貿易のメカニズムは、そうした廃棄物の流通と、貧困国所在の企業によるその買い取り（インドとバングラデシュはこの活動の専門的担い手になった）を可能にする。ところが廃棄物の再処理活動は、たとえそれが企業の所有者を儲けさせ会計上のGDP増加につながるとしても、実際には企業所在地域の住民を全体的に貧しくするであろう。つまり、再処理は通常何の安全対策も講じずに行われているため、直接に労働者の健康が脅かされるだけでなく、有毒な残留物の流出によって自由地下水系が汚染されることにもなろう。こうして、貧困国に経済活動を提供するという口実――これはグローバル化擁護者の大きな論拠である――の下、一部の人々の最大利益のために、地元住民の全体的環境が悪化させられている。この環境悪化は直接的には計算できないことに留意しなければならない。間接的には、自由地下水を浄化するための想定コスト（置換費用《コスト》）を通じて、もしくはこの汚染によって誘発される医療費の増加を通じて計算できるであろう。しかしそのためには先進医療制度を想定しなければならないのであり、そうしたものは実は貧困国には存在しない……。

医療や汚染除去に関わる様々なサービスについては、見なし費用《コスト》に基づいて推計を行えるだろう（もっとも計算が試みられたことは一度もないのだが……）。それゆえここに見いだされるのは、現行の会計枠組みの下で直ちに認識可能なこうした活動による利益の発生と、利益よりもずっと認識し難いが利益と同じくらい現実的であるコストとの間の会計上の非対称性である。このことが、廃棄物の移転による富の増加を衒学者たちが声高に主張することを許してしまっている。

二番目の例は、ある国の原生林を、油ヤシのプランテーションに取って代えるというものである。油ヤシは、バイオ燃料の製造に利用されたり、「北の」国々で消費される化粧品や食用油を生産するのに利用される。油ヤシの栽培は、欧州連合（ＥＵ）によって「緑《グリーン》」〔環境に優しい〕と見なされている。なぜなら、それが二酸化炭素（CO_2）吸収能力を維持すると考えられているためである。しかし実はこれは、森林というものについての狭い定義に基づく純粋な詐術である。[25] むしろこの栽培は土壌に対しても地域住民に対しても極めて破壊的である。油ヤシの栽培により、土壌は急速に疲弊し、地域住民はたちまち土地を収用され、その地域では都市住民の割合が増える。

油ヤシの粗放生産は商品のグローバル化の直接的帰結であり、しばしば外国企業によって行われている。この例でも、損失は五―一〇年後にようやく現れるので、一般に用いられている会計制度では考慮に入れられない。

こうしてわれわれは既に、ＧＤＰを用いてグローバル化の影響を測定することの問題の核心に迫っている。既に明らかにしたように、GDPは「販売」されないものを測定できないので、グローバル化が引き起こす大規模で体系的な富の破壊を考慮することができない。国内企業と多国籍企業を比較する場合にも、この問題が入り込んでくる。[26] 外国企業の寄与は直接的に測定できるとしても、外国企業が地元経済に負担させるコストについてはそうはいかない。[27] また、外国企業の参入が、その地域の進歩要因となるどころか、五〜一〇年後にようやく気づかれる経済的・社会的退歩をもたらす場合もある。[28]

では、こうした犯罪によって、より正確には商品のグローバル化によって誰が得をするのか。それが次の問題である。

商品のグローバル化で得をするのは誰か？

商品のグローバル化を非難する声は、市民社会においては「もう一つの世界主義者《アルテルモンディアリスト》」と呼ばれる運動を通して、また学界においては一連の先駆的な研究を通して、一九九〇年代末から数多くあった。こうした動きは反響を呼び起こすだろうと思われていたが、実際には、声を上げた側も予想しなかった帰結をもたらした。

二〇〇三年、カンクンで開催された世界貿易機関（WTO）閣僚会議の準備の時点では、世界貿易の自由化による推定利益は数千億ドルに上ると言われていた。世界貿易自由化の「利益」を推計するのに主に用いられたモデルは、世界銀行内で開発されたリンケージ（Linkage）とパデュー大学のＧＴＡＰ（国際貿易分析プロジェクト）の二つである。[29] いずれのモデルも「計算可能一般均衡」と呼ばれるモデルすなわちＣＧＥ（Computable General Equilibrium Model）であり、一般均衡モデルの理論枠組みを現実のデータに適用するものである。[30] 国際貿易の自由化の効果を評価しようとする研究者の間では、この種のモデルが広く用いられている。しかし、このモデルの限界と欠陥はよく知られている。[31]

例えば、世界銀行が用いているリンケージ・モデルによれば、利益は総額八三二〇億ドルであり、うち発展途上国（ＰＶＤ）だけで五三九〇億ドルである。このような数字によって、世界貿易の自由化政策は正当化され、グローバル化の国際的ガバナンスの「保証人」としての役割に関するＷＴＯの信頼性は高まり、そして自由貿易が途上国の開発のための必要条件であるという理念は権威づけられた。より一般的には、これらの数字はまた、〈自由貿易は世界の「パイ」の分配（シェアリング）である。今後は公正の精神によって途上国により大きなシェアを譲り、彼らに低成長や生活水準低下を免れさせるべきである〉という理念を正当化するのにも役立ってきた。このような論理は、対外制約と競争力格差維持の必要性に関する想定問答集――七〇年代初め以降右派が持っていたもの――の「左派」版に当たるものである。例えば、フランス社会党の指導者たちは、〈自由貿易は国際主義の今日的形態である〉と主張してきた。

しかし、統計やモデルに基づいていたこういう陶酔《ユフォリ》は長続きしなかった。二〇〇五年香港の

ＷＴＯ閣僚会議に向けた準備会合の場では、より現実的なデータベースを用いることが要求された。リンケージの場合、貿易自由化によって生じる利益は八〇〇〇億ドル超から約二九〇〇億ドルに引き下げられ、うち途上国の利益は九〇〇億ドルにすぎなくなった。実際には、途上国グループから中国を除けば、利益はほぼゼロになろう。わずかな時間で推計がこれほど変わってしまうというのは胡散臭いことであり[32]、用いられるモデルの性質に目が向けられるようになった。

経済の推計に常に誤差が付き物だということは容認されている。しかし二〇〇二年の推計と二〇〇五年との間の誤差は、この分野で通常容認される程度をはるかに超えている。問題は別のレベルにあることに気づかされる。ここでの真の問題は、データベース次第で結果が大きく変わるということである。これは必ずしも異常なことではない。実は、一般均衡理論によるモデルはすべて、用いられるデータベースに極めて感応的なのである。これは、このモデルが現実経済のプロセスを過度に単純化する傾向があるためである。しかしＧＴＡＰ６データベースの構築プロセスでより現実的なデータを導入することによって、全体利益の約三分の二が低下し、発展途上国については五分の四以上が低下するとすれば、貿易自由化の利益の存在そのものが疑わしくなってくる[33]。これに加えて、発展途上国ブロックには中国が含まれている。中国を除く他の発展途上国は純損失となる。

既に述べたように、貿易自由化協定の経済的インパクトを評価するのに用いられる主要モデルは、計算可能一般均衡モデル（ＣＧＥ）である。これについては、方法論的な疑問と異議が数多く提出されている[34]。すなわち、評価ツールとして利用する観点からモデル構築に関する疑問が出され、経済の現実の作動を——近似的にとはいえ——表現するモデルの能力に関して根本的な異議が申し立てられている。

リンケージやGTAPのようなCGEタイプのモデルが抱える最も重大な問題の一つは、一つの均衡状態が当初においても協定実施後も存在することを想定している点にある。さらにこれらのモデルは、生産活動内部の調整と活動間の調整が摩擦もコストもなしに行われることを想定している。ある活動の生産量が減少し他の活動の生産量が増加する場合、「生産要素」は（資本であれ労働力であれ）自動的にある活動から他の活動へと移動しうるものとされている。局所的な不均衡は、たとえ一時的なものであったとしても失業率の上昇や社会的コストの増加を引き起こしうるのだが、そうした不均衡の可能性は考慮されないのである。

以上のことからわれわれは、国民的開発政策の問題に連れ戻される。上記の様々なモデルから、それぞれに見られる偏りや単純化を超えて一つのことを学びうるとすれば、それは、必要に応じてグローバル化を利用するためには、非常に強力な開発政策を事前に構築しておかねばならない、ということである。このときグローバル化は、諸国民を超越するプロセスとしてではなく、むしろ諸国民が相争う闘技場として現れる。

タイムラグと競争現象

最後に以下の仮説について議論しておきたい。グローバル化は全体的には無効であるとしても、市場の一部のセクターに対してはプラスの影響を及ぼしうるのではないか。言い換えれば、一般均衡理論には万物を同質化しようとする傾向があること〔の指摘〕を同理論への的確な批判として認めるとき[35]、論理必然的に、グローバル化を説明するには国際貿易フローを非同質化するべきだということにはならないか。

様々な（例えば農業や繊維に関する）協定に関する潜在利益の推計に関心を寄せるとき、推計の結果から多くを学ぶことができる。

農業に関して言えば、WTOによってプログラム化されているような補助金打ち切りは、富裕諸国、特にアメリカに大きな利益を与える[36]。また別の研究によれば、農産物取引の自由化により発展途上国は純損失を被る可能性がある[37]。実際には、これはあまり驚くべきことではなく、われわれを約八〇年前に連れ戻すだけのことである。戦間期（一九二〇〜一九三八年）に、アメリカ政府の統計局に勤務していた農業経済の専門家であるモルデカイ・エゼキュル[38]は、需要と供給の調整速度が同期化していないとき、純粋な競争が必然的に不均衡をもたらすことを証明した。この結論は「クモの巣理論」の名で知られ、その後は高度に専門的な形で受け継がれてきた。しかし、次のような証明の核心点は忘れられてしまった。すなわち、この命題によれば、補助金や保護が存在することが農業生産の効率性条件の一つなのである。

特に農業の場合には需要と供給の大きな乖離現象が見られるが、これは農業に限ることではない。むしろ問題は、需要が価格の変化に対して迅速に調整されるのに、供給についてはそうはいかないということである。供給には不可逆的要素が含まれている。この問題は特に農業の場合によく確認される。豚肉の価格が上昇するならば、より多くの豚を飼育するためにより多くのトウモロコシを植えようという誘因が起こるだろう。しかし一度トウモロコシの作付け面積を増やすと決定してしまえば、もう後戻りはできない。この場合、供給は需要よりも時間的な硬直性が強いので、二つの数量の問題を通して問題処理にあたることが重要となってくる。それゆえ農業一次産品価格の管理を市場に委ねることは、かなり無分別なことである。そのようなことを行えば、さらに多くの金融投機を招き寄せることになる。その証拠として、二〇〇七年以降、穀物価格（コメ、麦、等）の激しい変動が何度も起きたことが挙げられる。変動のたびに、数千万人、さらには数億人もの人が、飢饉でもないのに食糧難を強いられたのである。

このことは農業のみに関係するのではない。最も単純な活動を除いてはどの産業においても、ひとたび拡大・増産する決定がなされたら、少なくともその生産期間が終了するまでは後戻りが非常に難しくなる。実は、エゼキエルの推論は、供給と需要の調整が同じ速度では行われないすべての経済活動に一般化することが十分可能である。よって、競争は著しく不均衡的な［不均衡を引き起こす］

役割を果たしうると言える。ところが競争の強まりこそ、まさに商品のグローバル化の核心である。

繊維産業は、自由貿易の強力なインパクトを受けていることが自明視されているもう一つの主要部門である。その繊維産業のケースに関して、リンケージ・モデルは、貿易自由化が発展途上国に対してプラスの影響を与えることを明らかにしている。しかし、このモデルが発展途上国に韓国・シンガポール・台湾・香港といった国を含めていることに注意しなければならない。偏向的とまでは言わないまでも、この選択にはかなり議論の余地がある。この四カ国は少なくとも一〇年前からもはや途上国ではない。発展途上国のより現実的な定義を採用するならば、この部門の貿易自由化は実際には〔途上国に対して〕ほとんどインパクトを与えないことになる。さらに、統計サンプルから中国を除くならば、インパクトはマイナスとなる。

最後に、GTAPやリンケージによって推計される自由化の「利益」が、年利益ではなく、最終的な総利益であることも忘れてはならない。五年間（考察されている自由化措置の猶予期間に相当する）のGDPに対する比率で見ると、この利益は世界のGDPの〇・二七％を占めることになる。リンケージの場合、二〇一五年の総利益はGDPの〇・八％だが、二〇〇六〜二〇一五年の期間で均せば年〇・一％弱となる。

「ドーハ開発ラウンド」（二〇〇一年十一月のドーハ会議の際に開始されたのでこの名がある）は二〇〇八年七月に決定的な失敗に終わったが、その潜在的な成果はひどく貧弱なものであった。ある一年の世界GDP、すなわち二〇一五年の世界GDPに対してこれを見ると、リンケージなら

GDPの〇・二三％、GTAPなら〇・〇九％となる。[39] つまり、こうした利益はたとえ統計的錯覚ではないにしても、実にわずかな額にとどまるのであり、世界GDPの計算の不確定幅よりもずっと小さい。しかもこの利益は、特にアジアの新興工業諸国（NICs）など一部の国々に集中している。しかし実際にはこれらの国々は、非関税的手段を用いて自らの市場を強く保護している。「ドーハ・ラウンド」適用でGDPが下がって損失を被る国は、サブサハラ（サハラ砂漠以南）のアフリカ諸国、マグレブ諸国（特にモロッコとチュニジア）、中東（特にバングラデシュ）およびメキシコである。

実は、農業のケースでも繊維産業のケースでも、これらのモデルにおいては社会的影響が明確に考慮されることはなかった。ところがこうしたモデルにあっては、需要と供給とで調整速度は大きく異なるとされている。エゼキエルが「クモの巣理論」で明らかにしているように、調整速度の違いによって誘発される不均衡の存在は競争を不均衡促進的なものに、かつ均衡促進的でないものにしてしまう。[40] 用いられるモデルに現実過程の評価を期待するや否や、モデルの中の根本的な「隠れた瑕疵《かし》」が浮かび上がってくる。現実世界では、この「隠れた瑕疵」は競争原理信仰と呼ばれている。

フローの自由化は、関係する生産活動の再生産に関する安定性条件を脆弱化させる。したがって、互いに排除し合う二つの結論が得られる。フローの自由化は活動量を増加させるので、大きな経済危機が起こらない限り、確かに自由化の見かけ上の「利益」はある。しかし、自由化の影響によって危機発生の確率は極めて高くなり、しかもその激しさはますます大きくなる。こうして危機はより破壊的なものとなり、危機の影響はより長く続くようになる。したがって自由化の総合的・客観的な評価には、二つの現象を考慮して、非危機時における活動量の増加と、生産活動に対して〔危機時を超えて〕長くマイナスの影響を及ぼす激しい危機が起こる最大の確率という二つの要素を含めるべきであろう。リンケージ・モデルやGTAPモデルでは、この種の総合評価は行えず、一時的効果しか評価できない。

最後に、これは強調しておきたいのだが、これらのモデルは貿易自由化にともなう「機会費用《コスト》」を考慮していない。つまり、関税撤廃は税収減となって表れる。期末には国民所得の増加にともない税収が増加することを想定しうるとしても、この税収増は〔関税撤廃〕直後の税収減と一致するものではない。ところがこの〔増加した〕税収は、国民所得増加が記録された時点で削減されるべき公共支出に資金《フィナンス》を融通してしまう。公共支出、特に教育・研究・医療・インフラの分野における公共支出は経済成長に大きな影響を及ぼす。それゆえ、論理的に言って、貿易自由化によって誘発される税収減という機会費用を算定するには、税収減の額がどれだけ潜在的成長を誘発しえたかを計算する必要がある。このコストは六四〇億ドル超と推定されてきた。

うまくいけば、こうしたコストの一部は、成長への寄与が相対的に少ない〔項目の〕予算を削減することで調達できよう。その一方、途上国における公共支出のインパクトの推計は、多様な累積的効果によって、少なくとも税収減に等しい最終付加価値の減少が起こる恐れがあることを示している。最悪なのは、租税負担率が増大することであろう。というのも発展途上国の経済は、その一般的貧困水準に比例して、いかなる増税に対しても極めて感応的だからである。その際、「所得減」効果と「投資収縮」効果の組み合わせは悲惨な結果を招くこととなる。この組み合わせは国ごとに推定されねばならないのだが、精密な研究は存在しないので、慎重を期して累積効果を税収減の一・五倍としておこう。すると、二〇〇五年の発展途上国における世界貿易開放の「利益」を評価し直したものをそのコストと比べるとき、GTAPの場合ではマイナス、リンケージによればぎりぎりプラスという結果になる。

実は、一般的に言って、リンケージやGTAPといったモデルの結果が疑わしいのは、貿易自由化のコストを考慮していないせいである。これらのモデルよりも前にこうしたコストを評価しようとした研究は、コストが無視できないほど大きいことを示していた。(41) ゆえに、自由貿易は発展途上国の中の最貧困国にとって決して好ましいものではないと結論づけられる。(42) つまり国際貿易の領域にはいかなる「公正」も存在していないし、いずれにせよ、自動的なメカニズムによる「公正」などほぼありえないことである。

こうして、諸商品のグローバル化に関する一連の神話が崩れ去っていく。まず、一九八〇年代以降の高成長は自由貿易とグローバル化によって引き起こされたものであると言いふらされてきたが、統計の結果は――国際貿易フローの成長に関してであれGDP成長に関してであれ――そのような主張を否定するものであった。次に、最貧困諸国に対するグローバル化のインパクトは明らかにマイナスであるが、これは自由貿易の限界によるよりもむしろその原則自体によるものである。最後に、グローバル化の過程と開発の並存が認められるのは、強力な国民的政策があったケースのみである。つまりグローバル化は国民的政策の終焉であるどころか、むしろ全く逆である。世界で規制緩和が進むにつれて、国民的政策が必要不可欠であることが明らかになってきたのである。

以下、今度は代替的な説明を行っていきたい。つまり、グローバル化が富を生み出さず最貧国を支援しないとすれば、なぜグローバル化を促す必要があったのか。商品グローバル化の最大の受益者が最貧困国でないとすれば、誰がそれなのか。実は、グローバル化の受益者を見いださなければならないとすれば、それは富裕国――およびいくつかの発展途上国――の上位グループを措いてほかにない。われわれの社会においても「新興」経済の社会においても、グローバル化は富の分配様式を根底から変えてしまった。

次章以降の検討において導き出される諸結論もまた、いささか〔われわれの通念を〕かき乱しかねないものとなるだろう。

第2章　商品グローバル化の制度は避けて通れないか？

商品グローバル化は制度化されてきた。つまり、一時的協定であるＧＡＴＴ（関税および貿易に関する一般協定）から移行する形で、世界貿易機関（ＷＴＯ）が設立されるに至った。

しかし、大いに批判されてきたように、ＷＴＯはその役割を果たしていないように見える。ＷＴＯの行動に対する批判にはいろいろなものがある。何年も前から試みられてきた交渉――「ドーハ・ラウンド」と呼ばれる――は進捗していない。この失敗ほど、商品グローバル化の前提となっているパラダイムが枯渇していることをよく示すものはない。ロシア当局の態度は、今日ＷＴＯが提起している問題と、この機関の枠組みの外で現実的産業戦略を練り上げる可能性とを同時に示唆している。

しかし大戦直後には別の論理が議論されていた。ＧＡＴＴからＷＴＯへという展開順序は、唯一可能な道ではない。実は一九四四年には別の道も垣間見えていた。しかしそれは、アメリカがハバナ条約の批准を拒否したことによって断たれてしまった。競争を世界貿易の機械仕掛けの神《デウス・エクス・マキナ》にすること以外にもルールが存在することを理解するには、今日かなりの部分が忘れられてしまったこのエピソードに立ち戻らなければならない。

GATTからWTOへ

今日、自由貿易というとWTO設立条約のことを指すと思われがちである。しかしWTOの設立は最近のことであって、既にWTOは繰り返し非難の的となってきた。したがってGATTからWTOに至る道筋を振り返ってみる必要がある。

一九四四年のブレトンウッズ交渉のときには、「国際貿易機関（ITO）」が必要不可欠であること、遵守すべきルールをITOが定めるべきことが明確にされていた。一九四七年十一月二十一日から一九四八年三月二十四日まで開催されたハバナ会議によって、過少雇用との闘いと成長という論理からルールを定める条文の起草が可能となった。こうしてこの条文の中では、新興産業だけでなく成熟産業についても、その発展を促すための保護主義的措置の存在が許容され、さらには支持された。

会議の後に採択された憲章（「ハバナ憲章」）においては、何よりもまず社会的・経済的目的が詳述されていた。例えば、貿易取引の自由化は、経済的・社会的進歩に寄与する限りでのみ言及された。むしろ憲章はかなり明快に、自由化の諸措置がとられるかどうかは、表明される目標によって決まる、と述べている。それゆえ自由化の措置は、目標とされているものの実現を妨げる場合には停止される可能性もあるとされた。

例えばハバナ憲章の第一条では、国連憲章の目標に定めたものが〔ハバナ〕憲章の目的であるとされ、特に生活水準の向上、完全雇用、および社会進歩が挙げられている。本条の第一項ではこう説明されている――「実質所得と有効需要の大きさが常に増加することを保障すること〔…〕」。そして第二項――「工業発展および一般的な経済発展を支援し刺激すること……」。関税引き下げの問題は第四項でようやく提起され、したがって経済的・社会的目的に従属した問題として扱われている。

憲章の第二条は失業との闘いを国際的目標としている。自由貿易への言及はない。第三条はといえば、一国がとる措置が「他国の国際収支を困難にする」(第二項)効果を持ってはならないことを定めている。それゆえ、グローバルな均衡を達成することが目標とされる。このことは、ある国が(構造的黒字による)不均衡の原因である場合、その国は状況を改善しなければならないことを詳しく述べている第四条においても確認されている。こうして憲章は、加盟国に対して略奪的〔捕食的〕なポジションをとらないことを義務づけ、貿易相手国がセーフガード措置をとることを承認し、そして公正な労働基準を定めるためのプロセスを定義している。以上のように、明らかにここでの貿易諸ルールは、国内の社会的・経済的諸目標によって重層決定されていると言える。第一三条は、加盟国が工業・農業分野における公的補助金に、また保護措置に依拠する権利を承認している。

その一方、輸入制限の数量措置――関税権ではなく――を防止しようとする規定も見られる。憲章の第二〇条は数量措置の除去を要請しているが、すぐ後で多くのケースにおいて留保条項を導入している（第二項）。そのようなケースには、深刻な不足のほかに、衛生基準の尊重や幼稚産業の保護も含まれている。加えて第二一条では、自由化措置の条件付きの性質が強調されている、加盟国にとっての優先事項は対外ポジションを確保し、国際収支の安定均衡を維持することであると述べている。

次に第三項では、国家に輸入制限を維持ないし強化することを許容する条件が説明されている。通貨準備の減少リスクを回避し、減少が著しい場合には減少に歯止めをかける、または最終的にいわゆる準備を（「妥当」とされる率まで）増やすことがここでの問題である。

資本移動の問題について、憲章は（長期）投資に関連する資本移動を促しているが、制限条項を用意する立場をとっており（第一項c）、次のような権利を加盟国に与えている。すなわち「外国投資が自国の国内事項または国民的政策に対する干渉の基礎として用いられないことを確実にするために必要な何らかの適切な防衛策をとる」権利、「将来の外国投資を許容するかどうか、並びにどの程度許容しどんな条件で許容するかを決定する」権利がそれである。ハバナ憲章に含まれる様々な規定を分析するならば、同憲章がアメリカの指導者たちの自由貿易主義の意見によりもむしろ、ケインズの保護主義の立場に近いことが明らかである。

国際機構はアメリカによって批准されず、一九四八年以降は関税および貿易に関する一般協定

（GATT）がこれに取って代わった。GATTをWTOで置き換えることは、一九八六年のウルグアイ・ラウンドの後に決定された。同ラウンドの交渉者たちに与えられた任務は、それまでGATTによって取り組まれていた主要分野を見直し、もっと自由貿易を促進するようにGATTを方向づけることにあった。実際には、東欧とCOMECON（経済相互援助会議）の終焉、次にはソ連が初期の与件を大きく変えてしまっていた。

マラケシュ協定（一九九四年）によって創設されたWTOは、一九九五年一月一日に業務を開始した。現在一五三カ国が加盟するWTOは、先行の諸協定に依拠し、それらを一連の新しい協定によって強化したものである。六二五人の職員と一億八〇〇〇万スイスフランの予算が、WTOの実体をなしている数多くの協定を統制・監視することに、直接関わっている。

WTO――商品グローバル化の頂華

WTOは実は一連の協定からなっている。一連の協定は、「原則」とその適用からなる国際経済憲法の草案とでも言えるものである(1)。

・WTO設立の一般協定はもはや失業や過少雇用には言及しておらず、自由貿易が加盟諸国の共通目標であると規定することだけになっている。実はこれは商品グローバル化宣言なのである。

・一九九四年のGATTおよび貿易関連投資措置（Trade Related Investment Measures）――すなわ

ち外国直接投資——に関する諸協定。これらの協定によってＷＴＯは、一国がとりうる通貨的措置に直接介入する。

・サービス貿易に関連する措置すなわちサービス貿易に関する一般協定（General Agreement on Trade in Service: ＧＡＴＳ）。ここでは商品グローバル化が、生産物の枠を超えて教育・医療のような分野に及ぼうとしている。

・知的所有権に関する協定すなわち知的所有権の貿易関連側面に関する協定（Agreement on Trade-Related Aspects of Intellectual Property Rights: ＴＲＩＰＳ）。基本的にこれは、先進国優位を保障するのに寄与するものである。

・紛争解決部（Disputes Settlement Unit）。これは確固としたＷＴＯの部局である。その判決はＷＴＯ憲章に依拠しており、措置が右の四協定と一致するか否かによって判決が下される。

・政府の貿易政策検討機関（Trade Policy Review Mechanism: ＴＰＲＭ）。

ＷＴＯでは様々な決定が投票にかけられるが、現実にはＷＴＯの慣行はコンセンサスのルールに支配されている。ある措置が採用されるには、反対する国がないことだけで十分である。しかしこの慣行は今日その限界に突き当たっているようである。というのも、農業補助金、サービス・知的所有権の貿易を取り扱う「ドーハ開発ラウンド」が二〇〇八年七月に明らかな失敗に終わったからである。二〇〇三年にメキシコのカンクン、二〇〇五年香港、二〇〇七年パリおよびポツダムと繰り広げられた交渉は成果を上げられなかった。交渉が挫折したのは、農業補助金と知的所有権に関する協定（TRIPS）をめぐって富裕諸国と最貧困諸国との間に執拗な対立があったためである。この失敗は、WTOが交渉の議事日程に関する支配を失ったことを意味していた。

GATSやTRIPSといった協定はその内容の多くが、発展途上国の代表によって批判された し、「ドーハ・ラウンド」は開始早々から批判の砲火を浴びた。(2) 同様に、関税補助金の問題は発展途上諸国との論争を絶えず喚起してきた。失業や過少雇用との闘いを目標に掲げる（ハバナ憲章のような）国際協定から、競争と自由貿易のルールをすべての交渉のベースとする協定への移行は、一日にして成ったものではない。この移行から導かれる一つの系が、「グローバル化」の興隆であった。しかしそれは何よりもまず、すべての国の経済を不安定化させ、輸出ドライブを成長の——一時的な——エンジンにするという結果をもたらした。

特に、創設以来WTOは、フェルト製の城壁の外で演じられる暴力的対立の劇場となった。一九九九年以降では、シアトルの「ミレニアム」会合の際に行われたデモがとりわけ暴力的であり、メディアに大きく取り上げられた。二〇〇二年のジェノバ会議にあっても事情は同様であり、このときのイタリア警察による蛮行は際立っていた。今もなおWTOは、経済の不断の開放——今日強く批判されている——のシンボルである。保護主義的措置がとられる直前に国際貿易が一三％減少していた今回の危機*は、輸出ドライブが持続的な成長の土台にならないことを証明している。

＊（訳注）本書にいう「今回の危機」「現下の危機」等は、二〇〇七年に始まる金融通貨危機（サブプライム金融危機＋ドル・ユーロ危機）を意味する。いまだ危機は終わっていない、というのが著者の見方

である。

今回の危機は、成長を築き上げる土台となるのが、十分に確立した力強い国内市場であることをわれわれに思い出させてくれた。このことは国際貿易の終焉を意味するのではなく、国際貿易が経済発展のために何をもたらすか――および何よりもまず何をもたらさないか――について現実的な考え方を促すものである。

しかし、WTOが採用している諸原則に対しては別の批判もありうる。というのも、一国が――どの国でも同じように――国際的な処方とは逆の政策を実施すると、たちまちその国は再興を果たし、高成長を実現してきたからである。

ロシアは開発の対抗例か?

ロシアは、世界経済には統合されているが、WTOによって現在定義されているようなグローバル化のゲームには参加拒否してきた国の興味深い例である。ウラジーミル・プーチン大統領によって、ロシアの立場は明確に定義されてきた。ロシアは、大きな世界的機関から排除されないようWTOに加盟してはいるものの、あくまで条件付きである。ロシアは、自らの成長を危険にさらすルールを採用するよりはむしろ、最終的にはこの機関の外にいることのほうを選好している(3)。最近ロシアはWTOに対して、この機関のルールに照らして到底受け入れ難い提案を行ってもいる。すなわち、ベラルーシとカザフスタンを入れた〔経済〕ブロックを支持せよというのである。[4] ロシアが付けているこのような条件が可能であるとすれば、その場合には既にロシアはＷＴＯを変質させることに成功していることだろう。

実はロシアの成長の歴史は、〈商品グローバル化の制度とどうにかして断絶できれば、かなり有利な成果を獲得できる〉というテーゼの例証となっている。例えばロシアは、トラウマとなった一九九八年の金融危機の後に、九年間にわたり成長を続けることができた。工業生産に関して特に成長率が目覚ましいことから、ロシア製造業の真の「復活」について語ることが許されよう。一九九〇〜一九九七年が著しい不振であっただけに、この復活には驚くべきものがあった。この不振の背景には、経済移行による避け難い混乱があった。一九九二〜一九九七年にロシアが実行した新自由主義的経済政策がどんな役割を果たしたかは、当時の経済不振と社会的危機からして自明であった。生産活動の回復は、一九九八年末から、すなわち比較的早めに始まった。その後、回復は徐々に産業全体に広まっていき、一九九九年半ばからは力強い投資回復が引き起こされた。今日なお主張されていることに反して、ガスや石油の価格が高騰するよりも前に経済は回復していた。また炭化水素の価格効果は税収〔の増加〕にも表れた。これは、経済活動への課税よりもむしろ輸出への課税によるものだった。どちらかと言えばこの効果は、二〇〇二年夏以降の成長にとってずっと重要なものであった。二〇〇二年夏は、一九九八年危機の後にロシアがたどった軌跡の中では、小休止に当たる時期である。

金融危機後の経済回復の原因についての分析から、四つの要因の重要性が明らかである。まず、一九九八年八月の切り下げの成功を考慮すべきだ。これによりロシア企業は、インフレと闘うために「強いルーブル」政策が取られた一九九四〜一九九七年末に失っていた競争力を取り戻すことができた。しかしこの要因の効果は、ルーブルが切り上がり始めた二〇〇二年以降、弱くなった。次に、自然独占部門（運輸およびエネルギー）の相対価格の低下――金融危機の結果としてインフレ圧力が生じたときに名目価格が凍結されたことによるもの――もまた、多くの企業の利益を回復させることに貢献した。[5]ゆえに、ロシア当局がEUとの関係において、〈世界価格よりも低い国内価格〉という慣行に戻るのを拒否したことは、当然のことなのである。つまり、一九九〇〜一九九八年の過小投資を考慮して言えば、ロシア産業は、もしもエネルギーを世界価格で支払わなければならないとすれば、国内市場においてさえ競争力を持てなかったのである。さらに、同じ時期に甚だしい貧困化に耐えてきた国民に関しても同様のことが言える。二〇〇〇〜二〇〇一年に生産能力利用度が急上昇することにより、見かけ上の労働生産性はたちまち上昇し始めた。こうして一九九九〜二〇〇一年に実質賃金コストが低下しながらも、実質国民所得は一九九九年末以降増加した。最後に、中央銀行が資本移動管理システムの効率性改善を図ったことによって、実現利潤が投機に浪費されることが回避された。

一九九九〜二〇〇三年には炭化水素の役割は、相対的に小さかった。一九九八年の切り下げ成功とエネルギーの国内価格統制政策のほうが、ずっと決定的な要因であった。にもかかわらず西側の分析が炭化水素の問題に集中していたことは驚くべきである。というのも、一九九八〜一九九九年に実施された経済政策に関して当初下された判断、特に一九九八年にプリマコフがとった措置に対してIMFが繰り返し行った非難は、この点により訂正されねばならないからである。[6] したがってまた、広く国際金融機関の影響の下に実施されていた一九九八年以前の政策に戻らずにもすむ。[7] むしろ投資の減少は、一九九九年になってようやく、実質的に反転したのである。

移行は、ロシア国民の二重の貧困化を引き起こした。まず即時的な貧困化があった。これは生産の落ち込みから発生したものだが、最大多数の国民にとっては不平等の拡大がそれに拍車をかけた。次に、必ずしも常に認識されてはこなかったが、一九九〇〜一九九八年の時期に今度は投資の崩壊から派生した——直接・間接の——貧困化があった。この二重の貧困化により、ウラジーミル・プーチンの主意主義的《ヴォロンタリスト》な成長政策〔正統派経済学者が景気刺激策の無効性・有害性を批判するときに用いる表現〕は異論の余地なく正当化された。この政策は、一九九九年のロシアの状況の現実に対する反応であっただけでなく、ロシアの主要経済学者たちによる分析に対する反応でもあった。[8]

それに、一九九〇〜一九九八年の大経済危機は、ロシアの生産システムに部門間・地域間の大きな歪みを引き起こしていた。一九九二〜一九九九年に実施された自由主義政策の後遺症が大きな傷跡を残してしまったのである。[9] ロシア解体のリスクはかなり現実味を帯びていた。[10] 最後に、ロシア経済において大きな位置を占めるレントナー部門もまた、経済的・社会的構造を歪ませる役割を果たした。経済学者によってよく知られている一次産品レントの病理[11]は、主意主義的政策によってしか克服できないということを銘記しなければならない。

二〇〇四年に始動した第二次プーチン政権において、経済政策は大きく転換した。この転換の諸要素は二〇〇三年に既に存在していたが、プーチン再選後ようやく形をなし始めた。二〇〇五年秋の「国益優先」の宣言から転換の第一段階が始まった。エネルギー部門において国営企業（ガスプロム、トランネフチ、ロスネフチ）の役割が次第に増していき、アナトーリ・ツォウベイズが推進した電機産業の自由化が放棄されたことは、新しい傾向を告げるものであった。最後に、航空機（OAKという企業の設立）、原子力産業（ロスアトムとTVELの両輪）あるいは造船業といったいくつかの部門における事業再構築に象徴される産業政策の出現もまた、転換を証拠立てている。

経済政策に関する介入主義的転回の国内的理由は明らかである。一方には経済の問題そのものがあった。すなわち、一九九〇〜一九九八年の間に広がった遅れを取り戻すための主意主義的な方法を獲得したかったのである。他方には、これまで言及したような政治的問題がある。慣性的成長という単純な論理――これではロシア経済における炭化水素の比重増大は是正されない――は、ありえなかった[12]。

いわゆる「オランダ症候群[13]」がロシア経済の打撃となるリスクはかなり現実的なものとなっている。このリスクは、投資分野において、とりわけ非レントナー生産部門において強く主意主義的な政策がとられることを要求していた[14]。この政策は、国際金融市場に依存することへの強い誘因となり、ロシアの銀行と国内金融市場の力不足[15]が［この流れを］後押しした。またこうした状況の下、ロシア企業は、外的成長モデルを選択して、ロシア国外で買収を進めることを余儀なくされた[16]。しかしこうした流れは、政府の行動によって部分的に押しとどめられた。

というのも政府は、相対的に経験的・実用主義的なやり方で、漸進的に産業政策を構築していったからである。政府が製造業――特に航空機産業、自動車、造船の分野――に対して行った支援は、ロシア経済の純産業的な側面の再建に確実に影響を及ぼし、「オランダ症候群」の進行を――停止させこそしないが――減速させた。二〇〇〇年から二〇〇七年にかけて政府による金融のシェアはそれ自体としては減少した（二六・八%から二一・七%へ）ように見えるが、投資金融の一部は、（スベルバンクという公的銀行の比重が大きくなったことによる）銀行信用の増加によっても、企業間金融によっても行われている。二つの年においてこのシェア〔公的金融のシェア〕が公的原資による金融の三分の二を占めると推定するならば、企業の外部金融における政府の比重は、二〇〇〇年の三三・五%から二〇〇七年の三一・九%になるだろう。この形だと、あまり目立たない低下が見られるだけである。

ガスプロム、ロスネフチやＯＡＫといった国有企業の自己金融については、年間固定資本形成の四〇%を超えている可能性もある。政府による投資過程へのこうした介入は、固定資本形成が高水準に維持されることを可能にしているはずである。固定資本形成は、二〇〇六年以降加速すら示しており、ＧＤＰ比で二〇〇〇〜二〇〇四年の一六・五%に対して二〇〇六年には二一%となった。

固定資本形成の内訳には目立った変化があった。装置・機械のシェアは二〇〇四年以降純増した。

二〇〇八年に再び低下しているが、これは住宅価格の強い上昇（GDPの二％から三％へ、すなわち五〇％の上昇）によるものか、またおそらく保健・教育のための連邦プログラムの影響による「その他の建物」（病院、学校や大学の校舎）の伸び（七・二％から九・三％へ、すなわち約三〇％の増加）によるものである。注目すべきは、投資の全般的な増加にともなう設備のシェア拡大であり、二〇〇〇年のGDP比六％から二〇〇八年の七・五％への拡大があった。たとえ投資の全額が工業部門に関わるものではないとしても、「失われた一〇年」と呼ぶべき一九九〇年代に比べて、二〇〇二〜二〇〇四年には非常に強いキャッチアップがあったことは明らかだ。

こうした投資〔の結果〕はまた、特に製造業分野（原料採掘部門を除く）や建設分野において労働生産性が著しく上昇したことにも表れている。このことにより、〈ロシア産業は相変わらずソビエト時代の資本ストックに依存している〉という考えは相対化を促される。固定資本ストックの約六八％は、一九九九年初めから二〇〇八年の九年間に設置されたものであり、うち五〇％は二〇〇三年からの六年間だけで設置された。

一九九九年以降にロシアが達成した進歩――しかも二〇〇九年の危機エピソードの後には永続化しようとさえしている――は、WTOないし自由貿易の枠組みの外で産業を発達させることが十分可能であることを明らかにしている。ロシアとWTO――ロシアが加盟に際して付した条件を最終的には受け入れないだろう――の関係の将来推移いかんにかかわらず、ロシアが自らの発展の道を見いだすのは、ロシアが国際機関の処方箋との関係を断つときであることは明らかである。それゆえ、複数の発展途上国において「ロシア・モデル」――想像力を刺激された一部のエリートがこれに惹き付けられている――が語られるようになったことは、驚くべきことでも意外なことでもない。さて、少なくとも外見上、ロシアには中国を対置することができる。かなり遅れてWTOに加盟した中国のほうが、ずっと目覚ましい成長をなし遂げた。この成長は商品のグローバル化に関する種々の主張を妥当とするだろうか。

中国――対抗事例か、それとも新たな発散軌道の出現か？

中国が国際貿易に開放されて以来かなりの高成長を達成したことは、争う余地なく明白である。高成長にともなって、産業の一部では技術的・工学的キャッチアップも達せられた。また中国は、WTOのプラスの影響にお墨付きを与える事例として、しばしば引用されている。中国はこのケースにおける唯一の国と言ってよい。というのも、思い出してほしいのだが、中国を発展途上国から除くならば、貿易の開放による途上国の利益は全くなくなってしまうからである。

しかし中国のケースはかなり例外的である。二〇年以上前から都市に引き寄せられてきた農村住民の人口圧力により、中国では、安価で大量の労働力保蔵が利用可能である。事実、中国の政策は、「経済特区」のメカニズムその他の手段を通じて、外国直接投資（FDI）を自らの領土に引き寄せるというものであった。中国に建設された工場は大部分、アメリカ（メキシコ国境工業地帯で生産された製品を追放しようとしていた)、ヨーロッパそしていくつかのアジア諸国など他の市場へと製品を再輸出するためのものだった。今では、中国に分厚い中産階級(二億五千万人に上る)が出現したことが確認されており、これは西側諸国のレベルで考えるとかなり多いが、中国の現在の人口(一五〜一七億人)のレベルから見ればまだまだ少ない。こうした投資吸引政策は、ほとんどが中国政府によって計画されたものである。加えていえば中国政府は、資本管理メカニズムを維持する上で大きな役割を果たしている。資本管理メカニズムによって、為替相場を方向づけ、国際収支黒字による為替相場切り上がり〔人民元高〕を防ぐことが可能になる。

したがって、中国の政策は〔対外〕開放から最大限の利益を得ようとするものであった。それというのも中国当局は為替相場の問題が自由貿易の問題とは別のものであることを知っていたからである。それゆえ自由貿易は「フル活用」されたのであり、これを可能にしたのは、貿易のみに注意を集中し、諸協定にあった為替相場変数を完全に「忘却」していたWTOの論理であった。

以上のように中国は、「グローバル化」の想像的・幻想的ゲームには参加しなかった。中国は、西側諸国が貿易自由化のプロセスを通じて不本意ながらも中国に提供してきた歴史的「モメント」を享受することによって、技術と工学(すなわち技術の利用様式)をできる限り急速に蓄積しようとしているのである。こうした中国の政策は、巨大な多国籍企業集団の利害と完全に一致しうるものである。なぜなら多国籍企業集団は、中国の低賃金による圧力をもって本国の労働コストを引き下げる手段と見なすか、または、自分たちの経済活動の一部を中国に移転すればずっと大きな利益が得られると考えているからである。

これに関して言えば、驚くべきことに、このような利害はあらゆる種類の経済活動――ウォルマートのような巨大流通集団であれバイオテクノロジー部門の企業であれ――に関して表明されている。それというのも、こうした分野については、アメリカの対中国貿易収支が二〇〇七年以降赤字だからである。実は、中国企業によるライセンス取得は、中国企業の対アメリカ輸出によって相殺される以上に行われている。

見られるように、中国の政府と権利剝奪社会との間の大きな結託の中で進められる中国の政策は、「優しい貿易」とは無縁である。ここに見られる国家的発展戦略は、巨額の外国直接投資に接合されつつも、それに対する統制をほぼ維持している。この戦略を可能にしたのは、次の二つの要因の組み合わせであった。一つは、中国自身の内部の人口フローの性質、もう一つは中国当局が資本フローの流入に対して行使し続けている統制――これにより人民元相場の変動を制御することができている――である。

それゆえ中国経済の成功の原因は、おそらく、政府の政策と特殊な要因――人口圧力のような――との組み合わせに求められるべきであり、――WTOの追従者がイメージするように――グローバル化に求められるべきではない。この観点からすれば、中国の政策は、一見そうは見えないが、実はロシアのそれにかなり近い。要するに、中国の人々は、もしも異なる発展水準から出発していたならば、別の様々な方法に頼っていたはずなのである。

第3章 グローバル化は誰に奉仕しているか？

商品のグローバル化は、掲げていた諸目標を達成できなかった。とすれば、なぜわれわれは一九七〇年代以降国際貿易を漸次自由化してきたのだろうか。

流行を追うことも、経済理論の処方に従うことも、もうやめにしよう。種々の理論が国際貿易の開放に対してどんな影響を及ぼしえたかはともかく、大多数の政治指導者が一つ一つの決定を行うに際しては、決定を正当化するために理論を利用することはあっても、理論だけに基づいて決定を行うわけではない。

ヘクシャー＝オーリン＝サミュエルソン・モデル(1)は「標準モデル」とされているが、大学の仲間内の範囲を超えて影響力を持ってはいない。それにまた、このモデルは大学の世界の中でも、「レオンチェフ・パラドクス（逆説）(2)」によって、あるいは仮説の非現実性によって、強い異議申し立てを受けてきた。ポール・クルーグマンの新国際貿易論が出てくるに至って、保護主義は部分的にお墨付きを得たと考えられる。(3)最近になってそのクルーグマンは、グローバル化を中断可能なものと見なしてもよい、と認めている。[4] 例えば、外国下請けへの依存の強まりのような現象は、予想されていなかったのであり、グローバル化へのアプローチに大幅な修正を迫った。[5]

商品のグローバル化は、一般的な利益も最貧困国の利益も増進させなかった。むしろそれは、発展途上国が上ろうとした「梯子を外す」ための手段となった。[6] しかし、グローバル化の側にも言い分があった。以下では、それに対していくつかのコメント（必ずしも反論するものではない）をしていきたい。

グローバル化に関する二つの説明

第一は、西側および日本の大企業の適応という説明であり、そうした企業が約四〇年の間に「多国籍企業」に転化したとされる。内的成長（会社の発展）によるか外的成長によるかを問わず、規模〔拡大〕の追求が、この時期の一般的生産性上昇の基軸であった。最大生産量の達成を目指すことによって、彼らはいわゆる「規模の効果」からできるだけ多くの利益を得ようとした。「規模の効果」とは、生産量の増加とともに単位コストが低減することである。注文量が大きく増えると学習効果が働くため、生産性が上昇するか、もしくは要素価格が低下するというわけである。

例えば、神話的存在の乗用車であるシトロエンＤＳ19／21／23は、二〇年以上にわたって生産され、シリーズ全体で一五〇〇万台超まで拡大した。今日、一年当たり同一車種一〇〇万台の生産が損益分岐点である。こうした大量生産は、複数の市場への展開を前提している。国際貿易規制を緩和するよう多国籍企業が圧力をかけてきた理由はここにある。最初のうち生産センターはこのプロセスによってほとんど影響を受けていなかったが、異なる国の間での組立部品のフローは拡大した。組立部品のフローが国際貿易の当初の拡大に大きく寄与したのである。こうして国際貿易が著しく発展したが、これは、十九世紀初めにリカードがイメージしたように工業部門と農業部門――羊毛とワイン――の間のことではなく、同じ部門の内部でのことであった。実際、組立部品の貿易を見て気づくのは、国際貿易が最初は比較優位に基づく特化によってではなく、複数企業間の技術的専門化によってなされていたことである。

それゆえグローバル化とはまず、企業のグローバル化である。しかしそれは「グローバル」企業には直結していない。例えば、同一の生産活動についても、国による構想の特殊性は依然として非常に強いことが確認される。例えば、一個の部品のデザインを行うのに、フランスの技術者であれば力学的・熱学的制約のモデルを作り上げるところを、日本の技術者であれば同じ部品を画像化し、フォルムの修正によって対応しようとするだろう。アメリカ、ロシア、イギリスの技術者はさらに別の仕方で対応するだろう。

過去四〇年が残した教訓の一つは、国民的な技術文化が永続的であること――経営文化の永続性もこれにともなっていた――であったと言える。(7) こうした差異のうちある部分は、十九世紀以来の企業の歴史的発展過程や、国家介入の役割の大小――これも常に存在してきた――によるものだった。差異のうち他の部分は、アルファベットと表意文字の区別と同じように、あるいは「開かれた」国境を持つ国（ブラジル、ロシア、アメリカ等）といわゆる「天然の」国境を持つ閉鎖空間（日本、イギリス等）とを対立させる空間内の関係と同じように、よりとらえにくいものである。

これとは別に第二の言い訳がある。これも劣らず重要だが、あまり分析されてこなかった。一九七〇年代初めに賃金が利潤を圧迫していた国において、指導階級がこの圧力を低下させるために〔国際的〕開放を計画した。特に大きな規模だったのが、開放に基づく北アフリカやアジアの国々、それにEU型の統合メカニズムに基づく旧「東の国々」であった。「対外制約」をめぐる、次に「欧州の連帯」をめぐる言説の陰には、一九五〇・一九六〇年代に支配的だった社会抑圧を復活させようとする用意周到なプロジェクトが隠れている。

まずは欧州経済共同体（EEC）、次いで一五カ国のEUという枠組みによる単一市場プロセスは、市場規模の拡張という議論によって擁護されてきた。大きな市場は、そこで取引を行う企業の発展の一要素であると考えられるにしても、大きすぎる社会の歪みを回避するには、「単一市場」を構成する国同士の間でルールが多少とも似通っていなければならない。当初五カ国、後に六カ国のEECは確かにこのケースに当たる。次にEECから一五カ国への移行は、賃金への相対的圧力に対して重要な影響を与え始めたが、こうした圧力の一部は生産性の相対的上昇によって相殺された。しかし、一九九〇年代初め以降、EECをEUと改名しての拡大プロセス、および全面的な自由貿易へのEUの開放プロセスは根底的に与件を変えてしまった。ジャック・ドロールの言葉を引用しておこう。すなわち「ヨーロッパは保護すれども駆り立てず」。しかし実は、一九九〇年代初め以降、ヨーロッパは徐々に、賃金に対して重大な影響を及ぼす開放「優位」へと転換していった。

商品グローバル化への移行が漸進的であったため、ヨーロッパ主要国から発せられる諸言説の中では、賃金シェアおよび――何よりもまず――労働賃金を低下させるための諸措置が自明の理、一種の「自然法則」として通用するようになってしまった。しかし、そこには「自然的なもの」など微塵もない。国際統合の枠組みの転換は、優れて政治の所産であったのだ。なのに「対外制約」という目眩ましによって、こうした言説が政治以外の場所でも通用するようになり、その結果、提案される諸措置を少しずつ受け入れるメカニズムができあがってしまった。

要するに、歴史の上で商品グローバル化は、二つのエンジンによって推進された。一つは、企業の成長戦略によるエンジン、もう一つは、社会的な反革命――一九七〇年代末以降程度の差はあれどの国にも見られた――によるエンジンである。二つのエンジンは、現実においては区別されない。というのも、相互作用の数が多すぎるからである。この二つに、われわれは、金融グローバル化に由来するエンジンを付け加えねばならない。金融グローバル化は商品グローバル化に随伴しているが、それを生み出したわけではない。本書ではこれを第Ⅱ部で扱う。

それゆえ、危機勃発以来フランスで「付加価値分配」の問題が活発な論争を巻き起こしてきたことは意外ではない。これは、フランスにおける不平等の発生――あるいはその永続――を測る一つの指標であり、それ以上に、少なくともこの二〇年来賃金が受け入れねばならなかった諸制約を示す一つの指標である。ただし、「付加価値」の中ではCEOの給与が労働者のそれとして取り扱われていることに留意すべきである。加えて、付加価値については、経済の雇用者比率も考慮に入れねばならない。したがって、この指標が唯一適切なものかどうかは、少しも明白ではない。

もしもわれわれが、賃金コストの著しく低い諸経済からの財の輸入によって、フランス産業の賃金が下に引っ張られているという仮説を立てるのであれば、目を向けるべき先はむしろ、賃金‐生産性関係のほうである。つまり国際貿易への開放は、当該の産業において賃金の生産性インデクセーション〔連動〕のメカニズムを弱体化させるし、外向化する企業に対しては域内市場への従属および域内で支払われる賃金への従属を強める可能性をもたらす。

付加価値分配の分析から明らかになること

付加価値は賃金と利潤に分配される。この分配は――正常な時期には――景気の偶然にほとんど感応しない。それに、一九四五年以降賃金化が進んだフランスのような経済では、たとえ賃金シェアが拡大傾向にあろうとも、賃金労働者の状況は改善していかないのが普通である。というのも賃金化のプロセスには、かつて資本利潤の一部であったものを会計上賃金として計上する効果があるからである。しかしINSEE（国立統計経済研究所）の統計資料によれば、賃金シェアは明らかに縮小しており、しかも印象深いことに縮小は突然に起きている。突然の縮小が起きたのは、一九八三～一九八九年のことであった。周知のように、この時期はフランスにおける保守反革命の時期に当たっており、反革命は皮肉にも社会党の欧州支持政権の下で遂行されていた。

実はＩＮＳＥＥのデータから計算される付加価値に占める賃金のシェアは、一九五五～一九七三年には安定していたが、一九七四～一九八二年には顕著な拡大を見せた。この現象は、一九六八年五月の社会運動の遅ればせの影響と、フランス社会の賃金化現象の継続とによるものと思われる。これにともないフランス経済の成長率が大幅に上昇し、遂にはハドソン研究所が当時の公刊文書の中で、フランスは二〇年以内に日本の地位を奪うだろうと発表するに至った。しかし一九八三年以降この動きは逆転した（ドロール・プランの影響）。フランソワ・ミッテランの第一次大統領任期の間に、賃金シェアは著しく悪化し、一九五五～一九七三年の平均を下回るようになったのである。ただし一九九〇年以降、再び傾向は安定化した。このことによりフランスは、保守反革命の第二波による悪影響を免れたのであろうか。確かなことは何も言えない。この時期にも賃金化現象の拡大があったからである。このたびは賃金化が金融業にまで及んだ。ますます多くの利潤が賃金に算入されたので、賃金総額の推移とその内訳はもっと正確に見る必要がある。

国際比較で見ると、フランスはほぼ平均以上の位置にあるのに対して、ドイツは大幅に低下し（六五％から五八％へ）、アメリカとイギリスの二つの経済の間では景気循環の同期化が強まった。フランスはこの二つの経済の間にあることに留意してほしい。ここではドイツの推移が目覚ましい。すなわち非金融企業の付加価値における賃金シェアが約七ポイント縮小した。およそこのことは、利潤の大幅増加に帰せられるだけでなく、それと対をなす形で産業企業の所得が増加し、かつドイツが雇用に関して脱工業化するというプロセスにもよるものであった。メイド・イン・ジャーマニーからメイド・バイ・ジャーマニーへの移行、すなわち中欧の低コスト経済によって生産される割合の上昇が、このプロセスを説明する。最後に注目しておきたいのは、賃金化が進んでいないために賃金シェアがかなりの低水準にあるイタリアにおいて、二〇〇一年以降賃金シェアの再拡大が見られたことである。

しかし以上の比較は、数多くの制度的要因によって歪められている可能性がある。まず、国によって雇用者比率が大きく異なることを考慮しなければならない。例えばイタリアは、中小企業経営者の人数がフランスより明らかに多い。次に、税制が国によって変化しうる――しかも急速に――ことを考慮しなければならない。最後に、「利潤の賃金化」の現象も考慮に入れなければならない。というのも、かつて「企業利潤」や「個人企業家の粗所得」に入れられていた所得が今やますます、賃金や見なし賃金の形で支払われる傾向にあるからである。この現象は金融部門において特に明白である。金融部門の報酬が最も増加したことは、利潤の一部が現実には賃金や手数料の形で擬制的に分配されていることによって説明される。

こうして、「銀行企業」の労働の性質に対して重要な影響を及ぼしてきた職業の制度的枠組みの変化が、INSEEの統計によって測定できる非常に大きな動きとなって表れている。すなわち〔銀行部門では〕賃金シェアが二〇年間に約一三%も拡大しているのである。これは例えば銀行部門において賃金全般の状況が改善したということだろうか。いや、そうではない。というのも同じ時期に、銀行部門の中位賃金は状況悪化傾向にあったからだ。この時期、銀行は支店網に関連するコストを削減し始めた。銀行がますます多くの流動性を金融市場から吸い上げるようになれば、こうしたコストは不必要になるのである。それゆえ、社会的変容は銀行業務の変容に直接起因しており、銀行業務の変容は銀行部門の制度的変容によって誘導されていると言える。この結果、家計からの預金収集は優先順位が第二位となっている。このことは、一九六〇・一九七〇年代と比べて根底的な変化である。

銀行部門における〔賃金シェアの〕拡大は、一九八七年株式市場危機〔ブラックマンデー〕の後に銀行がそれまで独立していた証券仲買人を大量に買収したこと、その結果として報酬の賃金化プロセスが進んだことによって説明される。ゆえに、ＩＮＳＥＥによれば賃金シェアは四六％から六三％になったわけだが、この増加はほぼ、資本所得が賃金の形態に組み入れられたことによるものだった。それゆえ統計の動きを説明するのは、フランスの銀行を（他の国々と同様）伝統的な与信活動を差し置いてでも、市場のオペレーターにしようという制度変更であった。

しかし一九九〇年代半ば以降、この現象は産業をもとらえていった。こうして経営者層の賃金が巨大なシェアを占めることが説明される。ここで留意すべきは、企業の経営者にとって、「賃金」を認識することは、すなわち労働契約の中にこの報酬形態を明記しておくことは、大いに有利だということである。事実、賃金は企業の業績とはほとんど相関していない。また、賃金に算入される

表1　ジニ係数の推移（1980～2000年代）

	1980年代半ば		1990年代半ば		2000年代半ば
	可処分所得	市場価格ベースの粗所得	可処分所得	市場価格ベースの粗所得	可処分所得
カナダ	0.286	0.367	0.287	0.390	0.317
デンマーク	0.220	0.296	0.214	0.348	0.232
フィンランド	0.205	0.306	0.234	0.382	0.269
フランス	0.267	0.392	0.277	0.414	0.281
ドイツ	0.254	0.360	0.270	0.363	0.298
ギリシャ	0.330	0.405	0.322	0.405	0.321
イタリア	0.305	0.392	0.349	0.464	0.352
日本	0.276	0.309	0.290	0.338	0.321
オランダ	0.233	0.373	0.254	0.377	0.271
ニュージーランド	0.263	0.362	0.324	0.428	0.335
ノルウェー	0.222	0.294	0.249	0.341	0.276
スウェーデン	0.224	0.347	0.247	0.416	0.234
イギリス	0.277	0.389	0.304	0.424	0.335
アメリカ	0.326	0.376	0.351	0.417	0.381

出所：M. Förster et M. Mira d'Ercole, « Income Distribution and Poverty in OECD Countries in the Second Half of the 1990s », *OECD Social, Employment and Migration Working Papers*, No. 22, 10 Mar. 2005. OECDのサイト（www.oecd.org/els/workingpapers）で閲覧可能。

手数料についても全く同じことが言える。

以上の点は、近年の「ゴールデン・パラシュート」〔企業買収の対抗策として経営陣の退職金を引き上げておくこと〕スキャンダルの背景をなすものである。これは道徳的には明らかに擁護し難いものだが、厳密に法的な観点からこれを非難することはかなり難しい。

そこで社会内の不平等を測定する方法であるが、これには複数ある。まず最もよく用いられる方法の一つに、ジニ係数の比較がある。ジニ係数は、与えられたサンプルに関して分配の平等が大きいか小さいかを表す尺度である（**表1**）。この係数が小さいほど分配は改善する（より平等になる）。

ここで確認しておきたいのは、ほぼす

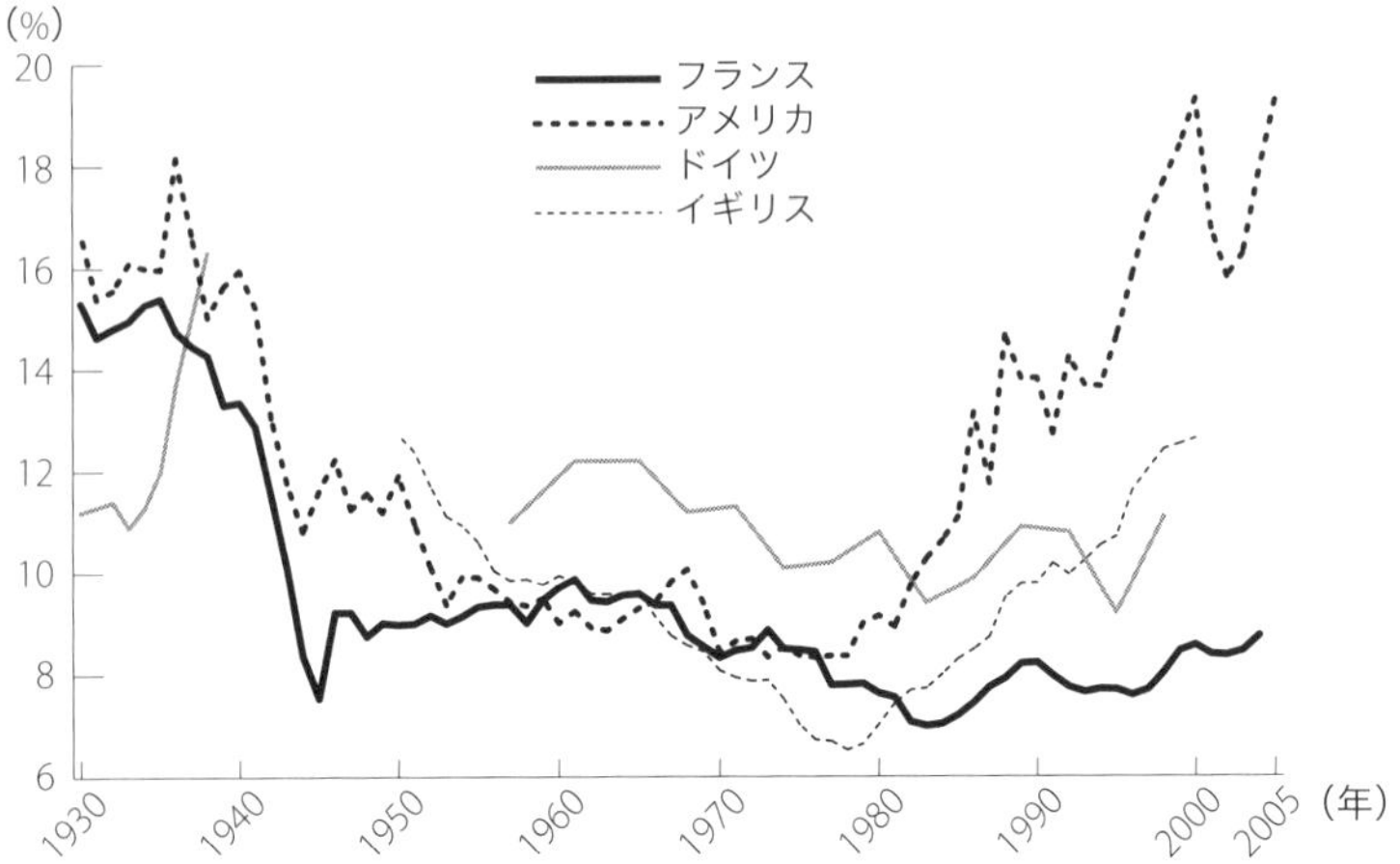

出所：INSEE, C. Landais, « Les hauts revenus en France: une explosion des inégalités? » document de travail, École d'Économie de Paris, juin 2007.

図1　最富裕1%が国民所得に占めるシェア

べての国[8]において係数が上昇したこと、つまり不平等が拡大したことである。不平等が拡大したのは、一九八〇年代半ばから一九九〇年代半ばにかけてである。これはちょうど、国際貿易分野において大々的な規制緩和が行われた時期に当たる。

次に、長期にわたる動きを評価する別のやり方として、付加価値の分配だけを見るのではなく、総所得の分配の推移を見るというものがある。この場合、所得不平等の問題は、人口のうち最も富裕な一%が国民所得に占めるシェアを通じて把握される。国際比較〔のグラフ〕からは、一九三〇年代後半以降に見られた所得の相対的平等化傾向が一九八〇年代初め以降に突然逆転したことがわかる（**図1**参照）。

フランスは、戦争のショックと一九二〇年代の黒字の直後から一九六四年に至るまで、相対的不平等水準の上昇がアメリカやイギリスと連動していた。しかし最後の時期においては、米英両国で不平等水準が急速に高まった一方、フランスでは一九八四〜一九九〇年にのみ最も富裕な一%のシェア拡大が見られた。一九八四〜一九九〇年というのは、付加価値に占める賃金シェアが縮小した時期に当たる。その後は状況が安定した。一九九八年に新たな拡大があったが、そのことはフランス、イギリス、ドイツおよび何よりもまずアメリカにおいて確認される。

こうした計算の結果、フランスがスウェーデンとともに、最も不平等が小さい国の一つであることは明らかである。フランスの状況は――幸運なことに――、上掲の他の国々がたどった推移に対して、依然として少々遅れをとっている。にもかかわらず、傾向の逆転はやはり明確だ。つまり、付加価値の推移からは、フランスが激変を経験したのがフランソワ・ミッテランの最初の七年任期の下であったことが確認される。この時期は、必要な変更を加えた上でのサッチャー政策やレーガン政策の時期でもあるが、それに加えてジャック・ドロールの政策がとられた、ヨーロッパ推進が選択された時期に当たる。フランスの指導者たち（社会党員）たちは、欧州統合の結果として、一九五〇年代や一九六〇年代のような通貨切り下げの武器を利用できなくなったために、付加価値の分配に働きかけざるをえなくなった。

以上のように、フランスは一九九〇年代の第二次保守ショックを免れなかった。このショックに対応しているのが、ユーロをシンボルとする経済通貨同盟（ＥＭＵ）の設立である。

生産性上昇の比較から明らかになること

純賃金〔＝総賃金－社会保険料負担〕の推移を生産性の推移と比較することによって、以下のような動きが確認される（図2）。純賃金が時間生産性と同じ割合（％）で増加する限り、付加価値に占める賃金シェアは一定のままであり、賃金化のプロセスによっては増加することもある。一九五九年から一九八一年にかけて二つの曲線は密接に相関している。このことは、この時期における付加価値の分配が、もっぱら雇用者比率の変化によって、すなわちもっぱら独立雇用の減少によって変更されたことを確証している。

つまり、付加価値に占める賃金シェアがゆっくりと拡大した理由を説明するのは、「賃労働社会」の進展である。両者の相関関係は、一九八一年に唐突に切断され、この状態が一九九七年まで続いた。その後、相関関係はかなり控え目に回復したにすぎない。

目を引く第一の事実は、ジャック・ドロールが推進したいわゆる「引き締め」政策が今度は、ミッテランの第二次七年任期――最初の任期ではなく――へと延長されたことである。賃金が再び目立って増加し始めるには、一九九七～一九九八年まで待たねばならなかった。ところがこの賃金には、一九八五～一九九五年に急速に増加した金融部門の賃金も、かなり高賃金な階層の賃金増加も含まれていた。ゆえに、フランス以外の国で現れていた輸入された賃金デフレの強い動きが(9)、フラ

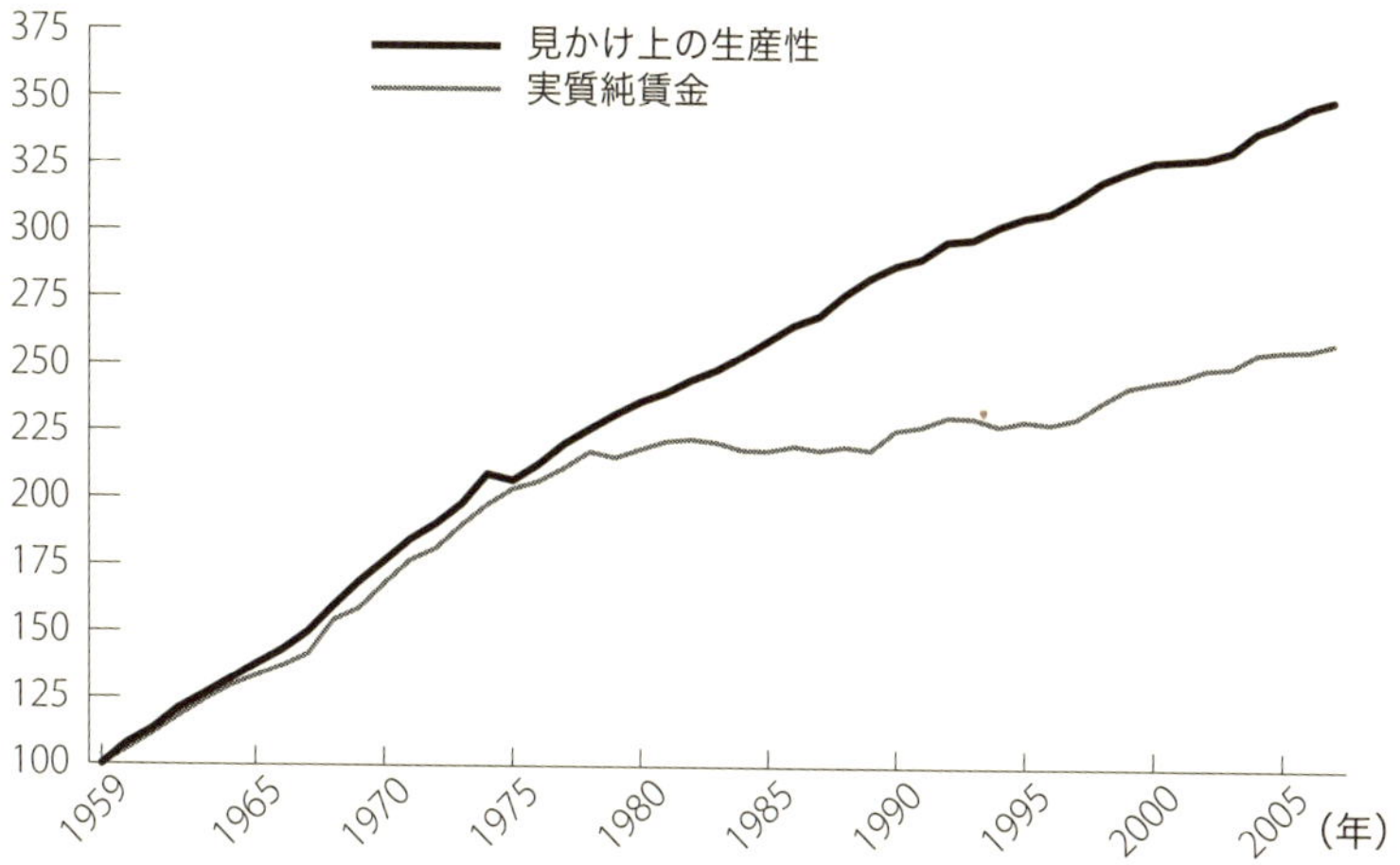

出所：INSEE.

図2　生産性上昇と賃金上昇の比較

ンスだけには現れなかったのである。とはいえ、一九九〇年代後半以降普及していたこの動きは、一九八九〜一九九七年の平均賃金の相対的停滞を説明することができる。つまり、商品グローバル化が合意の下に――しばしばＥＥＣやＥＵによる教唆の下に――進められたのは、一九九〇年代の頃のことだったと言える。注目しておきたいのは、この時期にフランス経済のバラッサ指数[10]が突然上昇したことである。

すなわちこの対外開放の指数は一九八九年一月の三六％から二〇〇〇年十二月には五八・四％になっており、二二ポイント以上も上昇した。特に上昇が目覚ましかったのは、一九九三年九月（三九％）から二〇〇〇年十二月（五八・四％）にかけてであった。フランス経済の開放度は、この規模の経済としては異常なものだったように思われる。実はこのことが、フランス経済へのグローバル化のインパクトを明らかにするものである。バラッサ指数は一九八七年から一九九二年にかけて三四%から四〇%になった。次いで同指数は一九九六年初めまで停滞した後、急速に跳ね上がり、一九九三年央から二〇〇一年初めの間に四〇%から五七%になった。二〇〇五年までは再び停滞したが、二〇〇八年初めまでには再び動き始め、もっぱら危機のせいで大幅低下する前には六三%に達していた。同じように、所得分配の推移も見ておきたい。

輸入された賃金デフレのインパクトを測定するにはまず、他国で起こったことをイメージした上で、生産性上昇と純賃金全体の増加との差を明らかにすればよい(11)。例えばアメリカでは、国民所得における賃金報酬の相対的シェアが急縮小したために、不平等が大いに強まった。これと同様の考察を一九九〇~二〇〇七年の時期について行うには、攪乱要因を導き入れないようドロール・プランの効果をすべて排除しなければならない。大きな論争となった三五時間法〔二〇〇〇年制定の週三五時間労働法〕の——積極的——効果は確認されている。すなわち、実質賃金の傾きが突然に大きくなったのである。しかしこの効果は非常に限定的であった(二年間)。この間に、実質賃金曲線〔の下方シフト〕が、調整後の実質賃金の傾きを無効にしてしまった。マルティーヌ・オブリー三五時間法は、それまでの後退を相殺できたにすぎなかった。それは決して、〔賃金の〕生産性上昇との強い相関を取り戻すことを可能にするものではなかった。

これは興味深い最初の教訓である。ジョスパン政権と「オブリー法」は、ドロール・プランに始まりフランスの国際開放によって強められた長期傾向に対して一時的な是正を可能にしたにすぎな

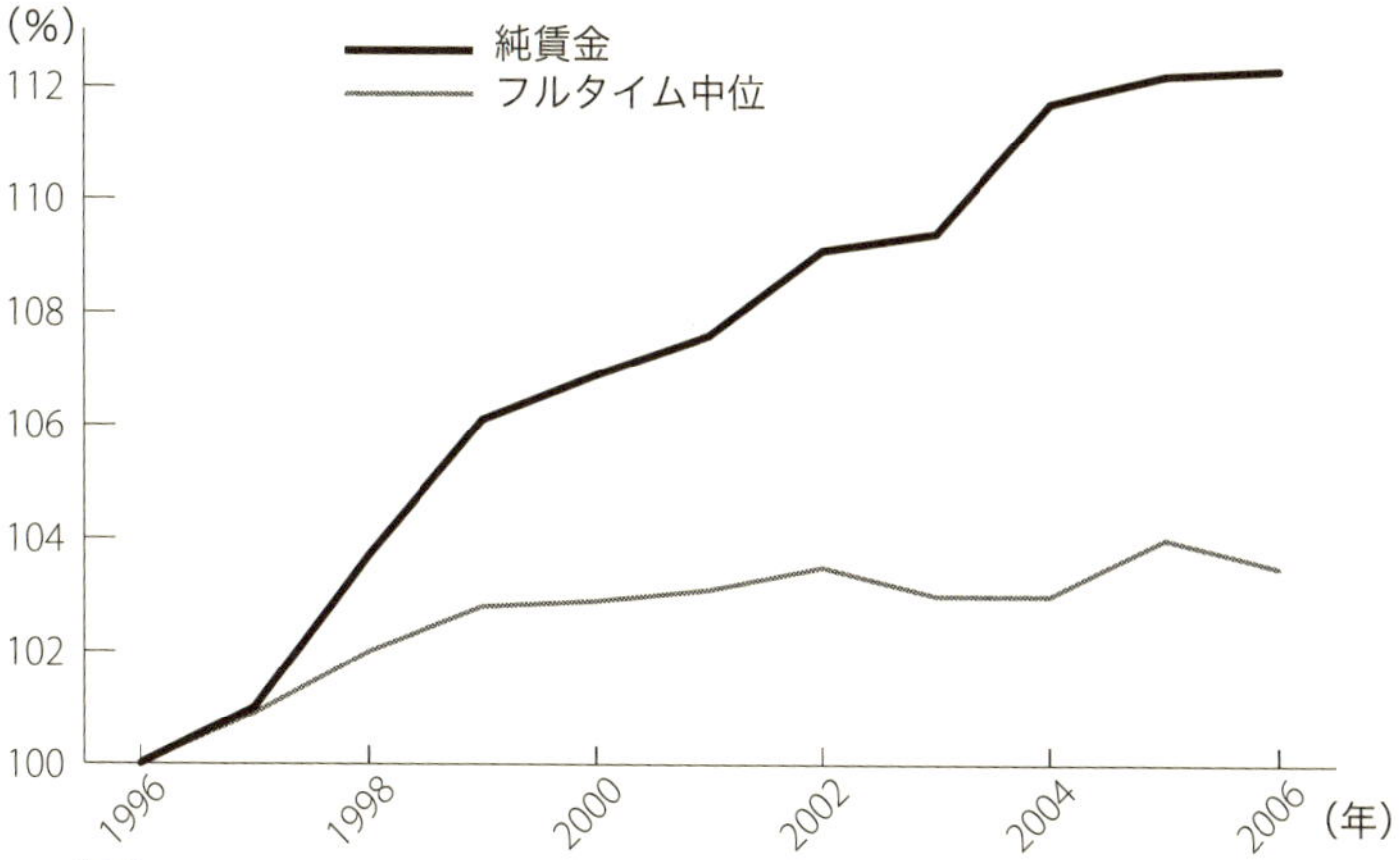

出所：INSEE.

図3　平均賃金と中位賃金

い。「三五時間」は、一部の人が貶《けな》して言うような災害ではなかったとしても、グローバル化によって引き起こされた基底的な傾向を長期間にわたって逆転するには至らなかった。さらに実質賃金曲線がすべての賃金を、しかも実は資本利得であるものをも含んでいることを考慮するならば、工業の賃金については、労働者とサラリーマンの賃金動向を検討することが適切と考えられる。実際には失速《デクロシャジュ》が続いているのである。

このことは二つの重要な事実を通じて検証される。第一の事実は、工業の生産性上昇が経済全体の平均におけるよりも高かったときのものである。すなわち二〇〇三〜二〇〇七年に、経済全体における生産性上昇は五・九％でしかなかったのに、工業部門のそれは一五％であった。ところが工業の賃金は比例しては増加しなかった。しかしもっと重大なのは、近年見られる第二の重要な事実である。中位賃金（サンプルを同数ずつに二分するところの賃金）が平均賃金を下回ることは二〇〇二年から明白であるが、実は一九九九年以降既に顕著であった（図3）。

三五時間法のプラスの影響が弱まると、失速が始まった。この点から見て、フランスはアメリカと類似の推移をたどったと言える。中位賃金は、アメリカのように低下こそしなかったが、一九九九年以降停滞した。一九九六年の水準を基準〔一〇〇％〕として言えば、平均賃金が一一二％を上回っているときに、中位賃金は一九九九年に一〇三％、二〇〇六年に一〇四％であった。これが平均賃金の定期的な上昇――生産性上昇に劣る水準とはいえ――とともに見られたことは、低賃金コスト諸国からの輸入が低位の報酬階層に及ぼす圧力を示す顕著な指標である。今日この現象は、大多数の先進諸国に見られる。特にアメリカにおいて重要な現象であるが、このようにフランスにも見られるのである。

富裕経済における貧困化の検討

こうして一九八三年以降、賃金報酬の推移は低所得の勤労者層にとってかなり不利なものだった。この現象は一九九九〜二〇〇二年の転換期にいっそう強まった。したがって、二つの時期に進められた保守反革命について語ることができる。

賃金デフレ〔の存在〕は異論の余地がないものであり、しかも賃金デフレは、賃金減速によって、――それゆえ利潤コストが不変または増加することによって――直接的に、かつ失業者が行使する圧力を通じて間接的に、一般的なインフレ減速の現象を説明する。このような賃金デフレは、フランスの労働者が、比較にならないほど賃金水準が低い他国労働者と競争するようになったことの帰結である。ここで留意しておきたいのは、賃金デフレが、一九九〇年代にディスインフレ〔インフレ抑制〕と呼ばれたものに関して重要な役割を果たしてきたことである。金融政策は為替政策に関しては当を得ているとしても、ディスインフレに対しては副次的な役割しか果たしてこなかった。

ここで言っておきたいのは、フランス政府がインフレ率に合わせて定期的に自国為替相場を調整することによって定期的な切り下げを行うのをやめることにした歴史的瞬間から、フランス政府には賃金デフレを組織化するしか可能性がなくなった、ということである。フランスとドイツとの、さらにはイタリアとスペインとのインフレ動向の格差には、インフレの構造的論理の違い(12)とともに、経営者利潤の増加に対する労働者の抵抗の度合いも反映されている。

こうして、「単一市場」の選択ということに要約される本質的に政治的な選択が、国内賃金への、特に低賃金層への圧力増大を帰結している。この選択は複数の他の現象によって覆い隠されてきた。まず、金融部門でも工業部門でも、資本所得が賃金所得に算入されていった。一九八〇年代後半以降、大々的に算入が行われた。算入には現象の大きさを——単なる統計上の観点から見て——部分的に隠す傾向があったことについては異論の余地がないけれども、これ〔現象の大きさ〕を明らかにするには別の観察に拠らなければならない。次に、かつては別会社の業務であった金融サービスが急速に大手銀行に取り込まれていくという現象により、フランスでは、既に言及した賃金化のプロセスが加速した。この現象は一九八七年秋の株式市場危機〔ブラックマンデー〕の後に大規模なものとなり、証券仲買人を消滅させたが、その一方で銀行はますます「金融市場のアクター」となった。銀行の内部ではこの変化は、「通常の」顧客に接して預金・与信の業務を行う行員の報酬と、金融市場において銀行の資産を運用する行員すなわち「トレーダー」の報酬との間の大幅な格差となって表れた。後者のうち証券化の担当者は、最も高報酬の部類に属するだろう。最後に、サービス部門――特に通信と広告――およびその周辺部門の賃金の相対的上昇によって、平均賃金が変位してしまった。通信・広告サービスの準指数的発展は、メディア（および今はマルチメディア）業界関連株の急上昇となって表れている。

以上のプロセスの中で浮かび上がってくる三つの局面について特徴づけていくことにしたい。これにより、一九八〇年代初め以降の保守反革命に見られた階調変化が明らかになるだろう。

第一局面は、一九八二・一九八三年にジャック・ドロールによって開始された付加価値分配の突然の調整《アジュストマン》に対応している。これは、フランソワ・ミッテランの最初の任期まで推し進められた。この局面は、ヨーロッパの枠組みへのフランスの第一次「適応」と見なしてよい。これは、フランスの賃金生活者たちが一九六八年五月の運動の後、一九七五年に至るまでに獲得した特権を削減しようとするものだった。ドロール・プランは「逆六八年五月」として分析されてよい。注目すべきは、六八年五月の後は一九七四年までの非常に高い成長が続いたのに対して、ドロール・プランはフランスを長期にわたって低成長圏に陥れたことである。

続く第二局面を特徴づけるのは実質賃金の停滞であり、これは第一局面終了時の大量失業に関連して生じたものである。第一局面を引き継いだのは、ユーロ圏参加の諸条件を満たすための「強いフラン」政策(13)であった。ほとんどドロール・プランの結果と言ってよい大量失業は、景気回復政策を要求できるくらいに、かつ要求すべきくらいに深刻であった。しかし景気回復政策は「強いフラン」政策によって阻止された。「強いフラン」政策は、フランスにおいて追加的に約一〇〇万人の失業者を生み出したと考えてよい。

一九九七年頃に始まりいまだにわれわれが抜け出せないでいる第三局面では、低賃金コスト諸国からの製品輸入という制約の下で賃金が推移している。これは、前の時期に進められた開放政策からの帰結である。第三局面においては、フランス経済に対する商品グローバル化の影響を直接に測定することができる。商品のグローバル化の影響により、賃金の平均の上昇が生産性の平均の上昇よりも小さくなり（この現象は特に製造業において顕著である）、賃金生活者内の不平等が強まり、そして、特に平均賃金のわずかな――しかし着実な――上昇と対照的に中位賃金の停滞が見られた。この局面にあっては三五時間法が、制定前後に言われていたことに反して、緩和の役割を果たした。しかしそうした役割にはやや限界があった。二〇〇〇~二〇〇二年以降、三五時間への移行の効果は尽きてしまったように見える。

一九八三年以降に賃金の失速があったことは明々白々であり、その点に異議を唱えることはできない。それは特に、低熟練の職種に就いている賃金生活者や交替勤務労働に打撃を与えた。失業者すなわち（就業できないがゆえに）不活動の人々に占める移民労働者（フランス国籍取得者であれ未取得者であれ）の割合も、大幅に高まった。したがって、こうした動きに並行して都市暴動が起きたことは意外ではない。大きな都市暴動はすべて一九八五年以降、すなわちドロール・プランが適用されてから二年後以降に起きている。非行や麻薬密売といった名前で知られる社会病理の総体が、このプランにその起源を有しているのである。

また、地域の住民を「大きな貧困／大きな不安定」の罠から解放することのできる政策が提案されない限り、このような「不正取引」に関する政府の態度は両義的であることを免れない。種々の不正取引は、それが横行している地域における共和主義的な適法基準《レガリテ》について再検討を促すものであるとともに、その国の他の場所においては社会的混乱の相対的減退によって適法基準の正当性が維持される条件でもある。最も大きな暴動だけは公的諸権力全体に反応せざるをえなくさせるが、その効果はしかし、暴動地域外に居住する住民が無視する可能性によって、および予算制約によって限定的である。例えば、二〇〇七年の平均賃金水準は、こうした現象が起こらなかった場合のそれよりも全体として二五％低いと推定される。この数字自体かなり大きい。しかしこのインパクトは工業については明らかにもっと大きいし、最低賃金層についてはさらに輪をかけて大きい。というのも、最低賃金層については、三五～四五％の賃金の「遅れ《ルタール》」が見られるからである。

以上のような悲惨な光景に加えて、一九六〇年代初めに先駆的な分析[14]が提供されて以来、一貫して高まり続けている労働ストレスが重要である。フランスの歴代政権が現在まで考慮しようとしなかった[15]この現象は、健康保険の費用のうち大きな部分——おそらくGDPの二〜三％に達する[16]——に関係しているだろう。この莫大な見積もり額は、ちょうど現在の財政赤字額に相当している。

それゆえ、グローバル化は、わが国における賃金の大幅な遅れ《ルタール》をもたらしてきた上記のプロセスに対して、かなりの責任を負うものと考えられる。またこの遅れによって成長不足が引き起こされ、成長不足が今度は失業増大を通じて、かつ失業増大が最も保護されざる〔競争にさらされた〕人々の報酬に圧力を及ぼすことを通じて、商品グローバル化の影響をいっそう強めてきた。

こうした派生的な諸影響は、直接的影響と同じくらい大きいものだった。この意味でグローバル化は、わが国の指導階級がもともと期待していたことに十分応えているのである。グローバル化は、一九四五〜一九七〇年に庶民階級によって奪われた優位を取り返すための強力な手段であった。もちろん、そのようなことがグローバル化の唯一の機能であると言おうとしているのではない。しかし、ということは逆に、これもまたグローバル化の機能の一つだということである。

第4章　グローバル化の重圧

現在の経済的無秩序は、国際貿易における強い歪みによってもたらされた。過去二〇年という時期の特徴は、直接投資フローの流入が、かたや工業活動の学習曲線の始めのほうに位置していた国々に、かたや十九世紀初頭に工業化を開始したが大きな体制転換との関連で脱工業化の動きに巻き込まれてしまった国々に見られた、ということである。(1) この投資フローにより、いくつかの部門において労働生産性の大幅上昇が可能になった。ところが、こうした動きには、それに匹敵する直接賃金・間接賃金の上昇がともなっていなかった。その帰結が単位賃金コスト〔生産物一単位の生産に要する賃金〕の大幅な格差であった。単位賃金コストの格差が存在するのは、通貨平価の変動制が先進諸国においてほぼ一般化したことによる。というのも、これによって世界のいくつかの地域の国々は、自国通貨の過小評価の効果を高めることができたからである。この問題は、二〇〇二～二〇〇三年以降、ドル——およびドルに釘付け《ペッグ》〔固定〕されている通貨——や人民元に対するユーロの過大評価を経験したユーロ圏諸国にとっては特に重要である。同じ時期にはまた、関税障壁の大規模な撤廃が行われた。この結果、著しく低い単位賃金コストを享受している国は、ヨーロッパの原加盟国やアメリカと対等に競争できるようになった。

以上のような現象は、最先進諸国における空洞化と雇用破壊の問題を引き起こしている。しかし以上の現象はまた、最先進諸国における所得（額および分配）に対しても重要な影響を及ぼした。とりわけ間接賃金〔＝社会保障給付〕に対する圧力はこれによって説明される。フランスのケースでは、既に危機の前から、失業者数の約半分は以上のような現象によるものだったと言ってよい。また、現下の危機に対する責任もこれに帰せられるべきである。

フランスにおいては、平均賃金の上昇テンポと労働生産性のそれとの差、そしてもっと最近では平均賃金の上昇テンポと中位賃金のそれとの差が、一回目は一九八一年以降、二回目は一九九〇年代以降広がっていった。

こうした現象により、保護主義のテーゼに対する関心も復活した。単位賃金コストの格差が著しい製品に課税することにより、異なる国の間での単位賃金コストの過度の格差を相殺しようというアイデアが、今日有力となっている。留意すべきは、以前に導入された保護との関連において、この税は国別および生産部門別に算定されるべきだということである。というのも、現状の特性の一つとして、このようなシステムの下で目指すことのできる諸国の生産性水準は、部門ごとに著しく異なるからである。ここに明らかなように、単一課税水準は無効である。

ここで、このようなシステムの国際的・地域的な諸規制との両立可能性ということが問題となる。

同じくわれわれはまた、右のような課税から派生する〔金銭〕フローについて検討し、課税を行使した国がこのフローを捕捉してよいのか、それとも二国間協定の形で再分配されるべきかを問題にしなければならない。

単位賃金コスト（またはＵＷＣ）の問題

賃金生活者が提供する労働に応じて雇用者が負担するコストを比較することは、国際比較を行うときのベースとなる。一方、労働の質やその効率性（労働の「生産性」）も全く同じ働きをする。全世界の労働者がグローバル競争の下に置かれている――これはグローバル化の結果である――がゆえに、われわれはこれを考慮に入れなければならない。以下では、比較を行う前にまず、用いられる概念を詳しく説明しておきたい。それを踏まえて、最も注目に値する格差についてのメニューを作成していこう。

単位賃金コスト（ＵＷＣ）の概念を用いることによって、おそらく、国際貿易に関連する無秩序の問題は最もよく理解されるだろう。ＵＷＣは、賃金＋社会保障負担によって測定される時間当たり労働コストと、生産性水準から算出される。

賃金が国によって大きく異なることはよく知られている。このことが特に言えるのは、発展途上諸国、それに移行ショック後の復興途上諸国においてである。しかし、諸国間の大きな格差を相殺し、賃金生活者負担および雇用者負担による社会拠出を考慮するためには、賃金によって代理されている一つの変数を労働時間に結合しなければならない。直接賃金は企業内ないし部門内の交渉によってほぼ決まるが、賃金生活者や経営者が負担する拠出金は全体的な協定によってほぼ決まる。それに賃金そのものが、いくつかの国においては、一般的規制の対象となっている（特に最低賃金を定義するため）。

生産性は、一企業・一部門または一国全体の生産の価値と、その生産のために提供された労働時間の数量とを突き合わせることによって測定される。こうして生産性は常に、時間当たりの貨幣〔名目〕指数によって（考察される国の通貨を用いて）表される。現実世界で生産性を比較できるということは、共通の基準《エタロン》――一般的には通貨――が見いだされていることを前提している。このとき為替相場が問題になってくる。アメリカとフランスの生産性を比較するには、ドルとユーロの為替相場を知る必要がある。数量データから生産性を比較することは、異なる二国で製造される同一製品の場合にのみ可能である。だがこのような状況は著しく稀であり、たとえ場合によっては豊かな知見が得られようとも、国際比較のための信頼しうるベースとは見なせない(2)。

UWCの利点は、為替相場に関する不確実性の影響をなくせることである。〔例えば〕通貨安がその国の生産性を他の国と比較して低下させる場合、それは近隣国と比較してのその国の時間当たり労働コストも低下させる。

単位労働コストと生産性の概念はどちらも、為替相場の推移による影響をかなり被るのだが、

UWCに対する為替相場のインパクトは相対的に弱いだろう。したがってUWCの指数は、不完全であり誤差の可能性を免れないものの、国際比較に関して極めて有用である。

賃金コストの推移

労働コストの国際比較を行った研究は既にある。複数の研究が産業部門間の格差について推定を行い、大きな変動の存在を明らかにしている。ヨーロッパ（EUの意味）の国々を見ると、時間当たり平均報酬の格差はかなり大きい（**表2**）。

こうした報酬の格差は、われわれが別のところで検討した成長の動向に対してあまり感応的でないように見える。もしも先進諸国において収斂が始まるとしても、少なくとも二五年から四〇年という遠い先のことであろう。

原加盟の中心諸国（イタリア、ベルギー、オランダ）と拡大の波が最後に及んだ諸国（チェコ共和国、スロバキア）との格差は、どの項目を見ても特に目立っている。アジア新興諸国の場合にはこの格差はさらに大きい。中国については為替相場の問題によって物差しが歪められていることが明らかなので、インドの場合で見ると、時間当たり平均コストは、旧EU一五カ国におけるそれのほぼ一・六％となるはずである。いくつかの国の場合には、時間当たりコストに雇用者負担金が含まれていないので、その分格差が強まる傾向がある。

表2　時間当たり平均粗賃金の諸特性

	時間当たり平均賃金（ユーロ建）	雇用に占めるCDD（有期限雇用契約）の割合（%）	残業時間による所得の割合（%）
チェコ共和国	3.0	12.0	46.5
スロバキア	2.4	9.6	21.9
ラトビア	1.5	7.1	2.3
リトアニア	1.5	10.5	3.0
ポルトガル	5.8	21.4	7.4
スペイン	8.6	26.8	6.9
イタリア	11.0	3.5	36.6
ベルギー	17.1	4.0	2.3
オランダ	16.3	12.5	12.7

出所：F. Rycx, I. Tojerow, D.Valsamis, *Wage Differentials Across Sectors in Europe: an East-West Comparison*, Bruxelles, WP 2008.05, ETUI, 2008.

以上の状況に関して言うと、新興諸国には生産性上昇の強力なメカニズムがあることが確認される。しかしこの生産性上昇は、基本的には特定部門だけのものである。したがって、平均労働生産性はかなり貧弱な指標である。というのもこの指標には格差が示されないし、国によって大きく変化することもあるからである。このように産業特化は国によって多様でありうるけれども、新興諸国全体としては先進諸国に対して重要な影響を及ぼしてきた。

これに関して中国の例が示唆的である。そこからわかるのは、中国産業に対するFDI〔外国直接投資〕フローのインパクトである。いくつかの生産活動においては著しい生産性上昇が見られた（**表3**）。

アメリカに対する生産性の格差は、大いに注目に値する。例えば平均労働生産性はアメリカのそれの七%と計算されるのだが、中国には、平均生産性が〔アメリカの〕四〇%に達し、さらにそれを超えている部門

表3　中国とアメリカの生産性比較

（単位：%）

	1980年	1990年	1995年	2002年
食品工業	3.8	4.9	4.9	25.4
繊維	10.7	6.7	6.4	25.5
林業	6.0	2.4	6.2	26.5
製紙・印刷	2.8	2.9	3.8	14.8
化学	2.1	1.8	2.0	5.8
ゴム・プラスチック	7.3	4.8	4.1	13.0
機械設備	5.9	7.3	12.3	40.2
輸送用設備	4.8	6.5	11.9	40.9
電気設備	35.1	13.8	8.4	5.9
自動車	7.2	5.5	10.3	43.7

出所：A. Szirmai, R. Ruonen, B. Manying, «Chinese Manufacturing Performance in Comparative Perspective, 1980-2002», Economic Growth Center, *Discussion Paper*, No. 920, New Haven, Yale University, July 2005, table 18, p. 51.

が見いだされる。部門間のこうした差は、実際には、外国資本による工業化推進という現象に対応している。工業化は中国にとって重要な技術のレベルアップをもたらす。中国は、OECD加盟国に収斂する方向で輸出構造を最も進歩させてきた国なのである。ドイツとの比較で言えば、中国の生産性は、ドイツ産業の対応する部門の三〇%であることが確認される(3)。

以上に挙げたのは、アメリカと比較した数字である。したがって、いくつかの部門において中国の生産性が主要先進諸国のそれに急速にキャッチアップしたことは否定できない。しかし、賃金に関しては、同じ程度のキャッチアップは確認されない。

なお、中国が達成している数値は目覚ましいけれども、この現象は中国に固有のものではない。韓国、メキシコ、シンガポール、インドのような国にも、中国に肩を並べる水準においてこの現象が見いだされる。何よりもまず、これらの国の輸出構造とOECD諸国のそれとが収斂していること――表4で確認される――は、これらの国の輸出品における品質向上を含意している。こうして見ると、生産の技術的洗練を進めていけばわが国は窮地を脱出できるだろう、と考えるのは明らかに虚しい。

ヨーロッパのケースとアメリカのケースについて生産性の水準および上昇を考えると、互いに異なる二つのイメージが得られる。例えばロベール＝シューマン財団から公表されている最近の二つの研究においては、スロベニア、ハンガリー、チェコ共和国等の国の一人当たり生産性は相対的に低いが、急速に上昇しつつあることが確認されている(4)。また同じ研究において、フランスの状況はドイツ、イギリスさらには日本に比べて優位にあるとされている。相対タームでは、つまり生産性上昇率の比較においては、当然にも逆のイメージが得られる。最も大きく伸びているのは、生産性水準が最も低い国である。しかしこの伸びには、同じだけの賃金の上昇は伴っていない。

生産性上昇率が最も大きいのは、概して最も生産性水準が低い国である。EUのバルト三国――規模が小さすぎるので国際貿易に影響を与えることができない――を無視す

表4　OECD諸国における輸出類似指数の推移

	1972年	1983年	1994年	2005年
台湾	0.14	0.17	0.22	0.22
香港	0.11	0.13	0.17	0.15
韓国	0.11	0.18	0.25	0.33
シンガポール	0.06	0.13	0.16	0.15
中国	0.05	0.08	0.15	0.21
インド	0.05	0.07	0.09	0.16
メキシコ	0.18	0.20	0.28	0.33
ブラジル	0.15	0.16	0.19	0.20
アルゼンチン	0.11	0.09	0.09	0.13

出所：P. K.Schott, « The Relative Sophistication of Chinese Exports », *Economic Policy*, No. 55, January 2008, p. 26.

るならば、伸びが最も大きいのは新規参入諸国である。このことはまた、特に自動車（およびその部品）産業や機械および電気部品産業に流入する直接投資フローが大きいことに対応している。

単位賃金コストの推移

ようやく単位賃金コスト（ＵＷＣ）に基づく全体的な比較を行うことができる。まず、以上より、新興国に競争優位があることは否定できない。この優位は、全体的に新興国の賃金コストが低いことによるものである。フランス議会において作成された報告書は、この競争優位を評価しようとしている（**表5**）。

ただしここでの計算は、平均値しか考慮していない。ところが、既に中国のケースで見たように、工業分野間の平均格差はかなり大きい。ＥＵの新加盟一〇カ国についても同じことが言える。つまり、外国直接投資（ＦＤＩ）の対象となる分野にあっては、賃金こそ依然として国民平均のほうに近いが、生産性はＥＵ加盟国のそれにずっと近い。実に、中国産業の（全体ではなく）輸出部門におけるＵＷＣは、フランスの二三〜三三％である（三〜四倍の競争優位が見られる）。ＥＵの「新規参入国」の場合、投資が最も大きかった輸出部門においては、この競争優位は二倍（ＵＷＣがフランスの五〇％）に達することもある。

したがって、低賃金コスト国——ただし一定の分野では生産性が先進国に近づく傾向にある——

表5　時間生産性と単位賃金コストの比較

	時間生産性（購買力の割合）	単位賃金コスト（為替相場調整済み）
先進経済		
EU15カ国〔1995年時点〕	78.8	90.5
日本	66.1	119.5
アメリカ	100.0	100.0
新興経済		
EU 新規加盟10カ国*	20.5	72.4
中国**	5.3	—
インド**	2.3	49.5

出所：TCB/GGDC et base de données STAN de l'OCDE.
*チェコ共和国・ハンガリー・ポーランド・スロバキアの平均。
**被用者1人当たり生産性。

からの競争圧力が今日著しく大きいことは明白である。この問題はＥＵ内部で特に重要であるように思われる。なぜなら、今や非常に広範囲の製品に進出している「新規参入国」の著しい競争優位が確認されるからである。

ＥＵは保護の役割を本当に果たしているのか？

残念ながら、この問いに対しては断固として「否」と答えるしかない。ＥＵの一五カ国から二七カ国への拡大は、グローバル化がフランス経済に圧力を及ぼす上で決定的な役割を果たした。今や、旧「東欧」諸国が、障壁なしにヨーロッパの原加盟諸国への輸出を行う可能性を獲得したのである。いくつかの部門にあっては生産性上昇が著しかったが、大量の失業に制約されて賃金が同じ速度で上昇することは決してなかった。実は、ここに作用しているのは、いわゆる「近隣」空洞化のメカニズムそのものである。旧「東欧」諸国は、自動車等いくつかの分野において大量の投資を受け入れた。これにより生産性上昇が可能になった。しかし西欧の企業は、これら諸国が非常に安価な労働力による恩恵を常に得てきたことを知っている。

この状況は、旧「東欧」諸国の住民には利益をもたらさない。実際、一九九〇年から二〇〇〇年代半ばにかけて、これら諸国と西側経済――フランスやアメリカを考えている――の所得格差は拡大した。つまり拡大のプロセスは、経済社会構造が依然として原加盟国とはかなり異なっている国々をヨーロッパに組み入れてしまったのである。なお、一人当たりGDPよりも「社会的な」データを考慮したとしても、全く同じプロセスが観察される。例えば、平均寿命の格差は拡大する――しかもしばしば顕著に――傾向にあった。しかし一九九〇年代以降それは縮まるはずだと考えられていた可能性がある。

かくして、EUの拡大プロセスは「東欧」諸国の住民にも、おそらくわが国の住民にも利益にならなかったことが今や露呈した。ゆえにわれわれは、拡大プロセスを正当化するために「利他的選択」を持ち出すこともできない。このプロセスに意味が見いだされるとすれば、それは、西欧的社会モデルを排除しようとするエリートたちの意思がこのプロセスに具現されていると考えられる場合だけである。エリートたちはそのために強引に西欧的社会モデルを新規参入国と競争させようとしたのである。それに、いくつかの工業分野の労働者が自分たちの社会的状況を改善できたとしても、同じことはおそらく住民全体には当てはまらない。よって、ヨーロッパ・レベルでは、グローバル化は、本質的には、原加盟諸国の賃金生活者に対する圧力を増大させる効果を及ぼしてきた。

ここで提起されるのが、統合ヨーロッパの問題、およびグローバル化プロセスの中でヨーロッパの諸制度が果たしている役割の問題である。統合ヨーロッパは西側諸国の賃金生活者を保護しなかったし、新規参入諸国の賃金生活者に対して急速な社会的収斂をもたらしもしなかった。むしろ統合ヨーロッパは、種々の産業において社会的諸条件をますます低いレベルへと押し下げる形の均等化を推進した。このような均等化は、当然にも大企業の最大利潤のために強く要求されたものである。

フランス経済に対するグローバル化の諸影響

以下では、フランス経済に対するグローバル化のインパクト〔の問題〕に立ち戻り、主要先進諸国の大部分について類似した結論を引き出せることを説明していきたい。容易にイメージされるように、フランス経済に対する影響は、同等の発展水準にある諸国への影響と全く同様に、深刻であった。それは、（直接、間接の）空洞化の効果と、[5] 所得形成・分配への効果とを合わせたものだった。[6]

既に一〇年ほど前からフランスの産業には空洞化の圧力がかかっていたが、そこに現下の危機によるインパクトが加わった。直接的空洞化以外のものも考慮すれば、空洞化の重要性はかなり大きくなる。現在の諸条件の下で空洞化圧力がもたらす――すなわち自由貿易から派生する――雇用面のコストをきちんと評価しようとすると、いくつかの困難に逢着することになる。以下、それらを一つ一つ説明しよう。

まず、工業の雇用がサービスの雇用に対して直接的なインパクトを及ぼすことを知っていただきたい。社会的な大きな産業計画を立てるに際しては、必ずこれをチェックしなければならない。工業雇用の種類によっても異なるが、よく知られているのは工業雇用が一減ると、サービスの雇用が一〜三消滅するというものである。空洞化が工業雇用に及ぼすインパクトのみを測定すると、雇用全体に対するインパクトを大きく過小評価することになる。実際には影響は、経済社会組織の総体に及ぶのである。

次に、空洞化のプロセスの中にあって、積み重なっている三つの効果を区別しなければならないことを考慮してほしい。

（a）**直接的な空洞化**　これは、一国において既に存在している雇用が他国に移転する（大体が工場閉鎖による）というものである。雇用のネットの破壊で見ると(7)、直接的な空洞化は、フランスの工業雇用の約一・五％、すなわち労働人口のおよそ〇・五％に影響を及ぼしてきたことが一般に確認されている。

（b）**間接的な空洞化**　現地市場向けではなく、本国への再輸出のために、外国において雇用がネットで創出されるというものである。大企業が新製品を構想し低賃金コストの国で一から工業化を実現しようとするとき、しかもこれが再輸出のためであるとき、この現象が見られる。このような取り組みは、一〇年前から自動車産業において体系的に進められてきた。これは直接的な雇用破壊というよりむしろ「雇用不足」であり、フランスのケースについて一定の生産性を仮定して算定すると、二五万人から四〇万人の雇用、すなわち労働人口の一％から一・六％となる。自働車部門のケースでは、全面的な海外生産を想定した新モデルが生み出されることによって、これまで約三〇％の生産が空洞化した。

（c）国内市場に対する不況効果　空洞化の脅威があり企業が脅威に屈してしまうことによって、工業の賃金が非常に低い水準に維持され、賃金生活者への圧迫が強まる。所得の低さは消費を、したがってまた国内需要を押し下げる傾向がある。低賃金層の潜在的に可能な賃金上昇を生産性上昇によって相殺すべく賃金生活者に加えられる圧力は、労働ストレスおよびそこから誘発される疾病――既に言及した現象――の原因の一つである。フランスでは、労働ストレスによる直接間接のコストは五五〇億ユーロから六〇〇億ユーロの規模であり、ちなみに社会保障赤字は一五〇億ユーロである。生産性上昇とともに賃金も上昇していれば、そして、たとえGDPの一％にすぎなくとも賃金生活者と雇用者の負担金を節約できていれば、購買力増加が成長に対して非常に強いインパクトを与えていたであろうことは明白である。このとき、われわれが獲得できていたであろう雇用増（または失業減）は、最低でも労働人口の一％と推定される。ただしこの増加は全体の数字であり、工業雇用だけのものではない。

これらの効果の組み合わせは、自由貿易の圧力が直接的に、労働人口のうちの工業雇用約二％が失われる（または創出されない）というコストを発生させることを説明する。これはおそらく、労働人口の三%から三・五%の全体的喪失に対応している（工業雇用の総雇用に対する通常の乗数効果による）。グローバル化によって誘発される労働者間の競争はまた、ブルーカラー労働者の所得をより強く圧迫するので、所得分配を歪める結果となる。この点は、アメリカ等の国で広く研究されてきた。二〇〇七年の危機につながったアメリカ家計の過剰債務の原因は、こうした所得分配の歪みに求められている(8)。

フランスでは、この現象はあまり目立たなかったが、平均賃金と中位賃金との間に顕著な差があり、かつ全く同様に生産性上昇テンポと平均純賃金の伸びとの間の乖離が目立っている。よって所得分配への影響は不可避であると思われる。このことは、現実には若者の貧困化や「新しい貧困」――つまり雇用されているのに少しずつ貧困に陥っていく人口部分――といった現象に示される第一級の社会問題となるだけではない(9)。このことはまた、大きなマクロ経済現象にもなっている。上記の状況においては、国内需要が圧迫されざるをえないため、成長が煽りを受ける。われわれは、公共支出を行うことでしか成長を一定水準に維持することができなかった。公共支出は、確かに成長の押し上げに関して有益な効果を及ぼしたが、国の債務総額の急増も引き起こした。今日、このようなシステムは限界に突き当たったものと思われる。

以上のように賃金所得の一部に見られる停滞が雇用に与える効果を計算すると、労働人口の最低でも一%、多くて一・五%となる。危機以前、フランスの失業率は八・三%であったが、そのうちの少なくとも半分、多ければ六〇%（労働人口の四〜五%）は、自由貿易のネットの効果（自由貿易のルールから帰結する輸出超過によって引き起こされる雇用創出を差し引いた効果）によって説明される。しかし、EU内外の略奪的政策のインパクトや自由貿易だけではなく、ユーロ高もまた、無視できないほどの雇用喪失を誘発する要因である[10]。この観点から見れば、欧州中央銀行（ECB）の金融政策による効果は、ユーロ圏諸国全体の困難を、（短期的には）ドイツ以外の諸国の困難を悪化させただけのものと言える[11]。

さらに、失業と復職のダイナミックな側面について強調しておきたい。失業率を四・三％に戻すことは、直ちに社会保障会計が均衡することを意味する。もはや基金の資金調達に対する国家予算からの拠出がなくても、拠出金を減らしたり給付金を回復させることができるようになる。このことは購買力（賃金と利潤）の追加注入を意味するから、消費や投資の増加が起き、それゆえ活動（稼働）水準の純増――これはまた失業を減らす傾向を持つ――が起きる。

失業削減の動態的な効果を考慮に入れ、自由貿易の効果を除いてやると、三〜三・五％の失業率、すなわち二〇〇七年との比較では四・八〜五・三％（対労働人口）の上昇というのが妥当と思われる。失業は実際の数字の三六〜四二％に減る。よって逆に言えば、派生的・動態的な効果を含めての自由貿易の総コストは、生産性上昇と乗数効果の仮説に従うとき、失業率を三八〜七七％上昇させるというものであった。

フランス経済に対するグローバル化の影響は以上の通りである。

フランスの経済政策に対するグローバル化の重圧

ここからは、以上の計算がフランスの政策に対して含意するところを検討していきたい。明らかに、ニコラ・サルコジ政権が進めた規制緩和政策やマルティーヌ・オブリーの「ケア社会」の公約は行き詰まりを見せている。

二つの政策のうち前者は、実際には、賃金を、特に中央値よりも低い賃金を停滞させた。不平等が拡大しているとき、われわれは所得が成長していることをイメージするが、このイメージはまやかしである。というのも現実の所得の成長は最も富裕な一〇%、さらには一%に集中しているからである。庶民層を加速的に貧困化させるこうした政策はまた、中間層をますます強く圧迫するものでもある。二〇〇九年にフランス・テレコムに見られた「自殺の流行」のケースはその一例でしかない。労働ストレスが疾病と見なされることが増えたため、健康保険のコストが徐々に増加していった。こうした条件の下、医療支出の「制御」は、払い戻ししない医薬品の数を徐々に増やすという形をとるしかなかった。それゆえこれ〔前者の政策〕は、過去——十九世紀——を持つが、将来がない政策である。

先の二つの政策のうち後者、すなわち「ケア社会」は幻想に基づいていた。経済の力〔の弱さ〕がそのような政策を根底から排除しているというのに、どうすれば、社会の力のみに頼って分配を拡大する社会を組織できるというのか。既に現在、デンマークはあの有名な「フレキシキュリティ」〔労働市場の柔軟性《フレキシビリティ》と保障性《セキュリティ》の連結〕のうち「保障《セキュリテ》」の面を放棄している。

このことはまた、社会的なものを経済的なものから切り離そうとすることの無益さをよく示している。こうした観点に立って言えば、「経済においては右派、社会的には左派」を標榜する国民戦線のスローガンに対しても、全く同じ批判が当てはまる。二つの領域を切り離そうとするのは意味がないし、理にかなっていない。経済に関するいかなる右派的政策も、必ず社会領域に関する右派的政策に行き着く。これが、一九八〇年代以降のフランスの経済史から引き出されるバランスシートである。

課税公正の改善は、たとえ望ましいことではあっても、そのような政策のための財源調達を可能にするわけではない。公共支出は今でも過度に増加する一方である。公共支出の急増は、それ自体としては許容できないものではない[12]。イブシー・ドーマーの論文以来知られていることであるが、長期にわたって許容可能な公的赤字額と、成長率と、政府の借入金利との間には密接な関係がある[13]。それなのに社会党の提案の中では、成長率や金利の領域において「新しい社会モデル」の安定性の土台となるものが何も述べられていない。社会党は、自由貿易やユーロ圏関係の政策を全く見直そうとしていない。フランスはここ数年来停滞ないし低成長の下り坂を歩んでおり、ユーロの導入が下り坂に拍車をかけてきた。しかしフランスがこのまま下り坂を歩み続けるならば、「ケア社会」が引き起こす赤字が許容し難くなってくるだろう。ここで注目しておきたいのは、皮肉なことに社会党が、二〇〇九年九月の赤字拡大に対する自らの憤然たる抗議に逆らう綱領を、二〇一〇年春に採用したことである。それ以前に私は赤字問題について、同党のスポークスマンであるベノワ・アモンと論争を行っていた[14]。今日彼が公共支出政策の支持者になっているのは面白いことである。彼は二回とも間違いを犯してしまった。

考えられる一つの解は、公共支出の項目を見直すことであろう。しかしその場合、公共支出の中で、実際には投資支出となるものもすべて犠牲にしなければならなくなる。ところが、大きな投資支出は、われわれの環境の不確実性が強ければ強いほどいっそう必要である[15]。公共支出の呼び水効果は十分に証明されてきたし、現在かつてないほど必要不可欠である[16]。この解による条件の下では、一〇年ほど前から続けてきた成長率よりもずっと低い成長率しか得られないだろう。明らかにこれでは解とは言えない。実際は逆に、そのインパクトが大いに疑問な減税によるよりもむしろ、直接的支出である公共支出を増やさなければならない。ところが、公共サービスにおける規制緩和を少しずつ強制してきたEUの誤りによって、フランスはこの領域において特に遅れをとってきた[17]。エコロジー的理由のために(トラック輸送を鉄道輸送で代替する)、かつ雇用を改善するために、この時期を、SNCF(仏国有鉄道)の再活性化に基づく運輸発展の大計画に当てる手もあった。大都市圏内のような一定の地域における輸送スピードは、労働市場の流動化を強める傾向がある。同じことはエネルギー分野においても言える。この分野においてわれわれは、次のことを——少々遅すぎたが——知ることになった。すなわち、生産者と輸送ネットワークの「デカップリング」という論理

──競争を強制するために実行に移された──によって、われわれはマルサス的（「停電」が繰り返される結果となる）[18]でもあり、エコロジー的に持続不可能でもある[19]選択を行わざるをえなくなる。

政府の景気回復政策プランに対して非難すべきことが一つあったとすれば、それは、公共投資に力点を置くことなしに（投下額があまりに少なかった）、ブリュッセルの委員会に競争関連指令の適用に関する一時停止を要求したことであった。この指令は、短期的には公共投資の強力な手段をわれわれから取り上げ、長期的には輸送にも電気機械にも悲惨な影響を及ぼすものだった。廃止に先立ってモラトリアムを要求したのだが、そのことは、何らかの「フランスの例外」を主張したわけではなく、ただ単に現実主義を貫いたにすぎなかった。だがそこでは、一つの意味を持つ闘い、代替的な政策を評価しようとする闘いが演じられていたのである。

したがって選択せねばならない。まず、現行の経済政策に甘んじるという選択がある。しかしこの場合、ますます不快なものとなりゆくその社会的諸帰結をも甘んじて受け入れねばならず、そうなると話し合いは無力である。よって「郊外」暴動が日常の光景となり、わが国の社会保護モデルを不断に解体していくであろう。次に、完全雇用を実現する、少なくとも失業を本当に減らすというプロジェクトに本気で取り組むという選択がある。政府が数年前から作り出してきた「偽装雇用」をすべて考慮に入れるならば、現実の失業は今日明らかに一〇%を上回っている。国の経済政策はすべて見直さなければならない。

今度ばかりは、別の二者択一は存在しない。

第I部の結論

今日、商品のグローバル化は許容可能性の限界に到達した。

このことは、エコロジーの観点からは自明の理である。二〇年来われわれが付き従ってきたいわゆる「グローバル」な発展の論理が全世界で引き起こした破壊の数々を見てもらえばよい。グローバル化はもはや持続可能ではなく、地球上の多くの地域で極めて深刻な問題を引き起こし始めている。

このことは、経済の観点からも自明の理である。商品グローバル化は、発展途上国を支援できないことが明らかになっただけでなく、先進国内でも著しい社会的後退をもたらした。よって、商品グローバル化とは「富裕国の貧困層を貧困化させ、貧困国の富裕層を富裕化させる」政策であると言ってよい。実はグローバル化は、一九五〇年代から一九七〇年代にかけて譲歩してきたすべてを取り戻そうとする支配層が手中にした強力な武器なのである。しかしグローバル化はまたその政治的限界にも突き当たった。「ドーハ・ラウンド」交渉の失敗がこのことを証明している。つまりわれわれはパラダイム転換に立ち会っているわけだが、それが成就するのにどれだけ時間がかかるか、それがどんな形をとるかはまだわかっていない。

今や、協調的な国民的政策に戻るべきときである。協調的な国民的政策のみが発展と社会正義を同時に保証することができる。こうした政策は既にいくつかの国で実施されている。関連して言えば、ヨーロッパ大陸がとってしまった遅れは、かなり悲劇的である。真の産業・社会政策を実施する能力が欠如していることは「ヨーロッパ」の政治的脆弱さを表すと言ってよいが、「ヨーロッパ」建設という口実の下にわれわれはこの分野におけるいかなる野心も放棄してしまった。しかし、ダニ・ロドリクが注意を促しているように、問題はもはや「なぜ」そうした政策かではなく、「どのようにして」それを、でなければならない(1)。そうした政策は総合的なものであるべきであり、為替相場の問題や教育やインフラ発達の問題を扱うべきである。

今日確認しておきたいのは、これらの点のほとんどに関して、現在機能しているEUが恐るべき障害物であることは既に明らかだということである。つまり、一九九〇年代以降、わが国産業の構造的危機を加速させた開放政策は、EUに由来している。長い間わが国の強みとなってきたエネルギーや輸送の分野においてインフラ体系が徐々に劣化してきたが、これは一貫してEUのせいであった。これらの政策を変更することはおそらく可能だろう。しかし、もしも抵抗が強すぎるようであれば、ためらうことなく、わが国の経済政策を再国民化するよう決意すべきである。もちろんヨーロッパ・レベルの行動が最も大きな可能性を開くには違いないが、貿易相手諸国との合意が当面不可能であることが判明した場合には、一国レベルの行動も決して排除すべきではない。

よって商品の脱グローバル化は進行中である。その理由は、商品グローバル化の現象がその――社会的・エコロジー的な――限界に突き当たっていて、今日いくつかの国々では指導階級の一部にとって脅威になっていることにある。しかし脅威は商品グローバル化のみに関わるのではない。というのも商品グローバル化が進められる一方で、われわれは金融グローバル化の運動も見てきたからである。二〇〇七年夏から続いていていまだ終息していない金融危機に示されるように、金融グローバル化の運動もまた限界に突き当たっているのである。

第II部　金融グローバル化の進展と限界

金融グローバル化の危機により、商品グローバル化の危機は後景に退こうとしている。今日、前者の危機は国際通貨システムの危機という形態をとっている。しかし実際には国際通貨システムの危機は、一九七〇年代以降、既に潜在的に存在していた。ある意味でそれが、われわれが以下でその重要性を見極めようとするすべての無秩序に対して、母型《マトリス》を提供していた。

金融グローバル化は、一九七一年、一九七三年と二度にわたって起きたブレトンウッズの枠組み解体から生み出された。このことからして当然であるが、これ以降語ることができるのはもはやブレトンウッズ体制ではなく、「ドル本位」制ということになる。今日なおわれわれの前には「ドル本位」制があり、これを「ブレトンウッズⅡ」と呼ぶ人もいる。金融イノベーションが次々に起こり始めたのは、変動相場制に移行した後のことである。

ブレトンウッズ協定によって誕生した枠組み――当時の共産主義体制の諸国、すなわちソビエト連邦、東欧諸国、中国、ベトナム、キューバは参加していない――は不完全ではあるが相対的に組織化されており、金融危機が再発しないよう参加諸国を守ってきた。しかし、かなり急速に、実際には一九八〇年代初め以降、金融イノベーションの圧力の下で、そして金融イノベーションが誘発した経済金融化の圧力の下で、各国内の規制が徐々に撤廃されていった。このプロセスの頂点は一九九七～一九九九年であり、当時、リュディガー・ドーンブッシュ等の著名経済学者は、資本移動の全面的自由化に賛成の立場をとっており、資本移動の管理は過去の考え方だと主張していた(1)。この後、国際通貨基金（ＩＭＦ）がこの考え方の支持者となり、事あるごとに資本管理の撤廃を強制していった。

アメリカでわれわれが目撃しているのは、規制撤廃の最後の波であり、これによって、一九二九年恐慌の後にとられた措置の最後の痕跡であるグラス・スティーガル法が廃止された。しかし二〇一〇年にＩＭＦは、「ホットマネー」と呼ばれる短期資本に対するこうした管理は必要であり、各政府の「道具箱」に入れておくべきであると認めた。二〇年余りのうちに観察されたイデオロギーの急変は、ＩＭＦにおいては目まぐるしいものであった(2)――「前に崇めていたものを燃やし、前に燃やしたものを崇める」という警句の通りである。イデオロギーの急変は、われわれが危機の時代を生きていることの証なのであって、危機の時代が――望むか望まないかにかかわらず――われわれに過去二〇年の諸々の確信を変えるよう強制しているのである。イデオロギーの急変はまた――そして何よりもまず――、われわれが金融グローバル化を袋小路へと追いやったことの証でもある。

世界規模で労働がグローバル競争に巻き込まれたという事実は、金融グローバル化がなかったならば、この間に見られたような破壊力を持つには至らなかっただろう。よって金融グローバル化は二重に特殊である。一方で金融グローバル化は、グローバル化一般を創始する行為であるという性質を持っている。しかし金融グローバル化は、「調整装置」を自任する諸処置に――グローバル経済の枠組みにおいて――いくらかの負担をかけることを通じて、グローバル化一般に独自な特徴を与えることにも寄与する。これこそ、金融グローバル化が特殊な研究を必要とする理由である。

第5章　ブレトンウッズの失敗

金融グローバル化は、ついに行き着くところまで行き着いた。これにより、「世界化《モンディアリザシオン》」とわれわれが呼ぶ現在の拡張は持続不可能となった。金融グローバル化が経済社会に及ぼす強力な破壊効果は、今回の危機を深化させその拡散を加速することに寄与している。それゆえ、国際通貨・金融の秩序改変に真剣に取り組まない限り、現下の危機に対する真の解〔解決策〕は存在しないこととなる。

したがって、「新ブレトンウッズ」を問題にすることは適切である。特に、一九四一年以降に始まり、一九四四年に一応の成功に終わった反省の作業が、通貨・金融の世界秩序の劇的失敗を検証することから出発していただけになおさらそう言える。

そこで、ブレトンウッズ協定の起草にまで遡り、国際会議の静かな雰囲気の中でどんなドラマが演じられたか見ておこうと思う。

ブレトンウッズ会議とその文脈――一九二九年恐慌に至る経過

ブレトンウッズ協定は、三週間にわたって続いた議論の末、一九四四年七月二十二日に調印された。四四カ国（ソビエト連邦を含む）から七三〇人の代表がこれに参加した。この会議は、まだドイツも日本も敗北していない時点で開催され、将来の先進諸国の復興条件を整えることを目的としていた。当時の主要な交渉担当者（イギリスはケインズであった）の頭にあった問題は、第一次世界大戦の終結後に犯された誤りを繰り返さないこと、そして一九二九年恐慌に起因する世界通貨金融システムの崩壊から教訓を引き出すことが問題であった。

一九一九年のベルサイユ条約のときには、世界金融システムの再編を支配していたテーマは、ドイツの「賠償」問題であった。ケインズは、このときの賠償の原則に対して抗議を表明するとともに、(1)同盟国の債務の完全返済を求めるアメリカの姿勢に対しても抗議を行った。ケインズは正しくも、賠償（＋戦時債務）が世界金融システムの根本的な不安定性を生み出すだろうと見通していた。彼は、来るべき破局の母型《マトリス》でしかない条約に抗議すべく、イギリス代表団を離脱しなければならなかった。これは、真の市民的経済学者(2)と見なされる人物の政治的勇気に関する第一幕であった。これで幕を閉じたわけではない。ケインズは、良識を勝者とするために、この分野において死ぬまで闘わねばならなかった。彼の生涯最後の二年は真の悲劇と言えるほど激烈であった。

ベルサイユ条約の後、一九二二年にジェノバ会議が開かれ、「金為替本位」が導入された。各国は、金の準備だけでなく、交換可能通貨の準備を裏付けとしても通貨を発行できるようになった。実際には、アメリカのドルとイギリスのポンドだけが、中央銀行の準備において金を補完できる通貨となった。ケインズは直ちに、世界経済が必要とする流動性に関して金を調整の基礎として利用することに異議を唱えた。(3) 彼は、金とのリンクを復活させたことが、西欧に深刻な不況をもたらしたと観察していた。特に、一九二〇年代中葉にウィンストン・チャーチルが推し進めたポンドの金交換性復活に関して、彼はかなり批判的であった。彼はこの行為のうちに、イギリスを襲った長期不況の源泉を見いだしていた。(4)

ブレトンウッズ協定に至るドラマの第二幕は、一九二九年恐慌の国際的諸帰結と、その後の国際貿易崩壊に関する反省の作業であった。

アメリカの株式恐慌は、著しく大きな銀行危機を引き起こした。株式恐慌によりアメリカの金融機関は、一九二〇年代にヨーロッパで運用していた資本を急速に引き揚げざるをえなくなったのである。一九三〇年代初めに一四〇億（金）ドルあった短期の国際借入は、一九三三年初めには五四億（金）ドルに減少した。この急激な収縮により、ドイツと中欧の銀行は急激な動揺に陥った。一九三一年五月十四日にウィーンのクレディート・アンシュタルトが破綻したことは、中欧全体にだけでなくドイツの銀行にも影響を及ぼした。(5) 銀行危機は世界的なものとなり、国際流動性危機が加速していった。この反動として、主要諸国は次第に金為替本位を放棄していき、次いで、単純な保護主義から事実上の自給自足体制へと移行する措置を導入せざるをえなくなった（ドイツ、イタリア）。

ここで注目すべきは、最も主要な並行現象――すなわち「実体」経済の危機が銀行危機を誘発する――の必然性である。とりわけ、大部分の国民の所得に問題があるときに、どうして銀行が健全でいられるだろうか。こうした銀行危機は、次に流動性危機、すなわち金融市場に対する信頼の危機を生み出す。様々な銀行機関の真の支払可能性に関して不確実性が支配するとき、支払不能が発覚しかねない銀行に対して債権を持つことには誰もが不安を覚えるので、短期信用は中断される。ところが、最も健全な銀行も含めてどの銀行も常に資金調達の必要性があるのであり、銀行は銀行間市場においてこれを満たそうとする。銀行間市場が収縮に見舞われると、銀行の危機は加速する。すなわち、支払不能に加えて非流動性が発生することにより、金融機関の連鎖的崩壊が引き起こされる。金融のカオスがインストールされ、経済的カオスが引き起こされる。どの国の政府もこのときにはもはや、純粋に一国的な解を追求するよりほかの選択肢を持っていない。

さらに言えば、このシナリオは、今日も繰り返されているものである。引き締め政策と自由貿易の効果により、主要先進諸国の実体経済は弱体化してきた。ますます多くの家計が支払不能の脅威にさらされている。このとき銀行は資産が毀損するので、膨大な資金が必要になる。(6) 流動性危機が再び脅威となっているのであり、世界通貨システムは地域的システム――特にユーロ――と全く同じようにそれに耐えられないものと予想される。

一九二九年恐慌の後にとられた通貨・貿易に関連するセーフガード措置は、国際貿易の急減を引き起こすことによって危機悪化に寄与してしまった。(7) 国際貿易が収縮したことは疑いようのない事実だが、あくまでも株式恐慌のショックがあって生産が収縮した後に貿易が収縮したのであり、貿易収縮の後に生産が収縮したのではなかった。真の因果関係と想定されている因果関係との間には何らかの問題が横たわっていることが推察されよう……。

危機は経済に影響を与え、生産の減少を引き起こし、次いで生産の減少が国際貿易量の減少を引き起こす。ただし国際貿易の減少の原因は、一般に主張されているよりも明らかに複雑である。全米経済研究所（NBER）の研究員たちによって作成されたデータを丹念に検討してみると、一九三〇年以降に国際貿易が崩壊した際、関税（保護主義）は何ら役割を果たさなかったことがわかる。研究員たちは、崩壊の決定的要因は、輸送コストの増加と通貨の不安定の二つであったとしている。(8) 輸送コストの高騰は別の研究においても、国際貿易収縮の大きな部分を説明する要因の一つであるとされている。(9) 強調しておきたいのは、国際貿易収縮に関して国際流動性の収縮が果たした役割である。フォアマン＝ペック（Foreman-Peck）は、信用収縮が貿易収縮の主要原因であることを詳しく明らかにしている。銀行破綻は保険会社にも打撃を与えた。海上交通保険の条件が悪化し、海運商社の資金調達手段は急速に収縮した。それゆえ中心問題は、保護主義復活の問題ではなく、流動性の問題なのである。

実は、競争的切り下げ策というのは、一九三〇年代に起きた国際流動性の欠乏への対応の試みであった。ＮＢＥＲの研究員たちの仮説をここで定式化し直しておこう。[10] 平穏な時期に金為替本位制が不確実性や取引コストを低減させ、国際貿易を促進する傾向があることは明白である。しかし金為替本位制はまた、ひとたび危機が始まったときには、危機の影響を劇的に悪化させる傾向がある。まずは株式恐慌によって、次いで銀行制度の崩壊によって流動性の罠が誘発されたわけだが、このシステムは流動性の罠と闘うのに必要な流動性の発行〔供給〕を許さなかった。これが、今日そこ〔金為替本位制〕に戻ろうとしても無益である理由の一つである。

一九三一年から一九三四年にかけて実行された過度な通貨切り下げは、切り下げ実施諸国の貿易収支にのしかかっている負担に相応のものであった。貿易収支が彼らの唯一の外貨獲得源泉だったからである。この条件の下では、セーフガードの諸措置――批判されることもしばしばあるが――は一般的な危機からの帰結の一つである。ここで通貨の不安定とはもっぱら、金とのつながりによって誘発される全面的な伸縮性欠如のことであり、一定時点での危機が流動性危機によって悪化するとき、金とのつながりが重要な役割を演じた。一九三四〜一九三五年以降に発効していった二国間決済協定は、しばしば強く批判されている。だが実際にはそれによって、国際貿易フローの維持が可能となっていたのである。

一九三〇年代の国際貿易収縮を後から振り返って保護主義政策や通貨切り下げを非難することは、標的を見誤る――善意にであれ悪意にであれ――ものである。こうした経済的諸措置が第二次世界大戦の原因であっただろうとする主張に関して言えば、そうした主張はナチズムやファシズムの性質に関する根本的な誤認によるか——あわせてナチス・ドイツには特殊な病理的次元が存在することを想起されたい(11)——、またはガス室存在否定論者《ネガシオニスト》と同じ程度の悪意によるものである。ナチズムは、ヴィルヘルム二世時代ドイツのナショナリズムの過激化ではなく、むしろそれの否定である(12)。

通貨・貿易の国際システムのあり方に関するケインズの考察が熟していく上で、この劇的な時期は決定的な役割を果たした。この時期から引き出した教訓には三つの方向があることを確認しておきたい。まず、一九三〇年代初めの過程から、国際システムによる流動性供給の基本的な重要性が引き出された。彼があらゆる金本位の形態に反対するとき、この教訓は彼の主張の補強となっている。次に彼は、自由貿易にかなり好意的な当初の立場から、永続的システムとしての保護主義の諸形態だけではなく、緊急の場合には自給自足に近くなる保護の形態も認める立場へと移っていった。ケインズによって明確に引き出された教訓は、二十世紀に自由貿易は積極的な内容を発揮し尽した、ということだ。疑いなく最も重要な第三の教訓は、国家間の調整が必要であるとしても、それによって、随一の正統性を持つ国民的政策を遂行することが妨げられてはならない、というものである。つまりいかなる調整枠組みもそうした行動の自由を尊重すべきであり、それができなければ失敗宣告を受けるべきなのである。

ケインズ、ブレトンウッズ協定の起草、および国際通貨秩序の改革

ブレトンウッズ体制の元々の意図は、世界的システムを創出することにより、国際貿易を万人の利益に最も適うように発展させていこうというものであった。また、ブレトンウッズ会議――ソビエト連邦はオブザーバーであったがその受益者でもあった――が、貿易ルールに関するハバナ会議と並び立つ位置にあったことも忘れてはならない。

ブレトンウッズ体制は、自らの世界秩序構想を強制しようとする――しかもそのことに成功した――アメリカの構想と、一九四一年以降練り上げてきたヴィジョンを打ち出しイギリス代表団を牛耳るケインズの構想(13)との間の、激しい衝突の中から生み出された。一九四一年という年には、単なる歴史上の一時点という以上の意味がある。二〇一〇年、フランスの大統領〔N・サルコジ〕は、ケインズのプロジェクトが国際通貨システムの改革に貢献するという見解を表明していた。加えて、以下に紹介する諸提案も真面目に検討すべきだろう。

ケインズは、戦後のシステムが三つの条件を満たさなければならないと考えていた。〔第一に〕国際流動性は、条件のいかんにかかわらず保障されるべきである。この主張は、金も一国の通貨〔＝国民通貨〕もシステムの基礎にはなりえないという含意がある。〔第二に〕このシステムは、国際貿易における略奪的政策や、自国の赤字を隣国によって肩代わりさせ《ルフィナンセ》ようとする政策を思いとどまら

せるものでなければならない。最後に、このシステムは完全雇用と開発の政策を実行できるよう、できるだけ大きな自由度を各国に与えるものでなければならない。以上三条件に込められたかなり具体的な含意を、ケインズは一九四三年に上院公聴会の場で説明している[14]。

その含意の第一は、それまで支配的であったシステムとの全面的な断絶、特に通貨本位の原理との断絶であった[15]。ケインズ提案の「バンコール（bancor）」は、閉鎖経済の枠組みにおいて存在するのと同じ金融のルールを国際関係に適用することを目的としていた。国際決済システムの論理の中でのみ、バンコールの管理は意味を持つ。そのためにケインズは、必要とあれば（各国通貨と交換可能な）バンコールを用いて加盟諸国の中央銀行に直接貸し付けを行う清算銀行を設置するよう、併せて提案を行った。それゆえ、清算銀行は最初から大きな金額を動かせなければならないし、加盟諸国間には行動ルールを確立しなければならない。一九四三年にケインズが機会あるごとに力説したのは、復興開発銀行は必需品だということであった[16]。

第二の含意は、黒字にも赤字にも等しく罰則を課すべきだということである。例えば清算銀行は、赤字国に追加的な信用を割り当てるに当たっては一定の利子率を要求するが、一定限度を超える構造的黒字に対しても、利子率に相当するコストを課すことによって不利益化を強いることになる。ケインズは二国間の物々交換協定には反対していたが、保護主義的措置の可能性を却下していたわけではない。実際、短期的・突発的な不均衡のケースにおいては、彼は、輸出業者に対する一時的な課税や補助金などの例外的措置を認めようとしていた。ケインズが自由貿易の擁護者であったという主張は、事実に反する虚偽である。

一九二〇年代のケインズがまだ自由党員であった[17]――一九二四年の選挙惨敗まではそうであった[18]――ことから見て、彼の根本的な知的進化は一九二〇年代末に始まったと思われるのであり、その結果が一九三三年の国民的自給に関する論稿に示されている。[19] 一九三三年のケインズの議論は、政府が経済政策に関する主権を取り戻すために整えなければならない条件に焦点を当てている。[20] 彼が調整可能な固定為替相場制を支持していたことについては疑いの余地がない。しかし為替相場の安定性というものが意味を持つためには、一次産品相場の安定性がともなっていなければならない。彼はまた、国際的貨幣を用いて通貨同盟を管理するという任務を負う清算銀行に、一次産品統制の資金を提供する任務をも与えようとしていた。[21] これは極めて革新的な方策のように思われる。この方策は、一定の国々（まだ「第三世界」とは呼ばれていない）の開発のためには〔一次産品〕相場の安定性が重要であるとするケインズの見解に基づいており、そうした見解から次に述べるような非常に厳格な資本管理体制――装置の主軸とされる――も提案されることとなる。

資本管理、およびルールと主権との接合

為替相場の一定の予見可能性と定期的な切り下げ・切り上げの可能性を結合するための唯一の手段は、投機の可能性を厳格に制限することである。こうしたシステムは、利子率を外国金融市場の

圧力から解放する資本管理レジームにおいてのみ、政府が要求する行動の自由度と両立できるのである。つまりケインズは、その後「マンデルの不可能な三角形」として定式化されたものを十分に認識していたと言える。すなわち、為替相場が固定的である、政府が利子率を管理しようとする、諸資本の流通が自由である――この三者を同時に実現することはできない、と。

このようにケインズは、為替管理システムをすべての取引〔経常取引と資本取引〕に適用すべきであることにかなり明示的に言及している[22]。彼は、管理システムは国際投資――この文脈では直接投資のこと――を可能にするものでなければならないと説明する際に、またこうも説明している。「将来は、どの国もそうした資本逃避――政治的理由によるもの、あるいは租税を回避するためのもの、あるいは資本の所有者がその国を放棄しようとすることを予想して行われるもの――を安全保障上の理由から容認することができない[23]。同様にして他の国からの逃避資本を受け入れることもできない[24]。逃避資本は、固定投資に利用できないし、その国を自らの意思に反して赤字国に転落させるからである[25]」。

以上のように、ケインズが行ってきた諸考察は、一九四一年末以降一つにまとめられ、通貨・金融秩序の諸措置と貿易・財政の諸措置とが結びつけられた。彼によれば、国際ルールや「行動規範」という観念は、各国の政治主権――特に経済政策に関するそれ――を防衛することと両立しないどころか、むしろ逆である。完全雇用を達成する政策を実行するのに政治主権の防衛は必要と見なされている。ケインズは、自由な資本流通によって諸国民が社会的選択の自由を奪われるものと考えていた。最終的には、私的所有の存続は禁じられ、民主主義の諸制度が機能を妨げられるというのである。[26]

したがって、ケインズは国際協力の支持者ではあったとしても、政府から主権を剝奪する超国家的メカニズムに対しては反対者だったのである。彼は、超国家的メカニズムは正統性というものを持たないし、完璧な政策であっても正統性がなければ現実に適用されることはないと考えていた。思い出されるのは、彼が、アメリカ制度学派の内部で展開されていた論議にかなりの注意を払っていたことである。ケインズの主張は、寄生的資本家階級が出現したことによる社会的政治的影響に関するソースタイン・ヴェブレンのテーゼに近いし、[27]それにまたジョン・R・コモンズのテーゼにも近い。[28]いずれにせよ、国民的枠組みが、経済諸制度の構築と正統化の特権的な場所と見なされているのである。

ブレトンウッズというチャンス逸失

一九四二年以降ケインズはアメリカ財務省との交渉に参加し、一九四三年にはハリー・D・ホワイトとの一連の会談[29]のためにアメリカを再訪した。過剰勤務のため、またブレトンウッズ会議へのイギリス代表団を指導する中でストレスを抱えたため、彼の健康は急速に蝕まれていった。この会議におけるアメリカ政府との主要な対立点は以下の通りである。

（a）**平価表示手段の性質**　アメリカは、すべての国の通貨について（資本収支等へと）拡大された交換性を回復するよう要求した。アメリカは戦後のシステムにおけるドルの中心的役割、およびドルとポンドによる平価表示を通じた平価表示を要求した（この点はイギリス代表団への表面上の譲歩である）。これは二つの通貨を「国際準備通貨」の地位に祀り上げようとする要求であった。システムの基礎とされたのは、ドルの金平価（三五米ドル＝金一オンス）であった。

（b）**金融ルールの性質**　アメリカは、資金移動の全面的自由化の原則を規範とするよう要求した。ただし、アメリカはＩＭＦ規約の中で一時的な為替管理システムの可能性を承認することではケインズに譲歩したのであり、自由化の復活までに長い時間がかかる可能性も認めざるをえなかった。ブレトンウッズ会議によって立ち上げられたＩＭＦは、ケインズが望んだ清算銀行とは全く異なる機関であった。とりわけＩＭＦが国際流動性の調整者となることはできず、この役割は事実上アメリカ財務省に委ねられた。

（c）**貿易ルール**　アメリカはすべての国が自由貿易推進に加わることを望んでいた。貿易の問題はブレトンウッズの議題から除かれてハバナ会議に委ねられ、ハバナ会議において関税保護の可能性が認められるのだが、そこでは、ケインズの主要なアイデアのうち次の二つは取り入れられなかった。第一、いかなる均衡体系を考えるのであれ、貿易赤字だけでなく貿易黒字にも罰則を与えることが必要だという考えである。第二は、一次産品相場の安定化基金を創設するというアイデアである。この二点はブレトンウッズ会議では取り扱われなかった。

こうしてブレトンウッズ体制にはかなりの程度まで、ケインズの意見に反対するアメリカの意見が反映されている。このことは驚きではない、というのも、アメリカ人は争う余地のないほどに当時の――経済的に軍事的に――支配的な大国だったからである。

ブレトンウッズ会議からシステムの創設に至るまで、そしてドイツ・日本に対する連合国の最終的勝利に至るまでの時期は、その主要な先導者であったケインズにとって悲劇的な旅路となってしまった。

ケインズの最後の闘い

それと言うのも、ケインズは会議が終わってアメリカに滞在していたときに、心臓発作に襲われたからである。ケインズは、アメリカ政府がイギリス等の世界諸国における資金枯渇をあまり深刻なものと考えていないことを思い知っていたので、病状回復後にワシントンに移動し、二カ月の間、一九四一年春導入の武器貸与システムを戦後も延長するようアメリカに説得を試みた。(30)努力にもかかわらず彼は失敗した。

日本の降伏後、イギリスの対外的金融状況の悪化に直面したケインズは、イギリスの債務問題に関してアメリカの力を借りて重大な危機を回避しようと、再びワシントンに赴いた。イギリスでクレメント・アトリー率いる労働党が政権に就くと、イギリスが植民地帝国へと自給自足的な撤退を行うにともなって、激しい通商対立が起こりかねない状況が生み出された。このような状況の政治的危険性を確信していたケインズは、もう一度ブレトンウッズ会議の結論を曲げて、彼の提案に沿った臨時のシステムを導入しようとした。しかし彼にできたのは、向こう六年にわたる無利子の追加融資協定を結ぶことだけであった。彼は激しい肉体疲労状態でイギリスに戻ったが、イギリスでは彼が交渉した融資に対する敵意に満ちた世論が待ちかまえており、一九四五年末はアメリカとの関係を断ち切らないよう政府を説得することに費やされた。イギリス政府は、貿易や金融においてワシントンと対立した場合には、ソ連への接近も計画していたことが知られている。(31)

一九四六年二月二十日に再び心臓の不安が見られたにもかかわらず、ケインズは二月二十四日にアメリカに行き、サバナでＩＭＦと世界銀行の開設に加わった。彼は最後にもう一度、事の成り行きに影響を与えよう、特に、自らの清算銀行案の論理に従ってＩＭＦを国際流動性の主要な配分者にしてもらおうと考えていた。しかしケインズは、アメリカがその目論見、すなわちＩＭＦを単に通貨交換性と金融フローの自由化を回復させるためだけの手段にしようとするその目論見に関して非妥協的であることを知った。アメリカは他の国々に供与した融資を利用して、イギリス代表団を急速に孤立化させ、次いで唐突なやり方でＩＭＦに関する自らの見解を押し付けていった。これは、そのようなシステムが固有の不安定性を持つことを予見して当時ケインズが行っていた忠告を無視するものだった。

サバナを発ってワシントンへ向かう途中、すなわち三月の十八日から十九日にかけて、ケインズは再び心臓発作に襲われた。今度の発作は二月二十日のときよりも重篤であった。少しの休息の後、彼はイングランド銀行の会議に出席して任務報告を行うために、イギリスに戻った。彼が同僚の一人に「アダム・スミスが言っていた見えざる手だけが今やイギリスを救うことができる」と述べた直後、一九四六年四月二十一日に最後の心臓発作が彼の命を奪った。

欧州決済同盟（ＥＰＵ）またはケインズの死後の勝利

イギリスの金融ポジションは、一九四六年から一九四七年にかけて急速に悪化した。イギリスはドルと対等の「準備通貨」の地位を確保すべく、一九四七年にポンドを完全に交換可能にしようとした。しかし財政難から政府は、まず一九四九年にポンドの交換性を一時停止してアメリカによる新規融資を待つことを、次いで対ドルの大幅切り下げを余儀なくされた。西欧諸国は、時期尚早の交換性回復こそ試みなかったものの、類似した危機に苦しまねばならなかった。

以上のような状態にあるとき、アメリカはソ連との冷戦のまっただ中にあって、突然に見解を曲げる決定を行った。すなわちアメリカ人は欧州決済同盟（ＥＰＵ）の原則が採用されるのを断固支持したのである。[32] 一九五〇年七月、ＥＰＵは業務を開始した。スタート段階ではこれは諸国間の決済システムであり、強い為替管理を特徴としていて、外貨で支払われるのは期末の残高のみであっ

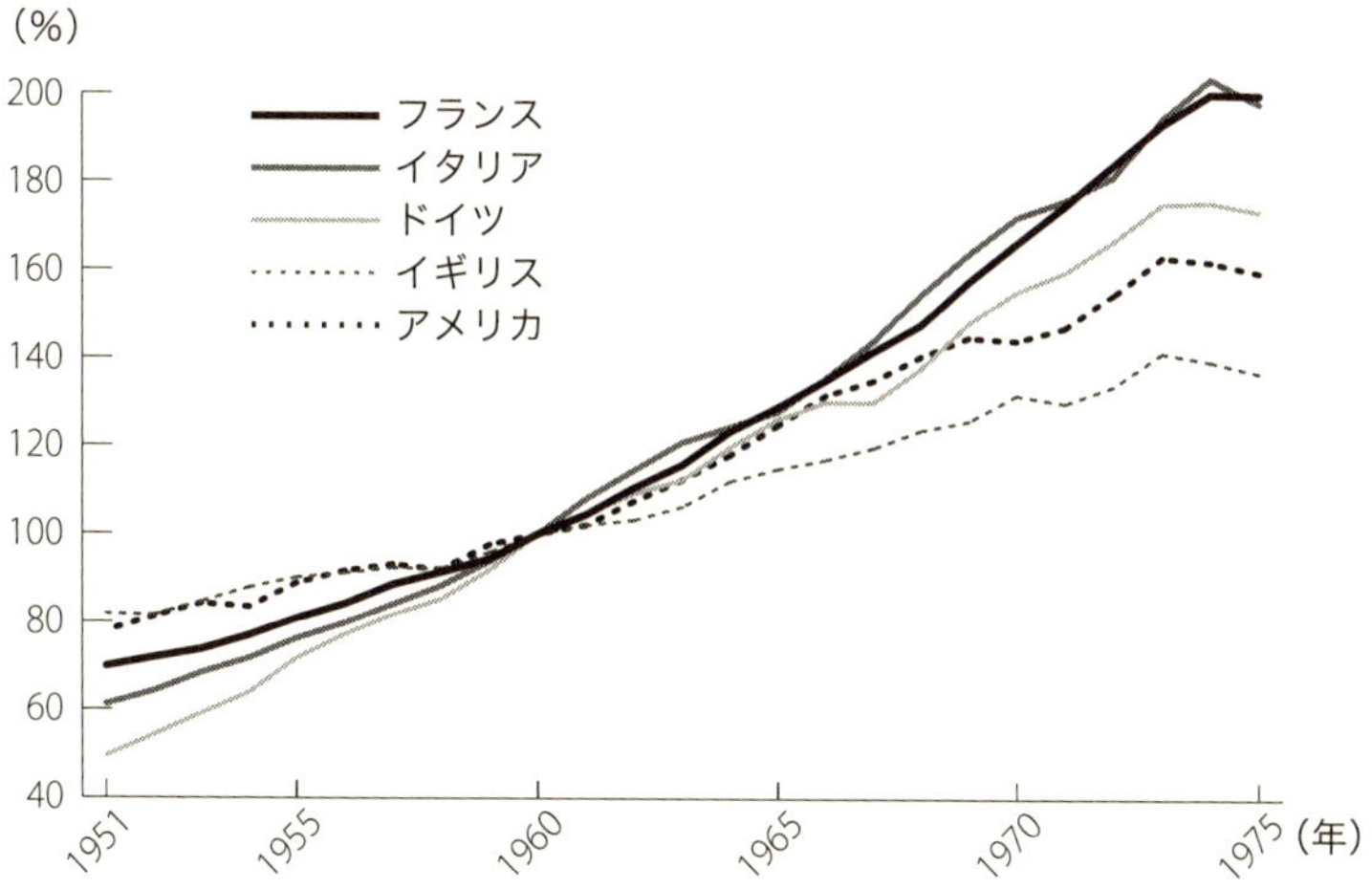

出所：OECD.

図4　戦後の各国成長の比較

た。EPU参加国の通貨間の為替相場は固定的だが定期的に変更可能であったので、予見可能性のルールと伸縮可能性とが結合された。このシステムは清算銀行の後ろ盾のもとに機能するものであり、アメリカから本源的資本金を供与された清算銀行が、加盟諸国の中央銀行に融資を行う。

縮小された規模によるEPUは、ケインズが一九四一年に覚書で明らかにしていたアイデア(33)に沿ったものである――もちろんアイデアすべてが取り入れられているわけではない。かくしてこれは経済学が収めた大きな成功であり、参加していた西欧諸国、特にフランスとイタリアの復興に大いに貢献した。これはまたケインズの死後の勝利でもあったのであり、ケインズのアイデアの有効性を完全に裏づけるものである。イギリスは参加を拒否したが、そのことによって長期的な経済衰退の始まりにゴーサインを出してしまった。その傍らでは、ドイツ（当時は西ドイツすなわちドイツ連邦共和国）復興があったし、イタリアやフランスの非常に強い拡張（**図4**）もあった。イタリアやフランスは、話題をさらった「ドイツの奇跡」よりも明らかに目覚ましい経済的「奇跡」をこの時期に達成した。

イギリスの軌跡に見られるのは、国内に関してはケインズ的な原理からいくらかの着想を得ながらも、別の領域についてはそこから大きく逸脱するという政策の曖昧さである。イギリスは、成長と産業近代化に関してその高い代償を支払うこととなった。

第二次世界大戦直後の数年については、次のように考えざるをえない。すなわちブレトンウッズ体制は、それが適用されないときか、または部分的にしか適用されないときに、よりよく機能していた。したがって、ブレトンウッズ協定が一九五〇年代から一九六〇年代初めまでの世界の枠組みであったというのは、かなりの誇張なのである。

第6章　ブレトンウッズ体制の解体から通貨無秩序の進行へ

今日われわれが見ているシステムは、実は、一九四四年のシステムとも、あるいは一九五八年まで存続したシステムとも関係がなくなっている。最も目を引く〔システムの〕二つの進化は、ドルと金との間のつながりが断たれたことと、固定相場制が放棄され変動相場制に移行したことである。この二つの進化が物語るのは、仏米間の対決という文脈において展開された一九五八〜一九七三年の解体期を経てシステムが終焉したということである。フランスは、国際通貨システムをアメリカの善意から切り離すことを目指す国際通貨システム改革の論理を認めさせようと様々に試みたが、どれも失敗に終わった。この失敗は、一九四一年のケインズ案に端を発する国際通貨システム合理化の試みが失敗したということでもあった。

ＥＰＵの終焉からブレトンウッズおよび仏米対立の「復活」まで

ＥＰＵ（欧州決済同盟）は一九五七年十二月に解散し、加盟諸国はＩＭＦ規約第八条[1]に基づいて経常取引に関する交換性を回復した。ブレトンウッズ体制よりも安定的で均衡のとれた地域システムを構築するための最初のチャンスが、これによって失われた。一九五八年はブレトンウッズ協定の真の発効年と考えてよい。当時、すべての先進国（ソ連とＣＯＭＥＣＯＮ（経済相互援助会議）諸国を除く）が全面的交換性を回復したことは進歩として評価されたが、他方、それとともに動き始めたメカニズムは、ブレトンウッズ体制の限界を露呈させるものであった。ブレトンウッズ体制が現実に機能していたのは、一九四八〜四九年の冬以降、自らの原理から離れて、ケインズのアイデアに近づいた――ＥＰＵ創設に見られるように――からでしかなかった。

しかし、一九五八年は国際通貨システムをめぐる仏米対立の開始期でもあったことに注意してほしい。この年に開かれ、加盟国のクォータ（拠出割当額）増額を承認したＩＭＦ会議の場で、フランスの行政官は、単純多数決原理に対しても、諸資本の完全な自由をもたらす措置に対しても、唯一反対を表明した。

アメリカの通貨支配は一九五〇年代末以降異議申し立てを受けるが、これは欧州通貨の交換性回復によるものではなく、政治・経済の状況変化によるものだった。状況変化はドルの金平価に対する圧力となって表れた。また、一九六一年には、米国連邦準備制度が過度に強い圧力を受けることを避けるために、——アメリカとともに——金価格調整の任を負う「金プール」が設立された。(2)これに対してフランスは一九六二年以降繰り返し、当時のシステムを批判し改革を要求する立場を表明した。(3)

同じ時期に、アメリカによるドルの管理が問題を起こし始めた。これは、アメリカ人の政策による問題、特にジョン・ケネディの後継者であるリンドン・ジョンソンによって策定された社会プログラムに関して支出を控えることなしに、ベトナム戦争を遂行しようとしたアメリカ人の意思による問題であった。「偉大な社会」という名の社会目標を追求することが、少なくとも一九六八年まで戦争の受容可能条件であったことは確かである。それとともにアメリカ政府は、一九六三年以降「通貨ナショナリズム」の政策(4)へとシフトした。アメリカ政府は、ブレトンウッズ体制においてドルに付与された特殊な支配的地位を、ヨーロッパや日本に対する経済戦争の手段として利用することにした。

仏米間の対立は一九六四年に表面化した。フランスは三つの案を主張した。まず、アメリカの専制に歯止めをかけるには「集団的規律」が必要である。次に、「集団的な準備単位」を利用することが望ましい。この単位は、一定の品位の金を「表象する」と見なされる人工的計算単位の形態をとることができ、中央銀行によって利用される——これは明らかにケインズ案のバンコールを想起させる。最後に、共同運営による限定委員会を設置するという案であり、フランスの指導者が念頭に置いていたのは「一〇カ国グループ」[5]である。フランス当局は、もっと広いグループ諸国だと、アメリカが「支持者」――投票のときワシントンに付こうとする――を動員できてしまうのではないかと恐れていた。このことは、一九四六年のサバナ会議のときに見られたことでもあった。以上の諸提案はアメリカの反対に遭い、一九六四年末には妥協が不可能であることが明白になった。

一九六五年二月にフランスは立場を豹変し、フランス大統領のドゴール将軍が記者会見の場で金本位制復活への賛意を表明した。この立場は、論拠に関しては議論の余地あるものであったが、ドルの通貨量増加によって一オンスの金＝三五ドルの割合での交換性が維持できなくなったことの確認に基づいていた。対立は公然化した。結果として、フランスは一九六七年六月に「金プール」から脱退することになった。フランスとアメリカの間の対立はさらに、フランスによるベトナム戦争への非難（プノンペン演説）や中華人民共和国の承認など、種々の外交領域へと急速に広まっていった。

このような対立や国際交渉中断のリスクが発生したため、「引き出し権」というＩＭＦの手段を利用し、それをドルに取って代わる流動性手段にすることが試みられた。この提案が一九六六年に行われると、それがアメリカの――当時膨らみつつあった――財政赤字を無限にファイナンスする信用へと転化することを恐れたフランスは、反対の態度を明らかにした。しかしフランスはこの立場によって孤立してしまった。一九六七年、フランスはドイツが提示した妥協を受け入れ、この妥協は、ＩＭＦの枠組みの下で「特別引き出し権（ＳＤＲ）」を創設するという一九六七年八月のロンドン協定に結実した。だがロンドン協定は仏米対立にピリオドを打たなかった。一九六七年六月にフランスが「金プール」から脱退したこと、そしてフランス政府がドル資産の（一オンス三五ドルの法定相場での）金交換を次々に要求したことは、両国の立場がかなり対立的であったことを示してあまりあるものである。アメリカにとっては、SDRは合成通貨であった。このようにしてワシントンは、二三年を経て、少なくとも表面上はケインズの見解を取り入れた。だがフランスによれば、SDRは単なる補完的な信用枠でしかなかった。

以上のような〔両国の〕意見急変に見られるように、アメリカがずっと反対してきた「ケインズ的」見解を主張するようになったのに対して、フランスはそれに——自らが同じ方向で提案をしてきたにもかかわらず——反対するようになった。このことは、当時ブレトンウッズ体制が解体状態に至っていたことを物語っている。

アメリカ——国際システム領有の誘惑、そしてブレトンウッズの終焉

国際通貨に関するケインズのテーゼに対するアメリカ当局の奇妙な賛同は、もっぱら戦術上のものであり、一定の説明を要する。アメリカはSDRが通貨の役割を果たしうることを望んでいた。実際そうなればアメリカは、IMF内のウェイトに従って——ドルの発行を管理するのと同じようにー——SDRの発行を管理することによって、財政赤字ファイナンスをSDRへと外部化すること

ができる。よって、合成通貨というアイデアへの賛同は、ベトナム戦争の費用が急増する時期、[6]および社会プログラムの実施が予算を圧迫する時期における方便でしかなかった。他方、フランスの立場の逆転はと言えば、確かにドゴール将軍がジャック・リュエフのテーゼを信用したことによっても影響されていただろう。しかしそれは何よりもまず、国際通貨システムをアメリカに有利な金融のポンプに転化させまいとするフランス当局の意思によるものだった。

現実には、SDRに関するアメリカの立場は、外見的にしか「ケインズ的」ではない。ケインズは、バンコールを「構造的」要求によるファイナンスに利用すべきではないと説明していた。われわれの見る限り、ケインズが国際合成通貨の誕生にともなって設置することを望んだ機関は不在であったし、またアメリカは一貫性のあるシステムを設立することに反対していた。こうした条件の下で、フランスがSDRに反対したことは、アメリカによる国際通貨システムからの「強奪《ホールドアップ》」を実現させまいとする最後の抵抗として分析されよう。

しかしその後フランスは、一九五〇年代末以降一貫して低下してきた一次産品相場の安定性を保障するための措置を取るという解を提案すること——一般には驚くべきことである——によって、新たな戦線を開いている。ここでフランスは、支払能力の低さを理由に発展途上国によるSDRへのアクセスを拒否しようとしているアメリカに対して、背面攻撃を加えているのである。このときのフランスの主張は、輸出資源を担保に設定して発展途上国の支払能力を強化する方法を創出するよう、IMF加盟諸国に要求するものである。これが、ケインズによって一九四一年に主張されたアイデアの一つであったことは注目されてよい。

リオの会議はほぼ完全な失敗に終わり、国際金融の状況は急速に悪化した。ドルとポンドが突然に〔投機〕アタックを受けたのである。まずはポンドが破綻した。ポンドは一九六七年十一月十八日に金に対して急激に減価した。この出来事はアメリカに対して数カ月しか猶予を与えなかった。ベトナム戦争と対ソ軍備競争に関連する巨額の支出をファイナンスするためにドルを利用しているアメリカは、ドルと金とのリンクを保障できなくなった。一九六八年五月にドルの金交換性を制限することを強いられたのである。一九七一年八月十五日、ついにアメリカ当局は交換性を停止した。通貨が債務であるとすれば、そしてドルの発券準備が金であると想定されていたとすれば、このことは実質的にアメリカ側の債務不履行にほかならない。この決定により国際通貨システムは純粋「ドル体制」へと転換し、今やアメリカはいかなる統制も免れるようになった。

一九七三年のジャマイカ会議の時点で、一貫して固定的であった――ただし調整可能であった――為替相場は、徐々に市場に委ねられつつあった。マネタリズムや新自由主義のイデオロギーが発達したことと軌を一にした変動為替相場への移行は、われわれが一九七〇年代末以降に経験したように、相場の変動を非常に急激なものにし、かつシステムの性質をいっそう投機的なものにした。これがついには現在の危機へと至るのである。(7)

金融イノベーションから金融化へ

変動制の為替相場という文脈においては、国際貿易業者の予見可能性要求から新しい金融商品が生み出されてきた。その後、新しい金融商品は、いくつかの種類の取引を証券化するだけの商品ではないことが明らかになった。というのも新しい金融商品は、金融業者にとっての逓増的な利益源泉となっていったからである。ある意味、ブレトンウッズ体制に終止符を打つことによって、われわれは未知への扉を開いてしまった。

最初に発達した商品は、「先物」証券、すなわち三カ月か六カ月さらには一年たってようやく清算される取引による賭けであった。先物証券は、既に一世紀近く前から存在するが、農業一次産品の市場に限定されていた。こうした市場では先物証券の存在は正当化される。その後、巨大な先物証券市場が発達していった。フランスでは金融商品先物市場（MATIF）がそれである。これは、パリ市場の自由化の直後、一九八七年に最初の重大な危機に直面した。

この危機にもかかわらず、金融証券の数と性質はますます発達し続けた。この間、密接に絡み合う二つの現象が見られた。第一に、銀行の仕事は融資活動――銀行家と顧客との間の相互面識・紐帯を含意――から離れていく傾向があり、ますます「市場的」活動、すなわち投機活動へとシフトしている。第二に、投資ファンドやヘッジファンドからなる、すなわち投機活動に特化したファンドからなる「シャドーバンク〔影の銀行〕」が形成される。大企業それ自身――先にわれわれはその「多国籍化」をたどった――は、財務操作を通じて新たな利潤を実現する可能性を見いだす。例えば、今日GEのような会社は、本業の工業生産活動によるよりも多くの利潤を、財務部を通じて実現している。こうなると、何もかもが金融に始まり金融に終わるかのようだ。企業は、利潤だけでなく大幅な柔軟性も獲得してきた。すなわち企業は、世界中に所在する様々な「タックスヘイブン」を利用して、かなりの割合の利潤を本国の課税システムから逃すことができるようになったのである。

こうした現象は、現在まで三〇年以上にわたって進められてきた「規制緩和」のプロセスがなければ、見られなかったものである。銀行および金融の規制緩和が進められたのは、一九八〇年代以降のことである。つまりこの規制緩和はアメリカで、一九八〇年預金金融機関規制緩和・通貨管理法をもって始まった。同法とともに、一九二九年恐慌に由来する規制の枠組みが除去され始めた。その行き着いた先が一九九九年グラム・リーチ・ブライリー法[8]であり、これにより一九三三年のグラス・スティーガル法[9]は廃止され、銀行と保険の兼業――この最大の受益者はシティコープであった――への道が開かれた。ここでまず注目すべきは、アメリカにあってはこのプロセスがかなりの部分、二党間の合意の産物だったということである。一九八〇年の一つ目の法律は、カーター大統領時代（一九七六～一九八〇年）に準備され、二つ目の法律は第二次ビル・クリントン政権（一九九六～二〇〇〇年）の下で準備された。また非常に高いレベルでの結託状況があったことにも注目すべきだ。例えば、この変革の最も雄弁な弁護人であったクリントン政権の財務長官ロバート・ルービンは、二〇〇〇年にシティコープ頭取の顧問に就任した。この銀行は規制緩和による最大の受益者であった。

類似したプロセスはヨーロッパでも進んだ。ロンドンのシティにおける規制緩和は、その後間もなくフランスにおいて当時の社会党財務相ピエール・ベレゴヴォワの下で模倣され、〔規制緩和の動きは〕一九九三年にエドゥアール・バラデュールの保守政権の下で強められていった。ヨーロッパ・レベルでは、種々の指令によってこうした動きが確固たるものになり、ユーロ圏内部の諸原則によっていっそう強化された。こうした動きは——ついでのとき以外——決して正面からは論議されなかった。これは、フランスの二大政治勢力が水面下で結託していたことによる。

その一方、フランスの保守派の一部には、アメリカの最も残念な部分を模倣しようという意思も見られた。思い出してほしいのだが、二〇〇五年にニコラ・サルコジは、フランスの抵当権に関連する法律を改正するよう要求していた。これは、サブプライム・ローンとホーム・エクイティ・ライン・オブ・クレジット（HELOC）[10]からなるアメリカ型レジームを模倣するためであった。だがこのレジームこそ、危機勃発の引き金となったものなのである。[11] もっと一般的に言うと、「ユーロ・リベラリズム」の呪縛に屈する罪を犯したフランス人の前に、一九九〇年代末以降、イギリス・スペイン・アイルランド等の金融化経済が模範例として提示されてきた。しかし今日、これらの国はヨーロッパの重病人である。体面を保つためにわれわれは、アイスランドを模倣しようとした事実を忘れてしまっているのだが……。

以上のような〔ヨーロッパの〕二重の転換は閉鎖経済においては考えられなかったものであり、アメリカのそれに匹敵するくらい大規模なものであった。これにより、利潤総額に占める金融利潤のシェアが著しく拡大した。同シェアは一九五〇年代を通して一〇～一五％であったが、今日では三五～四〇％に達している。また、この「金融」利潤はいわゆる金融企業のそれであることを忘れてはならない。ところが、元々金融と関係ない企業が金融活動を展開する場合には、実現される利潤は非金融企業の利潤に計上されている。それゆえ、アメリカの企業が実現している利潤のうち五〇％以上は金融活動に由来していると推測してよいであろう。経済の金融化がとる表向きの顔はこのようなものであるが、経済の金融化そのものは、金融グローバル化のもう一つの顔でしかない。

アメリカの金融構造における「リスク」部門の役割は、クレジット・デフォルト・スワップ（CDS）という金融イノベーションによって、大きく拡大した。CDSとは、リスクと所得を交換するという二当事者間の合意である。CDSの売り手は、信用リスクに関する一定額の保証と交換〔引き換え〕に、定期的に（毎年または毎月）手数料を支払う。よって買い手のほうは所得と交換にリスクを引き受ける、つまり保証を引き受けた信用について貸倒れが発生した場合にはその損失を補填する。こうして見るとCDSは保険契約に類似しているが、これを提供しているのは保険会社以外の金融機関である。つまり、専門的に言えば、ここで取り扱われているのは、オプション契約と同等な金融商品である。これは、保険市場の通常の枠組みの外で行われるリスクの証券化に該当するものである。

それゆえＣＤＳは非専門的業者たちに新たな活動空間を切り拓いたのであり、彼らは、通常は専門的業者のものである業務を次第に自分たちのものにしていった。二〇〇二年以降、アメリカの金融状況が良好であった時期に、ＣＤＳは急発展を遂げ、その結果、当事者たちのリスク認知は著しく減退した。ＣＤＳ市場の発達には、債務担保証券（ＣＤＯ）[12]やローン担保証券（ＣＬＯ）[13]といった、同様の論理に基づく金融商品の発達がともなっていた。これらの商品は、銀行などの多様な金融主体がリスク保証部門に大挙して参入することだけでなく、こうした保証〔保険〕商品が想定しているポートフォリオにおいていっそう高リスクのポジションを受け入れることも可能にした。住宅ローン担保証券（ＭＢＳ）[14]の発達は、一九九八年以降の住宅ローン市場の発達に、およびリスクプレミアムの上昇に寄与した。二〇〇七年、ＣＤＳによって「保証された」リスクは、想定で四五兆ドルに達し、それまでの三年で九倍に増加したことになる[15]。

クレジット・デリバティブ商品の急増には目覚ましいものがあった[16]。一九九八年の水準は実質的にゼロであったが、それが二〇〇二年には一兆五〇〇〇億ドル、二〇〇四年には八兆五〇〇〇億ドル、二〇〇五年一七兆ドル、二〇〇六年三四兆五〇〇〇億ドルとなっていった。二〇〇七年には四六兆ドルに達した。

以上のように、二〇〇七年に始まった危機は金融の暴走に起因しているが、規制緩和が進んだ空間において営業する「影の銀行《カジ・バンク》」が発展したことも同じくらい重要な要因である。影の銀行が本来の銀行に競争を仕掛けたため、本来の銀行の側は、「専門ビークル」や「特定目的会社（ＳＰＶ）」

と呼ばれる金融会社[17]を発達させざるをえなくなった。現行法の網をかいくぐるために、銀行のSPVへの資本参加は一〇％未満となっている。その一方、銀行がSPVに巨額の融資を行い、SPVがハイリスク・ハイリターンの投資——一般に「母体」行にはこれを行う権利がない——を行っている。しかしSPVが破綻する場合（二〇〇八年にいくつかのSPVが実際こうなった）、SPVは借入金を返済できず、それが銀行の損失となる。こうして銀行は、バランスシートに計上することなく、ハイリスクの取引をすることができるのである。銀行はSPVやヘッジファンドを通じて金融投機に大きく関わっているわけだが、銀行が引き受けるリスクの度合いを正確に知ることは不可能である。二〇〇八年の大きな流動性危機の一因は、以上のような活動による不透明性にあった。

ここで、西側諸経済の全体でほぼ同時に行われた金融の規制緩和が、直ちに最初の大きな金融危機である一九八七年十月の危機〔ブラックマンデー〕を引き起こしたことを思い出してほしい。これに続いて起きたのが、アメリカのS&L（フランスの貯蓄金庫に当たる）危機であった。これは、規制緩和の影響から直接に帰結したものである[18]。というのも規制緩和措置により、金融諸業務の融合、金融イノベーションと証券化の統制不可能な発展、そして無限定的な短期資本流通が可能になったからである。このモデルはまた、脱規制した金融によって仕掛けられる投機の罠によっても性格づけられる。投機の罠とは、利潤を捕らえて、生産的投資から遠ざけてしまうというものである。投機の罠は、賃金所得の圧縮によって投資を増やそうとする試みをすべて幻想にしてしまった。賃金圧縮から帰結する利潤率上昇は、投機の罠の中でたちまち消え去った。投機の罠は、かつてフランス経済の改革を支持する人々が落ちてしまった思考の「ブラックホール」であったが、今や現実経済が落ちる「ブラックホール」なのである。よって、「今日の利益は明日の投資、明後日の雇用である」[19]という古い——そのうえ間違った——諺が危険な幻想であることは明らかなのである。新しい金融商品が次第に複雑化したことにより取引は次第に不透明化していったわけであるが、そのことが非金融企業の投資と発展にプラスのインパクトを与えたことは証明されていない[20]。こうして、銀行がいくつかの取引をバランスシートから外すことを可能にする制度の発達は、銀行ないし金融機関の幹部にとって確実に儲かることが判明したけれども、株主に対しては、またはより一般的に信用システムの効率性[21]に対しては所期のプラス効果をもたらさなかった。

証券化と金融バブル

このたびの危機をもたらした「住宅ローン熱《フォリ》」は、一見したところでは「熱狂《マニ》」（歴史的に大きな投機という意味[22]）である。しかしこの熱には方法というものが、それに何よりも体系というものが存在する。既に第I部で見たように、利潤をさらに増やすために賃金所得は圧縮したいが、過剰生産恐慌の中で破産しないよう支払可能需要〔有効需要〕も維持したい、という場合、いかなる健全性《プルーデンス》の限界も超えて信用マシーンを暴走させること——行き着く先は「略奪」融資[23]である——は合理的である。現下の金融危機が不良債権流通の結果であるとしても、不良債権を生み出すマクロ経済政策が徹底されるにつれて不良債権の質は変化〔悪化〕していく。昨日受け入れ可能だった債権が、今日は潜在的に危険なものになる。

「仕組み金融」の手続きの複雑さによって、不良債権の流通は不透明なベールで覆われた。[24] ただし、率直に言って、ひとたび家計の借金が成長の唯一の支柱になってしまえば、たとえ規制を改善したとしてもシステムの競争圧力に歯止めをかけることはできないだろう。長期的な説明としては、金融危機の起源は金融のうちにではなく、資本主義の特殊なモデル〔新自由主義モデル〕を性格づける分配様式、国際競争への開放、（社会・金融・産業の）規制緩和手続きのうちに求められるべきである。このモデルは、マクロ経済・制度・イデオロギーの諸領域における病理によって性格づけられる。新自由主義とは、システムをなす一個の全体性なのである。

このことは、金融危機が実体経済に及ぼす諸影響と、金融危機の新しい段階との間をつないでいる反作用のメカニズムによって検証される。アメリカでは、不動産関連の不良債権の蓄積によって脆弱化した銀行が、突然に融資を削減した。これがクレジット・クランチ〔信用逼迫ないし貸し渋り〕効果である。不動産バブルが崩壊して不動産価格が大幅に低下した（二〇〇七年六月から二〇〇八年六月まででマイナス一五％、さらに一年後の二〇〇九年六月までにはマイナス二五％になった）[25] ことにより、ホーム・エクイティ・エクストラクション[26]が劇的に減少した。その結果、支払可能需要が大きく減少した。こうして耐久消費財の購入が二〇〇八年八月の一カ月で四・五％減少した。

不動産価格や金融市場の急落とともに家計の財産価値が低下したことによって、支払可能需要を押し下げる負の資産効果が出現した。企業はと言えば、信用の獲得が次第に困難になったために、あるいは証券に投資された回転資金の一部が金融市場の急落に見舞われて消失したために、身動きが取れなくなった。労働力人口に対する失業率は一二カ月の間（二〇〇七年夏〜二〇〇八年夏）に四・五％から六・一％になり、二〇〇九年六月に一〇％に達するとともに、危機が累積的なものになっていった。すなわちまず、賃金所得が打撃を被り、それに輪をかけて家計の支払い能力が悪化すると、今度はそのことにより銀行が影響を被った。なぜなら、クレジットカードや伝統的形態の消費者信用（特に自動車購入ローン）において、銀行への未払金が蓄積されるからである。

家計と企業の支払能力が低下したことにより、債権の不良化はいっそう進んだ。したがって、債券〔証券化商品等〕の質に関する不透明性の主要原因は、規制や適切な会計基準の不在にあるのではない。危機のプロセスそのものが内生的に、債券の価値に関する不信増大を生み出しているのである。というのも、債券の対価項目をなすのは成長以外の何物でもないのに、その成長が——二〇〇四年以降はほぼもっぱらホーム・エクイティ・エクストラクションに基づいていたので——持続不能だったからである。

ポールソン・プランによって設立された不良債権処理機構は、この不確実性の一部を取り除く任を負っているが、不遜にも、最終費用がどれくらいになるかを設立時点で述べようとしていた。すなわち、当時の財務長官ヘンリー・ポールソンが二〇〇八年十二月末に挙げた七〇〇〇億ドルという数字は、せいぜい静態的評価——全くの丼勘定ではないとしても——を述べたにすぎない。アメリカの経済状況悪化のテンポから考えると、この数字がその後数カ月にわたって増えることは不可避であった。アメリカ金融システムのトラウマ的危機についての別の例である一九九〇～一九九一年のS&L危機からわれわれが何かを学べるとすれば、それは、国家が引き受けねばならない努力についての当初の推計と最終的な数字との間には大きな差があるということである。[27]

このたびの危機は、アラン・グリーンスパン等いわゆる慎重派エコノミストの多くが主張したような、[28]単なる循環すなわち通常の一時的に困難な瞬間ではない。もっとも、後になってから彼らも、全く逆にこの危機を「百年に一度の重大な危機」と規定している。これは優れて構造的な危機なのである。この危機は、レギュラシオン理論が「大危機」(動態的首尾一貫性を獲得していた一つの統一体が断絶すること)と性格づけた時期に対応している。それゆえこのたびの危機の争点の一つは、技術的な規制のいかんを超えたところで、新自由主義という土台に攻撃を加えることができるかどうかにあるだろう。

金融グローバル化と発展途上国

もしもIMFそれに何よりもまずアメリカが金融グローバル化のプロセスを推進しなかったら、金融化も存在しえなかっただろう。アメリカは、金融自由化条項を含む二国間貿易協定によって新しい市場を開放しようとしてきたが、その際しばしば協定を真正の金融「産業」とでも呼ぶべきものにまで及ぶものとしてきた[29]。

事実上、金融自由化は、その弁護人たちによって約束されていた善行を果たさなかった[30]。発展途上国を体系的に扱った第一線の諸研究は、資本取引の開放に対して成長が中立的であることに注意を促している[31]。もっと前に行われた別の諸研究によれば、外国資本への開放は実際には国内消費の変動性を増大させ[32]、しかも確実にそのことは短期資本の順循環的《プロシクリカル》〔景気循環増幅的〕な性質によるものであった[33]。さらに別の諸研究は、成長の基礎を短期資本に最も少なく求めた国が最も高い成長率を達成したことを証明している[34]。そのときの推論は以下の通りである。発展途上国は投資のための資本が必要である——これは正しい。そうした資本は外部からしか獲得できない——これは国によって議論の余地がある。ゆえに、必要な資本を引き寄せその安全性を高めるには、すべての資本フローを完全に開放しなければならない——これは誤りだ。なぜなら、ここでは投資と投機の区別が忘却されているからである。実際には、二つの別箇の運動が存在しているのであり、当時においても二つを截然と区別することは可能であった。

前者〔投資の運動〕は「外国直接投資（ＦＤＩ）」に関係するものである。これは中国およびアジア諸国の事例では一九八〇年代半ばごろに始まったが、既に一九七〇年代に一定の存在感をもって出現していた。ＦＤＩが関係するのは、新たな市場（一九七〇年代初めのブラジルのような）に参入しようとする、あるいは賃金コストを引き下げるために分散化を進めようとする企業である。ＦＤＩを引き寄せるには、資本フロー全体を自由化し、その利用のための好条件を作り出さなければならないと考えられてきた。しかしその場合、FDI利用の金融的観念にばかり目が向けられ、次々にFDIを引き寄せるにはインフラ建設が絶対的に重要だということは忘れられてしまっている。この主要に金融的な政策は、IMFによってだけでなく、アメリカの影響下にある――と言うべき――他の国際金融機関によっても強く勧告されてきた。この政策は、資本移動のまずは部分的自由化、次いで全体的自由化を押し進めた後、国内規制緩和の動きとなって貫かれていった。国内規制緩和は、資本を利用する仕方に対して明らかな影響を与え、「北」諸国の投機的投資家が巨額の利益を手にすることを可能にした。

これとともに、財政赤字と経常収支赤字の問題が頻繁に取り沙汰されるようになった。発展途上諸国のいくつかは、構造的もしくは景気的な大幅赤字の状況に直面した。金融グローバル化の拡大の中でIMFの役割が本当に決定的なものとなったのは、ここにおいてであった。このときに重視されたのが、赤字を相殺するために外国資本の流入を促すことである。というのも、いかなる赤字であれそれを中央銀行がファイナンスすることは、IMFによって全くの邪道とされているからである。しかし第二次世界大戦終結時には、アメリカやヨーロッパでもこの種のファイナンスが実施されてきた。それが禁じられて以降は、国内借入であれ対外借入であれ、借入によるファイナンスだけが可能性として残された。ところが両者〔国内借入と対外借入〕は深く結びついている。もっぱら国内借入によってファイナンスしようとする場合、利子率の上昇に見舞われる。したがって国内借入は国家予算の負担を重くしてしまう。そこで、利子率を適度な水準に導くための一つの解として外国資本への開放が浮かび上がってくるのである。

さらにこれに第三の要因を付け加えねばならない。銀行業務の自由化の動きがそれである。これは、WTOの「サービス貿易に関する一般協定」という協定によって確固たる動きとなった。この協定の枠組みに基づいて資本移動の自由化が進められたことによって、先進国の諸銀行が新興諸国に進出できるようになっただけでなく、その活動を妨害する可能性のある障害も除去された。このとき、開放と、それに続く資本流入の外見上のブームからサイクルが形成されるようになるが、サイクルのこの時点〔ブーム〕において、財政赤字を継続しうる国の場合、国際収支は大幅な黒字となる。するとこの国の為替相場は、まずは実質的に、次には実質的かつ名目的に切り上がり始める。こうした通貨切り上げによって経済成長の困難が引き起こされる。貿易赤字が拡大するに及んで、その国が自ら選んだ道をそのまま進めるかどうかについて疑いが醸成されてくる。最終的に短期資本が突然にその国から引き揚げられるとき、激烈な危機が現出する。この国が資本を引き寄せるために全面的な規制緩和を行ったがゆえに、このようなことが起こりうるのである。極端な場合、この危機は公債の返済不履行《デフォルト》をともなうこともある。

このようなサイクルは、一覧表を作成できるくらい何度も起きてきた。ところが、ここで指摘しておきたいのだが、いくつかの国はそれを免れることに成功している。チリは特殊なケースとされているが、これは投機資本の流入に課税したためである。チリは、ラテンアメリカの中で危機を経験しなかった唯一の国であった。チリがサイクルを逃れられたのは、外国投資に相対的に開かれてはいたが、自国の為替システムを統制したことによる。新しいところでは、マレーシアが、今回の危機によって打撃を受けたものの、為替管理の適用によって周囲の国々よりもずっと早く危機を切り抜けた。

基本的に、金融グローバル化は発展途上諸国への支援にはならなかった。統計からは、金融グローバル化プロセスの進展と成長との間にいかなる相関も読み取ることができない[35]。実際には、多くの国に見られた「ブーム・バスト〔成長－危機〕」のサイクルが、成長にブレーキをかけた。投機資本が大量流入した国では、たいていの場合消費の構造が歪められ、経済発展にあまり有利ではない投資が促された。反対に、FDIのメカニズムが、インフラ発達の国民的政策にともなわれるときには、その国の成長や発展に対してプラスの効果があった、と言ってよい。しかしFDIは、資本のグローバル流通のうち五％以下を占めるにすぎず、実際には、FDIを引き寄せるために完全な開放を進める必要性は全くなかった。要するに金融グローバル化は、「発展途上」諸国の発展に対するブレーキとなったのであり、ひいてはそのことが先進諸国における投資率の大幅低下につながった。世界を巨大なカジノに変えてしまったのであり、その結果は、最大多数を犠牲にしてわずかばかりの少数者を富ませることでしかなかった。

IMFの台頭と変容

ブレトンウッズ体制の終焉とともに、IMFの任務および業務は根本的に修正された。このことについて少し時間をかけて説明しておこう。一九七〇年代末までのＩＭＦは、先進国の為替危機を技術的に管理していただけだった。一九五〇年代から一九六〇年代までその役割はマイナーであり、各国の見解を互いに突き合わせる単なるフォーラムであった。当時は世界銀行のほうがずっと重要な役割を果たしていた。

一九八二年に「債務危機」が勃発した。その背景には、発展途上国に借入を行わせるための信用供与装置〔ユーロダラー市場〕が導入された後で、アメリカの利子率が唐突に引き上げられたことがあった。「債務危機」が勃発すると、ＩＭＦは根本的に変容した。ＩＭＦは全体として世界銀行を押しのける形で、金融逼迫国に対して包括的な経済政策を強制する機関となった。この変容が起きた時期こそ、新自由主義が支配的な経済イデオロギーになった時期である。しかし〔変容した〕ＩＭＦは必要な専門的評価手段を欠いていた。このことによって一九八一年から一九九九年の間に、周知のような経済的社会的災害が引き起こされたのである。ＩＭＦが体系的に提案した政策は、勧告に従う国の生産活動を縮小させる効果を持っていた。

ＩＭＦはまた、「経常勘定」の交換性だけではなく、「資本勘定」の交換性も規範として課そうとした[36]。この攻勢の元をたどっていくと、ＩＭＦのチーフ・エコノミストであるスタンリー・フィッシャー[37]がいるし、アメリカ財務省、特に一九九九年から二〇〇一年の長官であったローレンス・サマーズ[38]も見いだされる。ＩＭＦは、有無を言わさぬやり方で資本の自由を拡大しようとすることによって、最もグローバルな大量殺戮兵器の推進者となった。一九七三年以降のアメリカ当局および

IMFによる通貨無秩序《デゾルドゥル》政策が生み出した一九九七〜一九九九年の危機は、大きな断絶を画するものだった。というのも、金融グローバル化に対する的確な批判が出てきたのがこの危機以降だったからである。[39] 主に金融自由化に起因するこの危機の激烈性と、その統制に関するアメリカおよびIMFの無力は、三つの重要な影響を与えた。

第一に、国際経済の金融化が信用を失い、改革の必要性が明らかになった。このテーマが表立って取り組まれるようになるには、今回の危機が必要だった。その一方で、アメリカが課してきた国際通貨・国際金融秩序は、一九九八年に正統性を失い始めた。

第二に、現在の危機を引き起こした戦略に力を貸してしまったことである。一九九七〜一九九九年の規模の危機では、構造的な解を実行に移すのに十分ではなかった。[40] この危機により多くの国が、自国の救済は巨額の外貨準備を蓄積することにあると確信した。ケインズが考えていた効率的な国際通貨システムにあってはそのような外貨準備は無用であったが、多くの国は外貨準備を構築すべく、略奪的な国際貿易戦略を展開していった。この戦略が次には、賃金デフレ効果を引き起こすことによって、先進国を不均衡化させていった。今回の金融危機の火元となっているアメリカ——さらにはイギリスやスペイン——の家計債務危機は、ここに遡るものである。こうして国際通貨無秩序の次のような悪循環が構築された。[41] すなわち、国際通貨の無秩序によって、諸国は保護の政策をとらざるをえなくなる。というのもそれがもたらす不安定性は非常に危険なものだからである。ところが、実行された保護の政策は、無秩序を、それゆえまた不安定性を増大させる……。この悪循環こそまさに、ケインズが調整可能な固定相場、バンコールの役割、貿易ルール、それに資本管理という「通貨同盟」の諸原理を組み合わせることによって回避しようとした当のものである。これ〔ケインズの方策〕は、近隣に対して不安定的でない真の経済政策主権のための手段を諸国に取り戻させようとするものである。

今回の危機の第三の帰結は、マレーシアとロシアにおける為替管理政策の復活である[42]。人民元の交換可能性拡大を求めるアメリカの圧力に対して抵抗しようとする中国の決断――すなわち今となってはその賢明さが明白な決断――もまた今回の危機の帰結である。こうして、資本と為替の管理は国内経済政策に関する自由度(すなわち経済軌道の安定性要因)を確保する上での必要条件である、とするケインズの見解は明らかに妥当である。

しかし、このようなメカニズムに依拠しようとする諸政府とアメリカとの間の対立の中で、為替管理や資本移動の問題が直接的な争点となっているのが確認される[43]。諸国の経済的主権の防衛は、アメリカの政策の目標とは両立しえないのである。例えば、アジア諸国の産業優先戦略に関する優れた専門家の一人であるロバート・ウェイド[44]は、資本移動管理の問題を、経済政策の主権を堅持しようとする国々とアメリカとの間に発生しうる紛争問題と見なしている[45]。

第7章　金融グローバル化を内部から規制できるか?

他のいくつもの危機を経た後に勃発した今回の危機により、新たに市場の規制への機運が高まっている。二〇〇八年末以降、市場の規制は、G8やG20といった大きな国際会議の「メニュー」の中で常に重要な位置を占めてきた。ここに金融グローバル化を「調整する《レギュレ》」(あるいは規制する《レグルマンテ》)可能性が見てとれる。既に、新しいルールを導入し旧来の規制を強化することが論議されている。

しかし現在まで、「タックスヘイブン」に関するルールの厳格化や一定種類の報酬を制限しようとする決定を除いては、努力はあまり実を結ばなかった。だが、有効な規制の不在がこのたびの危機において役割を果たしたことは確実である。金融グローバル化は、プルーデンス(健全性)規制の——非常に不完全な——枠組みがある以外、枠づけされることなしに進展した。証券監督者国際機構(IOSCO)が市場規制についての目標および原則のリストを作成するまでには、実に二〇年以上を要したのだった[1]。二〇〇七年すなわち危機勃発前のある研究は、この規制が持つ限界を指摘していた[2]。それゆえ、プルーデンス規制が金融グローバル化を枠づけしてその最も破壊的な影響を防止できるかどうかという問題が提起されるのである。

プルーデンス規制による有効な危機回避を期待することは幻想であるように思われる。実はわれわれは、「プルーデンス幻想」とでも呼ぶべきものに陥っている。これは、すべての可能性を考慮しているという意味で完備《コンプリ》的な規制が、しかもどんな激しさの危機にも適用可能であるという意味で完全《パルフェ》な規制が、存在しうることを信じるものである。このプルーデンス幻想は、程度の差はあれかなり広く見られる。他の規制、特に禁止主義的な規制が廃止されると同時に、幻想が広まったのである。つまり、この三〇年間にイデオロギー的圧力を背景として、市場の区分（業務別、主体タイプ別）を組織化する規制——市場に外的な規制——の原理が徐々に放棄されるにつれて、この形態の規制——市場に内的な規制——が語られるようになってきたのである。

一九八〇年代初め以降、金融グローバル化が、そしてそれにともない経済の金融化が盛行するにつれて、金融市場においてはプルーデンス規制が次第に重要性を高めていった。ただしこれは全くの新機軸というわけではない。周知のように、十七世紀には既に取引所規制があった。この規制はもともと、市場参加者たちが採用した共通の諸規範および諸ルールの総体であった(3)。このようなものが、繰り返される金融危機という文脈の中で発達を遂げたのである。特に画期をなしたのは、一七二〇年ロンドンの「南海バブル」であった(4)。

市場に外的な規制の必要性は、一九二九年の恐慌とともに差し迫ったものとなった。このような規制は、金融イノベーションが起きてもよい市場を限定したり、そうした市場に参加できるアクターの数を制限したりすることによって、金融イノベーションにブレーキをかけようとする禁止主義的規制の形態をとる。不良債権の蓄積という現象がなければ、危機は長引かないだろう。不良債権の拡散がなければ金融危機は局所的なものにとどまるだろう。不良債権の蓄積という現象は危機の本質的な契機なのである。というのも、これによって、全世界の主要な金融センターにおける蔓延する汚染を理解できるからである[5]。危機を悪化させているのは新しい会計ルール（時価評価《マーク・トゥ・マーケット》）である。つまり危機は、金融機関の支払可能性に関する、およびその資産全般の不良化に関する不確実性となって表れるようになった。以下、このルールが「公正価値《フェア・バリュー》」――「正常な」市場[6]に関して定義されるところの――を原則に据えることによって、大きな概念的問題を抱え込んでいることを明らかにしていきたい。

プルーデンス幻想、その根拠とその犠牲者

言うまでもなく、この「公正価値」は、市場およびその期待の安定化を促すものと想定されている。ところが、市場が既に安定的である場合にしか、「公正価値」は出現しない。その場合でなければ、公正価値というものを見いだすことはできない。ところが市場の安定性の条件は、ほかでもない、証券がこの公正価値で売買されることに求められるのである。それ〔ある評価〕を公正価値として受け入れる人々の信頼は、公正価値が市場で実現されることを前提にしている。ところが市

場は公正価値を前提としてしか機能しえないとされるのである。[7] これは循環的推論にほかならないのであり、こうした論理は、新古典派的着想に基づく自由主義的思考様式に典型的なものである。「公正価値」の同義反復的性質は、何十年も前にエドゥアール・シャルによって明らかにされていた。[8]「公これこそこの推論の限界であり、この推論では現実を理解できないし、この推論は科学的方法のあらゆる原則を無視して構築されている。こうした諸特性は、既に拙著において分析されている。[9]

ほぼ経済学異端派であると言ってもよいＩＭＦは、以上のような「公正価値」概念が金融不安定性のリスクを高めるであろうことを告発していた。[10] これは、まさしくプルーデンス規制というアイデアそのものの問い直しである。にもかかわらず、市場外的な規制の漸次的消滅によって引き起こされた空白は、プルーデンス規制によって埋められた。

一九八七年以来危機が次々と起きる中で、プルーデンス規制は繰り返し破綻を呈してきた。このことは、二〇〇八年九〜十月の危機絶頂の時期にも見られた。このときロンドン金融市場の当局は、空売り（ショート・セリング）の一時的禁止を決定した。ウォール街の証券取引委員会（ＳＥＣ）[11]は、夜間のこの活動を制限し、禁止が及ぶ八〇〇社のリストを作成した。[12] アメリカの大企業は直ちに、投機家たちの活動に対する防御を提供するこのリストに載せてもらおうとして殺到した。[13] またその後同じ措置が、オーストリア、アイルランド、スイス、フランスの金融市場監督当局によって次々に講じられた。こうして危機の最中は、当局が禁止主義的規制の再導入——短期的でしかなかったとはいえ——を辞さなかったことが見てとれる。

以上のことから、われわれは、アメリカのプルーデンス規制に対する賛辞については批判的に解釈しなければならない。この問題の優れた専門家であるミシェル・アグリエッタとローレンス・ベレビは二〇〇七年にこう記していた。「FDICIA法（連邦預金保険機構改善法）は、解決にかなりの財政コストを要した一九八〇年代アメリカの銀行危機から、教訓を引き出していた［…］。早期是正措置は、正常なパフォーマンスからの逸脱を認知するのに必要な銀行提供の情報に支えられている。要警戒となれば、抜き打ちの立ち入り検査が発動される。［…］よってこれは将来先取り的な介入的・行政的アプローチである」[14]。これにより二人の著者は、ヨーロッパが従うべき規範をアメリカの事例に求めたのである[15]。この後に危機が起こることになろうとは思いも寄らなかったろう。次々に破局に見舞われてアメリカ当局が介入しはしたが、軍事分野の線形防御が抱える病理を戯画的に再現したにすぎなかった。とすれば、「早期是正行動」やアプローチの「先取り的」性質は結果として何を残したというのだろうか。こうしてみると、〈アメリカのシステムは二〇〇八年九月の「異常な日々」の継続を断固として阻止した〉とするそのプルーデンス能力の神話化[16]は、決して無知から来ているわけではない。アグリエッタとベレビは、自分たちが熟知しているシステムを描写しただけであり、アグリエッタは金融資本主義の論理を分析する際にはその描写を試みなくなっている。プルーデンス・ルールの力への過度の——しかも実際には不当な——信頼は、金融市場の機能へのより全体的な信頼から派生しているのである。ミシェル・アグリエッタが一九九〇年代初めに既に、金融グローバル化を「強いられた冒険」[17]と見なしていたのは、偶然ではない。

プルーデンス規制の目標はおよそ三つあり、公式文書においてそれが提示されるときには暗黙のうちに優先順位が付けられている[18]。

・投資家（または金融サービスの購入者）を保護せよ。

・市場が「公正」、効率的、透明であることを保障せよ。

・システミック・リスクを低下させよ。

これらの目標はどれも、金融市場が（ユージン・F・ファーマ[19]が言う意味において）効率的であること、そしてプルーデンス規制の役割がその良好な機能の条件を保障することにあること、を前提している点で共通である。ここではシステミック・リスクは第三の目標としてしか考慮されていない。しかし、IOSCO（証券監督者国際機構）が決めた優先権の順位についてはいくつか述べておきたいことがある。

〔第一の目標である〕投資家（資本を提供する人という意味での）の保護には、用語の混同が見られる。生産活動を進める中で自己の資本のほかに自己の信頼性や技能も投下する投資家すなわち「実物」投資家を保護することは当然としても、超過利潤の実現を期待して必ずしも自己のものではない資本を運用している人を保護することも当然なのだろうか。両者を混同すると、投資家と投機家が同列に置かれてしまう。

IOSCOの優先順位第二位とされる目標も、大いに批判可能である。この目標が意味を持つのは、金融市場の規範を効率性に求めた上で、規範的効率性を現実の状況に変えるのに要するコストを〔効率性の効果よりも〕少なくすることができるということを想定する場合のみである。この場合、規制が果たす役割は、債券の発行者と購入者との間に情報の非対称性が存在するとき、それを低下させることにある。[20]だが、市場の種々のセクターにおいて同じ速さで透明性が増していかない場合はどうなるのか。〔その場合〕透明性を無理やりに追求すると、新たな情報の非対称性が引き起こされるかもしれない。新たな情報の非対称性は、その存在が認知されていない――認知できていない――とき、それだけいっそう厄介なものとなろう。市場規律が意味を持つのは、それを市場アクター全員に等しく適用できる場合だけである。われわれが、現実主義的に〈市場における平等は神話である〉と考えるのであれば、市場の調整原理としての市場規律の原理は放棄しなければならない。有名なチューリップ「熱」から現在の危機に至るまで、投機と危機の歴史[21]は、救済の処方箋として「市場規律」に頼ることの無益さを教えている。

最後に、第三の目標に見られるシステミック・リスクの観念についても議論しておきたい。まず、システミック・リスクとは何かを定義しておくことが必要だ。二〇〇八年九月のリーマンブラザーズ破綻の後に見られたような流動性危機に留まるのか、それとも複数の大手銀行を同時に襲う全般的な支払能力危機が見られるのか。次に、どのようにして家計の支払能力――経済活動の核心的な基礎である――を、信用システム――一定の時期には「公共財」となりうる――の機能やいくつかの大手銀行の支払能力から切り離せばよいのか。例えば今回の危機のさ中に、ディーン・ビーカーは家計の支払能力を、政策努力を優先的に振り向けるべき対象に設定した。[22]ハワード・L・ローゼンタールが『ジ・エコノミスツ・ボイス』の「編集者への手紙」において述べているのだが、[23]不幸なことにアメリカでは、共和党がいかなる債務取り消し政策にも反対してきた。しかしローゼンタールは、そのような反対の理論的根拠は検証されたものではないという。[24]歴史上は、ニューディール期にこの反対は、まず民主党が議会で圧倒的多数を占めたことによって、次に第二期フランクリン・D・ルーズベルト政権のときに最高裁判所の判事が交代したことによってようやく克服された。一定の国――特にユーロ圏内――に対しては、債務の取り消しを適用してもよいであろう。

汚染《コンタミナシオン》リスクに直面したときのプルーデンス規制の無力

伝染《コンタジオン》リスクが重大なものだということ、しかも可能なプルーデンス規制をすべて講じたとしてもそうだということが、理論研究によって明らかにされてきた。というのも、たとえ市場がリスク分散を可能にするメカニズムであったとしても、[25]伝染の可能性は独特な激烈さをもって顕在化するからである。ところが、論者によっては、分散と伝染を混同する傾向が見られる。[26]伝染について語れるのは、ショックの起こった後に、多様な投資の間で利回りに強い正の相関が見られるときである。利回りがマイナスになるか単に低下するかするだけで、ハイマン・P・ミンスキーが「債務デフレ」と呼んだ過程[27]に突入する可能性がある。この場合、一つの市場の急落が他の諸市場の急落を引き起こすことにより、流動性を要求する主体が行う大量売却によって相場が低下するというメカニズムが働くようになる。大量売却が引き起こす資産の過小評価は、まず、企業の支払能力の限界に近づく時点で売却の加速を誘発し、次に企業の倒産を誘発する。企業の倒産は、今度は新たに一連の資産の減価を引き起こす。この過程は、無際限とは言わないまでも、少なくとも市場にまだ支払可能主体がいる限りは繰り返される。

最初のうちは、こうした伝染現象は「風評」——合理的な経路を伝播していくとされる——に還元されてきたが、そのうち、「完全」市場においてもこうした過程が起こりうることが考慮されるようになった。[28] そうなると、ある金融機関から別の金融機関への伝染が起きると言うために、市場の性質に関する特定の仮説を立てる必要はなくなる。[29] 実は、リスクを分割=共有するために契約や流動性源泉を多様化しようとする個別諸主体のいわば合理的な反応こそが、自らを根こそぎにしていく危険のある伝染を誘発するのである。[30] この種の状況からよくわかるのだが、われわれが頼りにしてよいのはプルーデンス規制ではなく、国家の裁量的介入である。

二つのプルーデンス幻想

ここに言うプルーデンス幻想は、保険理論におけるモラル・ハザードと同じ効果を生み出すものである。この幻想による虚偽のリスク保障は、金融市場で取引を行う諸主体に、引き受け可能であるよりも大きなリスクを取るよう圧力をかける。実はプルーデンス幻想は二重である。[31] まず、市場の不完全性をすべて除去することによっても、モデルで記述される完全市場にできるだけ近づこうとすることによっても危機を回避できないのは、プルーデンス規制の実施に関連する問題があるからである。これは、行政的な（*ab exertitio*）プルーデンス幻想[32]とでも呼べるものである。次に、一次元的な合理性が支配する完全市場という考え方も確実に却下されるべきである。通常であればプルーデンス規制の原動力と言ってよい当事者たちの合理性は、実際には文脈によって変化していく。これに関連するのがプルーデンス幻想の第二形態である。これは、市場が完全状態に近づけばすべてがもっとうまくいくと信じるものである。いわば称号上の（*absque titulo*〔不当な手続きで権力についた〕[33]）プルーデンス幻想である。

プルーデンス規制は、誘因と強制が与えられたときに当事者が単一の行動をとることを想定している点で、実験心理学の分野において過去三〇年間に蓄積されてきた知見を軽視している。プルーデンス規制は、単一で永遠不変の諸主体の合理性についての仮説に依拠しているが、われわれは、局所的で文脈的でしかない合理性を想定しなければならない。このことは、プルーデンス規制に対する最も根本的な批判となる。

こうしてプルーデンス幻想の現象は多様な形態をとり、なおかつそれら諸形態は相互に結合することがある。この現象の根底にあるのは、完全市場への、より正確には完全市場の状態に近づきうるであろう市場への信仰（宗教的な意味でのそれ）である。この場合、この信仰には、情報についての実証主義的な見方への信仰や、諸主体の行動の不変性への信仰といった補完的な信仰も動員される。ここから、諸市場の将来の可能諸状態をすべて市場の法則に織り込むことができる、という主張も派生してくる。この主張は、文脈と要素賦存への人間行動の依存性と衝突するだけでなく、〈一度も出現したことのないものは予想できない〉というわれわれの根本的な無能力とも衝突する。この主張から派生するプルーデンス幻想は、規制される当事者に対しても、規制当局に対しても影響を及ぼしうる。実際には不完全性が市場——特に金融市場——に内在することからすれば、なおかつ〔市場の〕振る舞いが突然に変化しうることからすれば、不確実性を低下させるためには、適用可能な布置状況《コンフィギュラシオン》〔諸条件の組み合わせ〕の数を減らすことがどうしても必要となる。

よって、今や救いを求めるべき先は、禁止主義的規制とわれわれが呼ぶもの、すなわち金融イノベーションや諸主体に委ねられる自由度を制限する規制である。禁止主義的規制だけが、金融市場を覆っている根本的な不確実性〔客観的確率計算によってリスクに還元することのできない不確実性。ケインズの用語〕を低下させることができるのである。ただし、そのような規制と金融グローバル化の環境——過去四〇年の間に形成されてきたそれ——との両立という問題は、ここで提起しておかなければならない。どちらか一方を取ることはできても、おそらく両方を同時に取ることはできない。

保護の戦略——為替準備の蓄積

プルーデンス規制では危機を予防できないこと、しかも同規制が将来にわたっても無力であることを明らかにしたので、次は、そのような無秩序による影響を免れるための戦略を準備しなければならない。

「新興」諸国のいくつかは、巨額の金融準備を積み上げるという戦略を選択してきた。実行する国にとってあまり大きな費用がかからないこの戦略[34]は、現状において国際金融規制が可能でないことを考慮したことの直接的な帰結である。特に、前回の危機（一九九七～一九九九年）の際のIMFの失敗により、国民的政策が大いに活気を取り戻した[35]。IMF自身が危機管理能力のなさを認め、二〇〇一年に国民的政策を支持する決断を下したことは注目すべきである[36]。しかしそのような政策にはかなりコストがかかる。そこには金融コストも財政コストも含まれる。黒字の蓄積があればその一部を投資することはできただろう。この観点から言えば、投資に回せたであろう金融資源の一部が不胎化されることによって、こうしたコストや成長減速が引き起こされたのは、金融の開放すなわちグローバル化のせいであったと言える。しかし発展途上諸国には、為替準備を過剰に蓄積するよりほかにほとんど選択肢がなかった。途上諸国は輸出戦略を選択し、国内消費を無理やり抑え込んだのだった。

この戦略の原型を提供したのが中国であり[37]、この戦略は専門的には「略奪的」戦略と呼ばれている。しかし、これが何よりもまず、一九九七～一九九九年の国際金融環境の不安定性によって引き起こされた混乱に対する反応であったことを理解してほしいのである[38]。結果は、新興諸国における為替準備の大幅な増加であった。例えば、年間のフロー総額では、一九九八年に九八一億ドル（う

表6　1999年以降の国際収支

（単位：10億ドル）

	先進国	うち：アメリカ	日　本	新興諸国	うち：中国
1999年	−107.9	−299.8	114.5	37.8	21.1
2000年	−265.7	−417.4	119.8	125.3	20.5
2001年	−204.5	−384.7	87.7	88.9	17.4
2002年	−211.1	−459.8	112.6	133.9	35.4
2003年	−208.9	−522.1	136.2	226.3	45.8
2004年	−220.6	−640.2	172.1	295.9	68.6
2005年	−431.6	−759.9	165.7	518.0	160.8
2006年	−508.8	−811.5	170.4	681.6	250.0
2007年	−499.8	−784.3	195.9	684.2	380.0

出所：*World Economic Outlook-2007*, Washington (D.C.), IMF, October 2007.

ち中国だけで四五三億ドル）であったが、二〇〇七年には一兆八五〇億ドル（うち中国だけで六二四〇億ドル）に達したようである[39]。このような推移は、過去一〇年の国際収支の推移を見ると、かなりよくわかる（**表6**）。

ここで特に目を引くのがアメリカの国際収支赤字である。アメリカについては、純債務ポジション、債務の拡大、貯蓄形成の低さが確認される。その結果、金融領域における力関係は大きく変化した。二〇〇六年、先進工業諸国（日本を含む）が保有する準備はもはや一兆二〇九〇億ドル、すなわち世界全体の二七・八％でしかなく、他の諸国のそれが三兆一四二〇億ドルであった。二〇〇二年以降の炭化水素の世界価格上昇によってエネルギー生産国が多額の準備を蓄積したという定型的なイメージとは対立して、最も速く準備が増加したのは極東諸国（日本を除く）であった。中国について言えば、この国は二兆二一七〇億ドルの準備を保有しており、これに対して中東諸国は一七八〇億ドルである[40]。通常、外貨の流入は、当該諸国通貨の為替相場の上昇を引き起こすことに

表7　為替準備の推移

（単位：10億ドル）

	先進国	発展途上国*	総　額	総額に占める発展途上国の割合（%）
2001年	863.7	1051.7	1915.4	54.9
2002年	930.0	1162.5	2092.5	55.6
2003年	1034.5	1345.0	2379.5	56.5
3004年	1116.9	1626.1	2743.0	59.3
2005年	1199.6	2085.4	3285.0	63.5
2006年	1254.2	2496.7	3750.9	66.6
2007年3月	1276.2	2645.6	3921.8	67.5

出所：*Annual Report 2007*, Washington (D.C.), IMF, 2008, appendix 1.
*「発展途上国」というカテゴリーには中東諸国とロシアが含まれる。

なる。略奪的政策の条件を維持しようとすれば、そうした国は、利得の大部分を不胎化するよりほかに解はない。不胎化は、その国の中央銀行が自国通貨の相場を維持するためにドル（およびユーロ）を購入するという形で行われる。これにより二〇〇〇〜二〇〇八年に為替準備が大幅に増加していった（**表7**）[41]。元々これは、一九九七〜一九九九年の金融危機による種々の影響、およびインドネシアを深刻かつ致命的な危機に追い込んだＩＭＦの愚かしい介入への反応として、目標に据えられていたことだった。

注目すべきは、中国が例えば東南アジア新興諸経済の準備総額に対して六九％、ユーロ圏の準備総額に対してであればその三・四倍を保有していることである。

この増加の別の一部は、租税を通じて不胎化される[42]。すると財政黒字となり、これを利用してソブリンファンドが設立されるようになった。二〇〇六〜二〇〇七年以降のアジアにおけるソブリンファンドの出現は、一九九八年の危機の後に企てられた重商主義的・略奪的転回からの改善を示すものだっただけでなく、国際金融内の力関係の変化も物語っていた。その一方、まさにこうした不胎化が行われたがゆえに、貿易黒字がアジア諸国への引き続きの投資努力を後押しすることとなり、その投資により彼らの輸出品の品質がいっそう向上し、こうして彼らの競争力および彼らが行使する賃金デフレ圧力が強められた。この意味で、確かにここには、自己再生産する傾向を持つメカニズムがある。だが、このような戦略が持続性を獲得する可能性については、これから検討しなければならない。

第8章　国際通貨危機とその影響

二〇〇七年夏以降の危機は、金融グローバル化と国際通貨システムの限界を露呈させた。今あるドル本位制は、明らかに息切れしてきている。このことはユーロ支持者に正当な理由を与えているように見える。なぜなら、国際通貨システムの基軸通貨としてのドルが終焉することになるとすれば、主要ヨーロッパ諸国をベースにして代替的な基軸通貨を構築することが賢明であるように思われるからである。しかし、この推論にはいくつかの大きな飛躍がある。まず、いかなる通貨用具にせよ「基軸通貨」であると宣言されるものではない。次に、相互の経済的異質性が明らかな国々の全体を通用領域とする新通貨の場合、その存在・安定性の条件は過酷なものである。ヨーロッパ諸国を守るために考案されたユーロが、実は危機の最悪の原因の一つであった可能性があるのである。

危機とその解釈

アメリカの赤字はアジア諸国の貯蓄によって埋め合わすことが可能だ、と主張する共著論文がある。[1] 著者らが「ブレトンウッズII」と呼ぶシステムにおいて、この赤字は十分に持続可能であり、システムは安定的と見なしてよいとされている。[2] 同じ著者らは最近になって同じ主張を繰り返している。同様のものとして、アメリカ連邦準備総裁のベン・バーナンキ[3]やローレンス・サマーズ[4]によって広められた、貯蓄過剰ないしグローバル・セービング・グラット〔世界的な過剰貯蓄〕というテーゼが知られている。

ところが、システムには不安定性が内在していたのであり、その表れがいわゆる「毒入り」債券の急速な広まりであった。金融グローバル化のせいで、全世界の様々な銀行および金融機関へと「毒入り」債券が拡散していったのである。これについては、二〇〇五年以来警告のベルを鳴らしてきた人もいる。[5] 貯蓄過剰の仮説に関して言うと、これは大いに批判の余地がある貸付資金説――ケインズが一九三七年以来そのナンセンスさを証明してきたもの[6]――に依拠している。実際には、このいわゆる貯蓄過剰はドル過剰以外の何物でもないのであり、いくつかの国が為替準備としてのドルを蓄積したのは、国際組織には一九九七～一九九九年のときのような為替危機をともなう激烈な金融危機を防止する能力がないことを知っていたためであった。貯蓄過剰は、金融グローバル化の安定化メカニズムであるどころか、不均衡の拡大を引き起こした。金融グローバル化の内部で与えられた正解は、危機を加速させるだけである。(7)

こうした条件の下で、ドルの危機は今後何カ月にもわたって激化することを余儀なくされており、その結果として引き起こされる調整は――累積的な圧力を働かせるがゆえに――国際通貨システムの公然たる危機につながるだろう。この危機による一次産品相場への影響は既に出始めており、今後ますます不安定なものになる可能性がある。協調的な解――明らかに今日時点では不可能――を達成できないとすれば、われわれは地域のイニシアチブに期待するしかない。ドル相場は、二〇〇九年五月までは浮動的な動きを示してきたが、その後はユーロに対して低下し始めた。この過程はユーロ危機によってようやく部分的に歯止めがかけられたにすぎない。ユーロ高によって大いに苦しめられているユーロ圏諸国にとっては、いかなるユーロ安も天の恵みである。

今日この二つの通貨は逆境の中で相互に補強し合っており、ユーロはドルの最終防衛ラインとなって現れている。ユーロが崩壊するとなれば、たちまちドルは国際投機の矢面に立たされるだろう。というのも、それとともに日本円や韓国ウォンの対ドル切り上げの過程が続いていることが、アジアにおいてアメリカの通貨にのしかかっている不確実性のシグナルとなっているからである。このことによって既に、韓国・台湾の当局は為替管理システムを導入せざるをえなくなっている。

ユーロはドルの代替物か?

ユーロッパの指導者や何人かのアメリカの経済学者[8]が同意する第一の解は、ユーロが国際システムの通貨基軸としてのドルに取って代わるというものである。多くの指導者、特にフランスの指導者はこの解に踊らされてきた。しかしこのような解は全くの幻想であり、そのことは、二〇〇九年九月以降にユーロ圏を襲った危機によって確認される。

この危機は二〇一〇年初め以降、ユーロ圏諸国が支払わねばならない利子率格差(スプレッド)を発生させた。利子率格差は、実際にはユーロ圏の唯一の既得成果であったもの、すなわち二〇〇〇年以後に実現された債券市場の同質化を白紙に戻してしまった。利子率格差が三〇〇bp以上あった時期(アイルランド債の三九九bp[9]が最高であった)をすぎると、ギリシャの利子率のみ依然としてかなり高かったものの、この面では小休止が見られた。ギリシャの独自な動きはギリシャ債の格付け引き下げから結果したものだが、その後スペイン、ポルトガル、アイルランド、イタリアも次々に格付けが引き下げられていった[10]。

今日、ドイツと「リスク」諸国の間の利子率格差は依然として大きく、収斂プロセスは危機によって叩きつぶされてしまった[11]。二〇〇九年九月初めにイタリア債の先物デリバティブが上場されたが——ユーロが導入された一九九九年以来この取引は停止していた——、このことは、市場参加者たちが公債市場の新たなトラブルを予想していることをわれわれに告げている。[12] イタリアがこの種の〔金融商品の〕上場を新たに行わざるをえなくなったことは、ユーロが盾としての役割を演じなくなったことを示している。危機のさ中、ユーロ支持者はこの役割について力説していた。ユーロ支持者たちは、ユーロによってユーロ圏のメンバー諸国は自分たちの通貨が互いに変動するのを免れてきた――このことは全くもって正しい――と主張してきた。しかしそのような変動が起こりうるのは、諸通貨間の全面的交換性の原理が採用されている場合だけである――このことについて彼らは用心深く詳論を避けてきた。資本管理の導入（今日ＩＭＦによって推奨されている）[13] によっても、浮動的な変動は回避できたはずである。

よって今回の〔ユーロ圏の〕危機は、ユーロの将来および持続可能性に関する不安を一貫して醸成してきた。つまり、為替相場の観点からすれば、ユーロはせいぜい厳格な資本管理の等価物として機能してきたにすぎない。ところがユーロは、各国通貨が存続していれば提供されるであろう柔軟性をもたらさない。各国通貨が存続していれば、各国の経済が構造的困難に直面しているとき通貨を切り下げることができるのである。実効的な資本管理によって保護されているシステムにあっては、通貨の切り下げは、金融投機によって引き起こされる浮動的な運動に対応するものではなく、各経済の競争力と相関する資金移動に対応したものとなる。実際には、ユーロ圏諸国の経済構造が異なることから資金移動は必然的になるのである。

ドルに対するユーロの過大評価――ユーロ危機が始まる前から見られ今日も持続している――は、

この問題をいっそう悪化させた[14]。さらに、リテール銀行分野における調整の不在により、銀行諸企業の戦略における分岐が進んだ。戦略の乖離は、ユーロがユーロ圏の経済活動に対して及ぼす不況効果によって強められた。不況効果のせいで、ヨーロッパの大手銀行は他地域の諸市場――特にサブプライムのリスクに関するアメリカ――に対してリスク・ポジションをとらざるをえなくなった。

単一通貨の拘束に苦しむ加盟諸国のいくつかには、公的赤字をますます増やすよりほかに選択肢がなかった[15]。このことによりわれわれは競争的デフレ政策をとらざるをえなくなり、競争的デフレ政策は、ヨーロッパにおける強い景気後退効果を誘発するか、または多少とも管理されたユーロ圏からの離脱を駆り立てることとなる。今日時点で、いくつかの国がユーロ圏からの離脱に追い込まれる可能性は排除できない[16]。ところが、最初にユーロ圏を離脱する国が投機の動きを引き起こすと、その投機の動きによって他諸国の残留は次第にコストがかかるようになり、ついには耐え難いものになるだろう。

ユーロ危機の管理――一時しのぎの連鎖

二〇一〇年四月末に始まったユーロ危機[17]は、局面状況〔景気〕的次元（ギリシャ、ポルトガル、アイルランド、スペイン、イタリアの債務危機）と構造的次元とが結合したものだった。重債務諸国の債務履行能力に関する金融市場の不安が高まったことによって、危機のスイッチは押された。

こうして危機はまずギリシャを襲い、その後、アイルランド、ポルトガル、スペイン、イタリアを捕えていった。二〇〇九年第4四半期には潜在的なものにとどまっていた危機は、二〇一〇年初めにまず最初の加速を迎えた。次に、いろいろな政策を実施しても解決を見いだせず、危機は二〇一〇年五月の初めには急性局面に突入した。五月九日日曜から十日月曜にかけての夜に採用された計画は、これに終止符を打とうとするものだった。しかし市場の反応から明らかになったのは、全くそうはならなかったこと、そして不安は持続しただけでなく拡大傾向にもあることであった。[18] 二〇一〇年十二月初めに緊急決定されたアイルランド支援計画についても事情は同じである。

こうなってしまったのも、以上の諸計画がユーロ危機の純粋に局面状況的な次元における解決には全くならなかったためである。計画はたちまち新たな投機の洗礼を浴び、その欠陥が顕在化していった。したがって、これらの計画は少々の時間稼ぎをしたにすぎないものと見るべきである。唯一の重要な決定は、ECB〔欧州中央銀行〕による公的証券・民間証券の買い取りであったが、十分に満足なものとは言えなかった。というのも、累積債務の一部を全面的に貨幣化する決定だけが、真の小休止をもたらしえただろうからだ。二〇一一年二月四日の欧州評議会の際、仏独両政府は、経済政策共通化の計画を推進しようとした。だがこの計画は、多くの国にとってあまりにも拘束的であり、骨抜きにするよう要求された。こうして、危機は否応なく再び前に進み始めた。

ユーロ圏諸国は連帯計画の原則について意見が一致していたが、計画の実行は二〇一三年を待たねばならなかった。二〇一一～二〇一二年にやってくる危機に対して準備したり、何かが話し合われることはなかった。

実際は、こうした計画は一時しのぎ、つまりユーロ圏という卵の殻に空いた穴が漏れないように塞ぐリュスタン〔自転車修理用の丸いゴムのパッチ〕でしかなかった。この一時しのぎの原因はわかっている。すなわち、ユーロ圏を財政移転圏へと転化させることをドイツが拒否したことが原因である。もちろんドイツ人の考えは理解できる。だが、ドイツがユーロ圏の中で約七〇％の貿易黒字を出していることも忘れてはならない。自らの経済が行使している圧力によって、他の国々に債務形成を強制しているのはほかならぬドイツなのだ。世界中の国々がドイツと同じ金融的「節度」を貫いたとすれば、ユーロ圏は二〇〇五年以降すさまじい景気後退を経験していただろう。

実際のところドイツの政策は、ゲーム理論で言うところの「密輸者」のポジションに酷似してきている。一つの国がシステムから利益を得ようとしているが、そのコストを引き受けることは拒んでいるからである。もっと根本的に言えば、係争の対象になっているのは、ドイツのグローバル戦略である。この国が成長をもっぱら輸出によって実現しようとする限り、ユーロ圏の安定性というものはなかなか得られないだろう。ドイツはこのモデルを放棄するか、ユーロ圏を離脱するかしなければならない。しかしわれわれは、ドイツがどちらか一方の選択肢を選ぼうとはしないことも知っている。輸出者モデルは、現代ドイツの伝統と制度にしっかりと根を下ろしている。これを白紙に戻し、例えば、賃金と社会給付の引き上げによる大々的な景気回復策を実施するならば、ドイツ企業の利潤は短期的に深刻な打撃を被るだろう。その一方、ユーロを放棄することは、ドイツが保証された為替相場で大市場――フランス・イタリア・スペイン――にアクセスできなくなることを意味する。ドイツがユーロを離脱しマルクが急速に切り上がるならば、ドイツ産業の競争力の一部が毀損するであろう。

そういう次第で、われわれは、ドイツの指導者たちが、頑固な発言と若干の譲歩的順応とからなる今の立場を採用していることを理解するものである。しかしこの立場は一時的にしか続かないだろう。選択を拒否することは、歴史がドイツのために選択していることである。ドイツは、ユーロ終焉により失うものがずば抜けて最も多い国なのである。

ずっと前から見えていた危機

ユーロに対する批判が表明されるのは、昨日今日に始まったことではない。単一通貨の安定性・持続性に関する不安は、著名経済学者たちによって既に表明されていた。まずフランス預金供託公庫(CDC)の研究主任[19]、次にナティクシス庶民銀行グループの研究主任[20]によって公表された覚書は、今から数年前に既に不安があったことを証言している。金融の専門家たちは、現行の単一通貨が抱える限界と構造的非調和性が深刻なものであることを既に認識していたのである。経済財務相の元商務参事官であるセルジュ・フェデルブッシュは、二〇〇六年の日付を持つ論稿において、単一通貨の過大評価によるコストが今や莫大であり耐え難いことを明らかにしていた[21]。同じ不安は、他の国々、特にイタリアやスペインにおいても表明されていた。

だからと言って、ユーロの将来に関する論議に必要な諸材料を集めることが当時できていたとしても、それはかなり甲斐のないことであった。二〇一〇年秋まではこのテーマはほとんどタブーだったからである。このテーマに言及するだけでも、無責任な人間と、すなわちヨーロッパを大混乱に突き落とそうとする狂乱者と見なされたものである。しかし危機がやって来ようとしていることは、銀行や金融市場の専門家と話をすればすぐにわかった。このように、明らかに火急の事態であったのに、論議は不在であった。このことが、単一通貨に関するイデオロギー的神秘化につながった。つまり正当化の言説が逆転してしまったのである——最適通貨圏の「結果」としてのユーロから、最適通貨圏の構築手段としてのユーロへ、と。市場参加者たちは、たちまち不安にとらわれた。

ここで注意しておきたいのは、ユーロ危機が始まったのが、しばしば言われている二〇〇九年九月ではなく、金利スプレッド（ドイツ債の利回りに対する格差）の拡大し始めた二〇〇七年七月であったということである。この動きは、その後二〇〇八年十月から加速していき、二〇一〇年には急拡大するに至った（**図5**）。

以上の見方からすると、その〔危機の〕「作者＝張本人《オトゥール》」[22]は、政府にこの危機を知らせた者であるという主張はかなり空虚である。残念ながら、危機がやって来ることはずっと前からわかっていたのだ。ユーロは、ドイツと他諸国（フランス・イタリア・スペインなど）との間で形成された妥協に依拠していたし、ある程度は今も依拠している。ドイツは競争的切り下げが起きることを心配せ

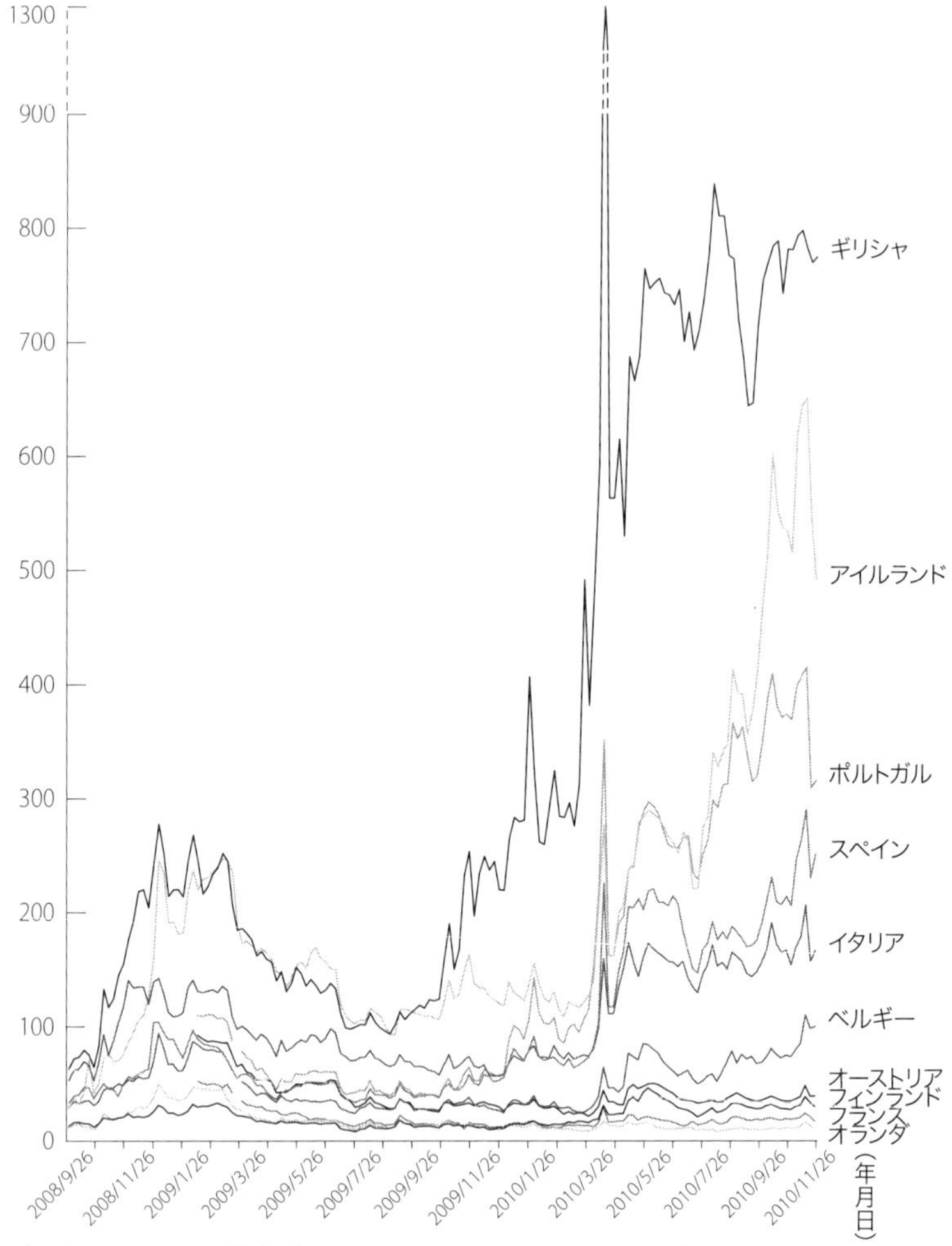

出所：フランス国債庁（http://www.aft.gouv.fr/article_146.html）

図5　ドイツとの金利格差の推移

（2008年9月26日～ 2010年11月30日）

ずに、他の国々の市場にアクセスする権利を「手に入れ」、他の国々はドイツの金利に対する自国の金利の収斂を「手に入れ」た。こういうわけで、金利格差（スプレッド）の役割はあまりに重要なのである。このようにして二〇〇七年までいくつかの国が非常に低い金利を享受できたと言えるが、そのことが本当に彼らの利益となったということは証明されていない。詳しく言えば、スペインやポルトガルの不動産危機もアイルランドの銀行債務も、それらの国が享受した低金利によってのみ可能であった。

二〇〇七年七月に始まり二〇〇八年八月に突如加速したこの動きは、このような妥協に再検討を迫った。今日ユーロに関して不安が起きているのは、実は、次のような妥協が断絶したためなのである。すなわちユーロ圏のいくつかの国は、ユーロ圏に属することによって、自らの債務のファイナンスに関して多かれ少なかれ保護されている。その一方ドイツは、〔相手国の〕通貨安を恐れる必要なしに、上記諸国の市場へのアクセスを常に享受できる。こういうわけでドイツは今日いかなる変革にも反対し、通貨創造ルールの柔軟化をめぐってＥＣＢと対立している。[23] 二〇〇七年七月以前の状況に戻るか、ユーロ以前の状況に戻ることによってこうした非対称性が緩和されない限り、ユーロ存続に関する不安は解消しないだろう。もちろんこの不安が真っ先に顕在化するのは、ユーロ圏の中でも最も脆弱な諸国、すなわち公債水準とその加速テンポから「リスクあり」と見なされている諸国においてである。

実際、このような問題は、金融市場や為替市場において考慮されているし、今やユーロ支持派の政治家たちによっても公然と議論されているようである。[24] どの政府もこの現実を否定するのではなく、考慮に入れたほうがよかろう。さもないと、最後には必ず現実のほうから裁決が下されるであろう。

ユーロ――構造的危機にある通貨か?

ユーロの構造的危機は、かなりの程度まで、ユーロ導入時に形成された諸条件からの帰結である。まず強調しておきたいのだが、単一通貨のアイデアにメリットがないわけではない。ただし、現実と想像を混同したくなければ、このアイデアのメリットを正確に把握しておく必要がある。

複数の国のための単一通貨というアイデアは、一九六一年にロバート・A・マンデルによって提出された。[25] このアイデアは、新古典派系の経済学者が提示していた見解に従ったものであった。それによれば、資本の完全な――またはほぼ完全な――移動性を想定する場合、貿易開放と資本自由化の体制による経済は金融政策の独立性を持つことができない。[26] この場合、単一通貨は主に二つの利点を持つ。第一に、それは取引コストを消滅させ、通用地域において為替相場に関連する不確実性を消滅させる。その一方、変動相場制の下では、自由化された金融市場の圧力を受けるので、こうした取引コストや不確実性は増大する。ただし、一定の期間について相場が固定されていて、かつ短期資本移動が管理されている状況では、コストや不確実性は既にかなり低下している。第二の利点は、単一通貨によって通貨手段間の競争現象が回避されるので、基本的には単一金融政策は協調政策よりも効率的に運営できるということである。これに加えて、対象域内における経済政策に首尾一貫性を与えるという利点もある。ただし、経済政策総体に組み込まれた一要素として金融政策を運営するという意思を持たねばならないし、中央銀行関連の法令によってそのことが許容されていなければならない。

以上のような二つの利点は、統合された貿易圏にあってはいっそう重要である。そこでは貿易統合と通貨統合の間に強い首尾一貫性が存在することになるので、結局は前者が後者を規定している形になろう。ユーロは、「単一市場」をめぐる言説の連続性の中に位置づけられる。

しかし、以下のような第一の矛盾にまず注目してほしい。すなわち、単一通貨の導入に正式な位置づけを与えようとした欧州憲法条約〔二〇〇四年欧州理事会で採択〕は、〔EU〕創設原理として、いわゆる「自由で歪められない」競争を明記しようとした。ところが単一通貨は、通貨手段間の競争を消滅させるという逆の機能を有している。それは、独占を確立するもの、その準拠空間内での競争には曝されないものであった。確かに通貨の独占は必要なものであるし、フリー・バンキングや通貨間競争の理論にしても大幅な退歩である。しかし、通貨手段や金融政策の独占を確立するということには、特殊な含意がある。金融政策は単一になったがゆえに、適用域内の社会経済状況の多様性を考慮できなくなるのである。ところが、マンデルによる当初の推論に従って言えば、当該域内に労働の完全な移動性が存在しなければ、経済ショックには対処できないことになる。この観点から見て、ユーロ圏が最適通貨圏と言えるとは思われない(27)。ここで注目しておきたいのは、マンデルがユーロを防衛するために彼自身の議論に変更を加えてしまったことである。彼は、域内貿易量の多い圏域において為替変動が含意するリスクを考慮して、〈ショックを回避するための、そしてユーロ圏を最適通貨圏へと前進させるための単一通貨〉というアイデアを打ち出した(28)。ここでは単一通貨はもはや状況の結果ではなく、特定の状況に到達するための手段とされてしまっている(29)。ただし幸運なことに、通貨は単なる経済制度でもなければ、単なる利用可能な道具でもない。単一通貨は租税と予算の連帯を裏づけ《コントラパルテ》としており、これにより、非対称的ショックが起きたときに不当に不利益を被るであろう地域に資源を移転できるようになっている。異質な諸地域を抱える経済においては、通貨独占は積極的予算政策によって許容可能になるのである。この点が特にはっきりとわかるのは、連邦制の国のケースである。システムが機能するためには、連邦支出の割合は五〇%を超えなければならない。複数の国からなる経済圏の場合、通貨手段の喪失を、強い財政的自律性の維持によって相殺しなければならない。このようにすれば、政府は万が一の場合に、危機の影響を被った経済部門に対して通貨切り下げによって支援する代わりに、補助金を支給することができる(30)。

ところがユーロのケースにおいて、われわれは、第二の非首尾一貫性を見いだす。単一通貨を導入するに際して、連邦財政——少なくとも関係諸国の規模に見合うもの——の創設可能性が議論されなかった。こうして、単一通貨によって諸国は通貨切り下げの手段を奪われたのに、代わりの物

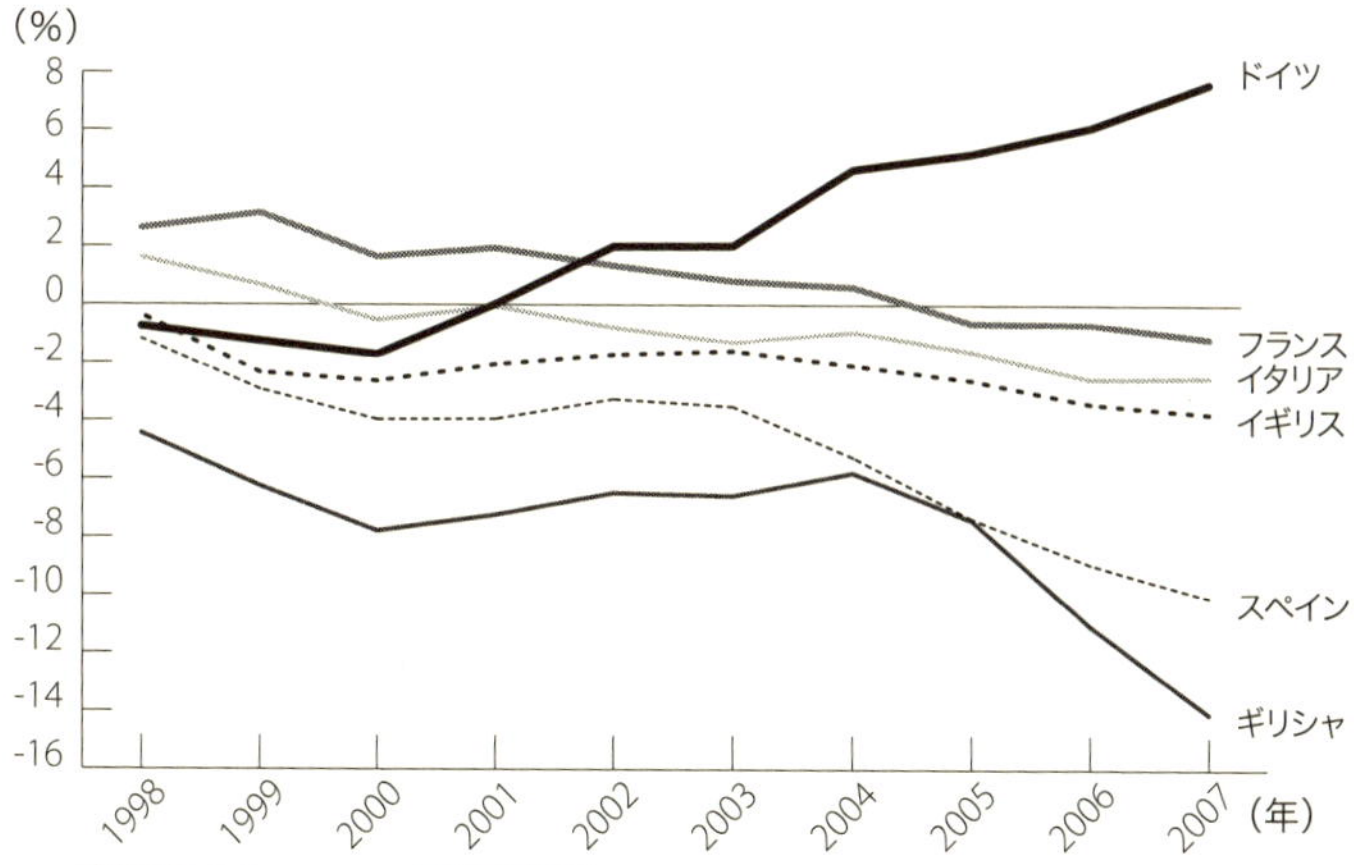

出所：FMI, Eurostat et CEMI-EHESS.

図6　ユーロ圏の経常収支

を提供されなかった。これに加えて、欧州指令によって産業補助金が大幅に制限された。アレクサンドル・スウォボダが指摘するように、単一通貨の支持者であるマンデル〔の議論の中〕には、現実に導入されたユーロに対する強力な反対論が見いだされるのである(31)。

簡単な状況分析に基づいて、ユーロ導入時の論理的非首尾一貫性に関する憂慮すべきリストを作成することができる。ドイツによって一貫して拒否されてきた解である財政連邦化が不在であることにより、金融政策の統合は事実上禁じられている。救済がもたらされるとすれば、それはおそらく財政規律のルール強化によってではないだろう。公的赤字の推移は深刻であるが、何よりも目立つのは国によって大きな差があることである。こうした推移は、当該諸国の側の「無節度」とは全く関係がない。諸国の赤字が異なるのは、本質的に言って、構造的インフレ率が異なるためである。ここで想起してほしいのは、切り下げができない単一通貨の枠組みにあっては、構造的インフレ率の格差は直接に諸国の間での競争力の迅速な再調整となって現れてくるということである。これは、補完的な財政支出によって相殺しなければならないものである。さらに、この通貨圏の国の一つがいわゆる「孤独な騎士」政策（通貨切り下げの等価物である財政措置を用いて他の国々を搾取しようという政策）を実行してしまうならば、通貨圏内の管理問題は解決できなくなる。〔諸国の〕経常収支動態における格差拡大は強い非対称性を取り戻すのである。つまり、二〇〇〇～二〇〇一年より以降、ドイツが大幅黒字になったのに対して、他のユーロ圏主要諸国は赤字を蓄積し始めたことが確認されている(32)（**図6**）。

ユーロ圏の構築を可能にした当初の政治的妥協の論理（前述）に立ち戻って考えるならば、この妥協は二〇〇〇年代初めにドイツによって放棄されたと言える。二〇〇〇年代半ば以降、いくつかの国が、相対的に大幅な通貨切り下げによってしか窮地を脱出できないような状況にあったことは明らかである。

憂慮の種は、以上の推移だけではなかった。貯蓄率に関しても同じ程度の分岐が確認される。スペインでは貯蓄率が非常に低いが、これは二〇〇五～二〇〇七年の時期の終わりに、家計がGDPの一〇〇%を超える借入を行ったためであった。ただしこれには、銀行システムの構造から説明できる部分もある。対家計信用の分野における銀行制度の行動が相対的に類似している国――ドイツ・フランス・イタリア――のみを考慮すればよい。ユーロ圏GDPの六〇%を占めるこの三カ国においても、二〇〇三年以降、貯蓄率には著しい格差が確認される。この格差はまた前掲のグラフを理解することを可能にする。ドイツは二〇〇三年以降多大な貯蓄努力を傾け、それと相関的に消費を減らした。このことが、ドイツの貿易黒字拡大をある意味で説明している。

ユーロは時代錯誤か？

本節のタイトルは、ユーロ圏の将来をめぐる根本的な問い、すなわち主要な意思決定者たちの理論的な基盤はどのようなものかという問いを提起するものである。一九九〇年代半ばにジョージ・A・アカロフとブルッキングス研究所の研究員たちは、マネタリストの著作において強く非難されている「貨幣錯覚」が依然として存在していることを明らかにした(33)。このことにより彼らは、経済発展のためには一定程度のインフレ率が必要であることを証明しようとしている。あまり注目されていないが、彼らは伝統的モデルよりもずっと現実主義的な個人行動の分析を駆使して、マネタリズムとの断絶を表明している(34)。一九七〇年代以降、実験心理学の研究者たちが与えたインパクトにより、個人行動の土台をなす選好に関する伝統的な諸仮説はおおかた崩壊してしまった(35)。しかし相変わらず一部の経済学者たちは、一九六〇年代以降既定と見なされてきた諸結論を全面的に覆すこうした根本的な進歩を、頑として考慮に入れようとしない(36)。実は実験心理学は、元々のケインズの諸テーゼに根拠を与えているし(37)、もっとラディカルに言えば、マネタリズム反革命にも、ケインズの思考を古典的な均衡枠組みの単なる一変種に還元しようとする試み(38)にも反対する理由を与えているのである。実物部門や制度に起因する硬直性――各国の社会的歴史的軌道の個性を表す――を重視する見方が市民権を得たのは、これ以降のことである(39)。その後こうした〔硬直性に関する〕研究は、例えば低すぎるインフレの危険性を証明しようとするアカロフと彼の同僚たちの研究につながっていった(40)。

「粘着情報」（スティッキー・インフォーメーション）モデルと呼ばれる最近のモデルが描き出そうとする経済世界においては、アクターたちの行動が、伝統的モデルにおいて想定されているよりも現実主義的である(41)。こうした「現実主義《レアリスト》」モデルの重要な貢献は、通貨的ショックが持続性〔予想改訂の頻度が小さいこと〕の中で受けとめられること、そして金融政策が活動水準に対して持続的かつ非一時的な効果を与えることを証明したことにある。そこでは、金融政策に対する経済の反応の性質が経済の構造や制度によって決まることが確認されている。各国のインフレ率は「構造的」と規定されるものであり(42)、かなりの程度まで既成の経済構造や社会的妥協に左右される。ところが多様な「構造的」インフレ率を持つ諸国が同じ通貨圏に同居してしまうと、いくつかの国において生産活動が大幅に落ち込むか、通貨圏の内部に大きな不均衡が生まれて通貨圏の分裂を招くしかない。

こうして単一通貨モデルのドグマは崩壊し、それとともにユーロおよびＥＣＢの地位の妥当性を説明する論理もおおかた破綻するのである。

硬直性の国際比較

ここにおいて、ユーロ圏諸国のインフレ動態に関する一つの研究が特別な重要性を持ってくる[43]。すなわちクリスチャン・コンラッドとメネラオス・カラナソス（Christian Conrad et Menelaos Karanasos）による研究は、二つの重要な結論を証明している。まず、ユーロ圏諸国において単一のインフレ動態が存在するわけではない。次に、マネタリストの主張に反して、インフレが常に経済成長にマイナスの影響を与えるとは限らない[44]。インフレの動態には差異が見られ、一定のケースではインフレは成長に必要であるとされる。そこでこの研究は、まさにユーロ圏の内部における動態の差異を説明しようとするのである。つまり生産システムや社会構造の異質性が、コア・インフレ（「インフレの核」）や産出量ギャップ（実質GDPと潜在的完全雇用GDPの差）といった概念を通して、通貨の動態に表現されているのだという[45]。これは、構造的インフレ率のテーゼを確認するものである[46]。したがって、基準とされる低いインフレ率（二％）を達成することを中央銀行の目的とすることは深刻な誤りである[47]。しかし実はECBが行っているのはこれなのである。

このとき通貨は鏡としての、さらには拡大レンズとしての役割を果たしている。通貨は実物世界の動態を反映し増幅する。この結論は、完全に「粘着情報」モデルの結論と収斂する[48]。経済・社会システムの個性——これ自体はシステムを取り巻いている各国の歴史の所産である——は、いかなる金融政策アプローチにおいても核心的な要素である。というのも、どの経済にも、その生産・金融・社会の構造に対応したインフレ率が見いだされるからである。この率より下回ろうとしても、経済や社会に対して持続的なダメージが引き起こされるだけに終わる可能性がある(49)。よって、異なる国の間ではインフレ率の乖離は持続するものと考えなければならない。ところで、単一通貨が課す共通の環境は、時間が経つにつれて競争力水準の大きな格差を生み出してしまう。これは、**図4**にあったような推移を説明する。もちろん、十分な財政移転のフローを利用することが合意されていれば、こうした差異や乖離を少しずつ減らすことができよう。しかしまさしくこのことこそ、今のところユーロ圏においてはありえないことなのである。

今まで構想・導入されてきたユーロは、既に知的・理論的に時代遅れのものとなってしまっている。

ユーロは解ではない

ユーロ導入国が「ヨーロッパー権力《ピュイサンス》」という解を拒否している以上、そしてユーロ加盟諸国間の経済的論理の乖離によってユーロ内部が空洞化している以上、ユーロはドルのような政治的力を持たないし、今後も決して持たないだろう。「ユーロ乖離」現象は、危機の開始以来既に最高潮に達してきている(50)。ユーロ圏レベルでの所得均等化メカニズムが全く存在していないため、この現象は今後数年にわたって強まらざるをえない。

国際準備通貨となるには、〈相対的に同質的な経済〉だけでなく、それ以上のものが必要である。実際はドルの力は、戦略地政学の観点から見たときのアメリカの特殊な位置に由来している。この〔国際準備通貨の〕役割に関してヨーロッパおよびユーロ圏は、アメリカに取って代わる使命を持つわけではない。たとえそういう計画を持っているとしても、明らかにその手段を持っていない。それゆえ、ユーロ圏があまり長きにわたってはこの状況にとどまれないであろうことは明らかである。

それにユーロは、フランス経済にとって次第に許容し難い足枷になってきた。なぜなら、ユーロは金融グローバル化のプレグナンツ〔視覚的な秩序形成の傾向〕を弱めるどころか、強めているからである。フランス債の「格付け」の問題はその好例である。二〇一〇年夏に政府は、格付け機関の意を満たすためだけに、節約すべきところがないか必死に探し求めた。しかしフランスの公的債務はドイツのそれと大差ない——つまり対GDPで見て二%しか差がない——。これまでは、フランスがユーロ圏に属していることは、ユーロ圏全体に対する格付け諸機関の評価を上げるものと見られてきた。ところが今やそういうことはなくなった。わが国がユーロ圏に属していると、いろいろな格付け機関の意のままになって、政府が突然に財政調節を行わざるをえなくなり、その結果として統一後のドイツの例が示すように成長が阻害される恐れがある。(51) それと同時に、ユーロ圏は——わが国を守ってくれるわけでもないのに——赤字の一部のファイナンスをフランス銀行に頼ることをわが国に禁じるとともに、ECBの対銀行再融資（リファイナンス）金利よりかなり高い金利

――確かに今のところは低いが――での借入をわが国に強制している。以上のように、ユーロ圏はわが国を金融グローバル化から守っていないことが明らかであり、逆に、債務問題に対する一国的な解を禁じることによって問題の諸影響を強める傾向がある。

ヨーロッパの格付け機関を創設するというアイデアは何度もアナウンスされ、そのたびに先延ばしにされてきた。しかし創設が果たされたとしても、将来が大きく変わるわけではない。ユーロ圏の域境で資本管理を導入しない限り、設立される機関はアングロ・アメリカンの同業者と永続的に競合することになるからである。そのような環境下では、いわゆる〔格付けの〕「信頼性」を確立するには、競り上げを行うよりほかの解はないだろう。

金融グローバル化によって国家よりも上位の（国家に自らの政策を強制するところの）権力が成立する可能性があるが、たとえそうなるとしても、それは当の国家が望んでのことではない。一七八九年に先立つ数年の間、次のような警句が流行っていたことが思い出される。「貴族が貴族であるのは、われわれの肩の上に乗っているからにすぎない。貴族たちを揺さぶり、地面に振り落としてしまおう。」

第II部の結論——断末魔の金融グローバル化

金融グローバル化は、ブレトンウッズ体制の崩壊とともに始まった。金融グローバル化がたどり着いたのは、不安定性が増大し、体制的な危機が繰り返し起きるという状況であったが[1]、内的規制のシステムは創り出されなかった。これに関しては、世界の諸大国が陥っているプルーデンス幻想を告発すべきである。プルーデンス幻想は、正当な手続きによって〔*ab exercitio*〕であれ不当な手続きによって〔*absque titulo*〕であれ、必要とされている正しい措置が講じられるのを妨害する。結局、この幻想によって、明らかに持続性に欠ける国際通貨秩序が生み出されたのである。

今日、金融グローバル化はその限界に直面している。金融グローバル化により、主要国政府だけでなく世論や組織的・社会的諸力（労働組合、非営利社団）も以下のジレンマに直面している。一方で、金融自由化に永続化のチャンスを与えるべくそこに限界的な修正しか加えないとすると[2]、金融グローバル化の致死性の病理学はわれわれを相次ぐ危機——次第に激烈なものに、社会組織にとって破壊的なものになっていく——へと駆り立てるだろう。他方で、金融グローバル化を断固として制限する決定を下したらどうなるか。この場合、脱グローバル化のプロセスはもっぱら政治的なもの、主意主義的なものとなる。このことはもちろん、脱グローバル化・プロセスを具現化する諸措置が技術的に首尾一貫していてはならない、と言おうとするものではない[3]。それに、金融グローバル化への制限は、既に世界の多くの場所において、自生的かつ非組織的な仕方で加えられている[4]。したがって諸措置に一貫性を与えることは必要なことである。

以上より一つの問いが提起される。この脱グローバル化は一国の問題でありうるのか、それとも必然的に現在のシステムを組織的・協調的に脱却しようとするグループ諸国の問題でなければならないのか。

明らかに、グループ諸国の枠組みにおいてのみ、秩序ある脱グローバル化を進めることができる。しかし脱グローバル化を秩序づけないことも可能である。一国は、貿易相手諸国の惰性や無気力に直面した場合、自分自身の固有の状況について考える権利を持っている。一国はまた貿易相手諸国に対して決断を迫り、当初の状況に比べてはるかに効率性が劣る状況を受け入れるよう、またはそうした状況に付き従うよう強制すべく、一連のイニシアチブをとることもできる。

それゆえまた、国際レベルでの意思欠如を口実――うんざりするくらいあまりにも頻繁に持ち出されるところの――として責任逃れをし、必要不可欠な措置を講ずることを拒否すべきではないことも明白である。本書の第I部で説明した商品グローバル化の場合よりもずっと、一国がイニシアチブをとれる可能性は大きい。場合によってはそれが望ましくさえある。

エピローグ

本書では各部分の脈絡を丁寧に説明するために敢えてその糸をほどいてきたが、いまや、ほどいた糸を一つにまとめ、グローバル化現象の統一体へと、すなわちグローバル化が誘発しては自ら受け止めている危機の現象へと目を向けねばならない。そこに見えてくるのは、商品グローバル化と金融グローバル化との密接なつながりである——ただし両者の起源は別個の状況や別個の人間意思の中に見いだされるのだが。

この統一体はまさに——そして何よりもまず——諸々の人間意思の全体、諸々の意図的な意思決定の全体となって表出されるのであり、これらのものが再び一つにまとまったものが現在の破局的状況である。グローバル化は、決して台風・洪水等の自然災害のような自然的事実ではない。またそれは、新しい技術が万人に行き渡ったことの結果でもない。むしろそれは人間の活動の産物である。ただしここで人間の活動とは、人と自然の関係におけるそれではなく、社会関係（他人に対する人の関係）におけるそれのことである。ところが、人々が作ったものは、ともすれば他の人々に壊されてしまう。こうして、まともな見方をするならば、グローバル化とは諸行動・諸決定の総計であるほかなく、その妥当性・通用性は必然的に時間限定的である。このことによって種々の対立・闘争が発生せざるをえないのであり、そのなかには暴力的なものもあろう。ただしグローバル化には、ほかにはない直接・間接の暴力が見いだされる。その一方、この統一体は、商品グローバル化と金融グローバル化とを緊密に結びつける紐帯によっても表出されている。しかし危機のとき以外これを目にすることはない。二〇〇七年夏以降にわれわれが経験した危機により、紐帯の存在が白日の下にさらされた。ある意味でこのたびの危機は、グローバル化の真の性質を暴き出したと言える。グローバル化は、今回の危機の源泉にして推進力でもある。

グローバル化現象が統一体であることは、脱グローバル化が商品グローバル化と金融グローバル化の両方に関わらざるをえないということを含意する。こうしてみると、われわれの耳目に触れるラディカルな改革提言[1]はどれも、正しくもあり現実主義的でもあるのだが、グローバル化の一つの側面しか扱っていないために、不完全であると言うほかない。グローバル化はシステムをなしているので、その全体像を捉えなければならないのである。

脱グローバル化が客観的現実であるだけでなくプロジェクトでもあることを述べておこう。脱グローバル化が既に進展中であることは、WTOの「ドーハ・ラウンド」交渉が行き詰まったこと、中国が自らの通貨的責任を認めるのを拒否したこと、そしてより一般的に、二〇〇七年末以降に国家が主役に返り咲いたことから確認される。WTOが依然として機能停止状態にあることを念頭に置いて、次の事実を考えてほしい。すなわち、いくつもの指標に示されていることだが、機械が故障しているだけではなく、振り子が反対方向に動き始めてもいる。しかし、慣性に委ねておいたときこの振り子がどこまで振れるのか、われわれには予想できない。だからこそ脱グローバル化はプロジェクトでもなければならないのだ。脱グローバル化は構築すべきもの、考えを巡らすべきものなのである。今後二〇年の間に見られるであろう物事の成り行きに、意味を付与しなければならない。先進諸国でグローバル化が引き起こした社会的後退を停止・逆転させるために、戦略を練り上げなければならない。われわれが脱グローバル化を自家薬籠中の物にするならば、脱グローバル化を機に、われわれの間の社会契約を刷新することもできよう。

この場合、グローバル化を批判するよりも、わが国が手本としてきた多くの国の一つを真似たほうがよいのだろうか。イギリスとスペインの事例は無視するとしよう。両国はわが国の「モデル」にされてきたが、危機の中で乗組員もろとも沈没してしまった。それでは、「フレキシキュリティ」(危機によって問い直されている)のデンマーク、オランダ(資源の重要な一部は天然ガスであり、この国はこれを産出・販売している)、さらにはフィンランド(ロシアの成長にしがみついている)はどうか。よくフランスに対置されるこれらの例はどれも、かなり特殊な状況にある小国である。社会問題を管理するにあたっては、国内市場の規模よりもむしろ一国の規模というものが重要になる。人口が六五〇〇万人以上の国〔フランス〕に対して、一千万人強の国を例として対置することは、無意味である。問題の性質は人口の規模とともに変化していく。またこれら「小」国はどれも、特殊な状況から利益を引き出している。デンマークは、農産物加工業において特殊なニッチを占めているが、この状況を人口六五〇〇万人の国に転置できないことは明白である。ノルウェーは石油と天然ガスでやりくりをしているが、以前は商船・漁船の収入に頼っていた。

実は、この三〇年ほどの間に、以上のような「モデル」をめぐる言説はどれも、知的にかなり貧困なものであることがわかってしまった。事実上、これらの言説が目指しているのは、本質的なこと――グローバル化の問い直し――からわれわれの目を背けさせることであるにすぎない。無邪気にこう言っているのではない。というのもわが国は、他国が――その規模やその過去ゆえに――持たない手段を持っているからである。フランスは、脱グローバル化運動の先頭に立つうえで悪くない位置にいる。もちろん、あらゆる種類の不平家、自虐的な専門家、無条件の外国讃美者が〈フランスはそのような任務を果たすには小さすぎる〉と申し立てるだろう。だがこれは、一国レベルであれ国際レベルであれ、文脈の変化は伝染効果を生み出す、という重要な現象を忘れよと言うに等しい。自生的に改革が行われた試しはないことを思い出していただきたい。まずある国が改革を進めなければ、改革が人々の考慮に上るようにはならない。この点、欧州内のフランスの位置は、貿易相手諸国が反応せざるをえないくらい十分に中心的であり、それ以上でさえある。

第9章　現下の危機の行き詰まり

手始めに、現下の危機と、それに対して講じられてきた対策、および今のところまだ空手形にとどまっている対策について述べておきたい。われわれが戦略を策定できるかどうかを知るには、これらについてバランスシートを作成しなければならない。戦略が必要なのは、危機からの脱出がまだ見えてきていないためである。

どの国にあっても、二〇一〇年の数字は期待外れであった。アメリカの業績数字からは、危機脱出が遅々として進まず苦労していることがわかる。ユーロ圏については、バランスシートはもっと悪いようだ。二〇一一年、ドイツとフランスは二〇〇七年水準まで回復するはずだが、イタリアとスペインはそうはいかないだろう。二〇一一年にユーロ圏全体は二〇〇七年水準を下回るはずであり、せいぜい二〇〇〇年以来の低成長軌道に復帰するにすぎないだろう。ユーロ圏以外では、日本経済のパフォーマンスもまた期待外れになりそうである。われわれがこれまでに直面し、これからも何カ月ないし何年にもわたって直面するであろう危機は、金融市場の口舌の徒が期待するほど早くには解消しないだろう。

現下の危機はどんな結末を迎えるのか？

今回の危機を誘発したのは、私的債務の増加であり、また証券化の多様なプロセスを通じてのその操作であった。[1] このことから、一九九〇年代末から今世紀初めに広まっていた「ブレトンウッズII」論にはなかった今回の危機の教訓が得られる。その教訓とは、対外不均衡は必ずその対内的対価をともなうということである。[2]

私的主体――主要には家計――のこうした債務増大はどこで起きたのか、理解しておかねばならない。二〇〇〇～二〇〇七年にアメリカでは、平均所得が年平均約二・五％で増加したのに対して、勤労者所得の中央値は〇・一％でしか増加しなかった。[3] 家計実質所得の中央値について言うと、こちらは同じ期間において減少しており、その一方、医療保険費（二〇〇〇～二〇〇七年に六八％増）と教育費（同じく四六％増）は大幅に増加した。[4] 医療費補助のない居住者の割合は、二〇〇〇～二〇〇七年に一三・九％から一五・六％になった。[5] こうした〔マクロ変数の動きに示される〕蓄積様式は、商品グローバル化の、より正確には自由貿易の帰結である。[6] ポール・クルーグマンでさえ、賃金デフレ過程において自由貿易が役割を果たしていることを認めている。[7] このような条件の下で、中間階級は借金によってしか生活水準を維持できなかった。

表8　貯蓄総額

（単位：GDPに対する%）

	ドイツ	フランス	イタリア	スペイン	イギリス	アイルランド	アメリカ
2000年	20.2	21.6	20.6	22.3	15.0	23.9	17.8
2005年	21.1	18.5	19.5	22.0	14.5	23.6	14.6
2006年	24.3	19.3	19.6	22.0	14.2	24.6	15.8
2007年	26.3	20.1	20.1	21.0	15.6	21.6	14.0
2008年	25.8	20.0	18.0	19.7	15.4	16.9	12.1

出所：OECD。

表9　家計貯蓄

（単位：GDPに対する%）

	ドイツ	フランス	イタリア	スペイン*	イギリス	アイルランド	アメリカ
2000年	9.2	15.0	8.4	11.1	4.7	4.1	2.9
2005年	10.5	15.0	9.9	11.3	3.9	5.2	1.4
2006年	10.5	15.0	9.1	11.1	2.9	3.7	2.4
2007年	10.8	15.5	8.2	10.6	2.2	1.7	1.7
2008年	11.2	15.3	8.6	12.9	1.5	4.0	2.7

出所：OECD。
*粗貯蓄。

ところが、家計が債務を負う傾向は、〔アメリカだけでなく〕ヨーロッパと北米の主要先進諸国全体に見られるようになった。この点から見て、商品グローバル化は与えられた役割を遂行したというだけでなく、所有階級からの期待を超える働きをしたと言える。程度の多少はあれ、付加価値の分配は変更されたし、賃金報酬の内訳では低中位の賃金が削られ、高額・超高額所得は増えた。こうしてアメリカ・イギリスにおいては貯蓄率が非常に低くなった。スペインとアイルランドでは債務の論理が猛威をふるった。西側諸国では、「大陸」資本主義と「大西洋」資本主義（アメリカ・イギリス）との間に格差が見られる。このことは「大西洋」資本主義の業績がよかったということではない。「大西洋」資本主義には貯蓄率の低下が確認されるからである（表8・9参照）。

比較対象にアジア諸国を含めると、貯蓄率三〇〜四〇％の第三のカテゴリーが見いだされる。旧ソビエト体制諸国の貯蓄率は、「大陸」モデルと「アジア」モデルの中間に位置するであろう。経済の「グローバル化」を語るとき、われわれは以上のような差異を念頭に置かなければならないのである。実際、国と国の差異、国家グループ間の差異がこれほどまでに大きいことはかつてなかった。直ちに気づくだろうが、家計の貯蓄率がほぼゼロの国もある。

長期的な論理について言えば、まず金融危機の起源は、金融のうちにではなく、商品グローバル化と国際競争への開放に由来する分配の様式のうちに探し求められるべきである。次に金融危機の進行は、規制緩和——社会・金融・産業の規制緩和——の手続きを通じて実現された。金融グローバル化によって支配される特殊な資本主義モデルを性格づけるのは、こうした規制緩和の手続きである。われわれはこうした規制緩和を、マクロ経済・制度・イデオロギーの諸領域における病理現象として性格づけることができる。総じて言えば、最も多く借金しているのは、一般に考えられている〔国の〕人ではない——わが国の首相の主張するところに反して[8]。つまり、最初に来るのはアメリカ「モデル」であって、それがイギリス——トニー・ブレアの政策によってホワイトカラーの脆弱化が進んだ[9]——、アイルランド、スペイン等のクローン諸国を通じてヨーロッパに広まったのである。

自由貿易と給与所得圧縮への大転換を特徴とする発展図式が強い首尾一貫性を持つとすれば、その首尾一貫性には大多数の家計による信用依存も含意されている。これには、金融レントによる利益および所得に有利な税制、金融内部の激しい競争をもたらす借金の激増、それに〈金融内部の競争を自由化せよ〉という絶えざる圧力、がともなう。金融規制の緩和は、信用の拡大のために必要とされる面もあるが、他面、純粋にイデオロギー的な次元もあり、推進する側が期待した以上に進展した。指導者たちが新自由主義を奉ずることにより、諸々の経済構造の内部に新自由主義が普及・拡大していったが、新自由主義のこうした拡大は——最初のうちは——市場イデオロギーの発達も促した。その後は誰も市場イデオロギーを告発しなくなった。[10] このたびの危機に責任を負うのは、グローバル化の総体であると言ってよい。

解は一つではない

今回の危機に対する直接的な解は、公的赤字の拡大であった。これにより、国家は私的債務の一部を社会化したと考えられる。公的債務が、当の国の内外で私的債務を肩代わりしたのである。公的赤字の増加と債務残高の蓄積は、「アングローアメリカン・モデル」を採用したスペインやアイルランドのような国で特に顕著である。危機以前には、個人向け信用に依拠することができたので、商品グローバル化からの影響は和らげられていた。公的債務水準の低さで称賛されてきたこれらの国は、EUの中位集団にいたが、今ではむしろ債務諸国の先頭集団にいる。またユーロ諸国の中には、公債利子が公的予算に対して相当大きな影響を与えている国もある。ここでのチャンピオンはギリシャの対GDP五・八%、次がイタリアの同じく四・九%、さらにポルトガル(三・九%)、ベルギー(三・五%)と続く。中期的には、いずれの天引き率も許容し難い水準である。このリストにアイルランドを加えてもよい。アイルランドは確かに率がやや低いが、今後、国内銀行の資本増強にかなりの努力を傾けねばならない。以上の国々は、今後数年のうちに、深刻なデフレ・スパイラルへの突入を余儀なくされよう。ところが、債務支払いの重圧によって強制されるデフレは、その他のユーロ圏諸国にも伝播していくであろう。だからフランスとドイツが〈自分たちは安全な場所にいる〉と信じ込んでいるとすれば、それは大きな誤りである。以上の国々のデフレ的政策によってユーロ圏内の貿易が収縮するとき、仏独二国の成長はどうなっていくだろうか。というのも、ドイツの場合、ユーロ圏の貿易黒字の大部分を実現していること、しかも中国や極東との貿易が赤字であることを考慮しなければならないからである。

われわれも公的債務を爆弾と考えるが、一般に言われている理由からではない。成長が民間銀行に任せられていることを考えたとき、公的債務が成長を弱めるのではないかと懸念されるのである。民間銀行は、相互にはECBの下で〇・五~一%に設定されている金利で再融資し合っているが、貸し出しはそれよりも高い金利で行っている。公的債務のほうは、G7諸国の累計でGDPの一一八%に達しようとしており、これは、第二次世界大戦後の一九五〇年代初めに匹敵する数字である(11)。ところが歴史の上では、主要先進諸国は経済的に破綻することなくこの状況を脱することができた。

このようなことがなぜ可能であったかと言えば、本質的にはそれは、われわれが高成長政策を実行しながらも、公的債務のファイナンスを中央銀行貸出に頼ってきたからである。このことは解の存在を意味している。ただし、この解は採用しようとして採用されたものではなかった。

というのも、二〇一〇年六月二十六～二十七日にトロントで開催されたG20サミットによって矛盾含みの提言が公表され、同じことが二〇一〇年十一月のソウル・サミットでも繰り返されたからである。一方で、大きな赤字を出している国に対しては、開放度の高い市場を維持して競争力を向上させながら、貯蓄を増やすことが要求された。しかし多数の国が救いを輸出に求めるならば、危機は悪化する一方であろう。つまり、輸出品は、他国の輸入品である――しかも互いに同じことが言える――からだ。他方で、大幅な貿易黒字国に対しては、〈救いを国内市場に求めよ、ただし国内市場に制約を課してはならない〉と勧告されるにとどまった。[12] 実際、世界中の国々が輸出しようとすると、新たな全面的危機が引き起こされるだけであろう。ここで提起されているのは国際貿易の問題である。ほとんどの国が国内高成長を実現しているときにのみ、プラスサムゲームは可能である。不況ないし景気後退の状況にいるときには、ゼロサムゲーム（ある国が利得を得れば、別のある国が損失を出す）しか存在しないことは明らかである。われわれの知る限り、こうした条件の下で自由貿易の原則を堅持しさらには広めようとすることは、[13] 危機にある国を危機のままでいさせるには、あるいは比較的短期の新たな危機を引き起こすには、最良の処方箋である。

さらに、パトリック・アルテュスがナティクシス証券に寄せた論稿[14]についても、同様の注釈を付けておきたい。この短い総括的論文において彼は、〔われわれと〕全く同じ理由から、ユーロ圏の成長が、公的債務と――何よりもまず――私的債務の二重の重荷によって頓挫する恐れがあることを述べている。一見すると彼の提案は現実主義的なものに見える。競争力を維持するために、賃金を二〇％引き上げたうえで、ユーロを二〇％切り下げよ、そうすれば激しいインフレが引き起こされ、実質金利が低く――さらにはマイナスに――なろう、というのだ。しかし、現実には、保護主義のメカニズムを導入しない限り、単位賃金コストの上昇が異なる産業部門を同じ大きさで伝播することはない。本書第Ⅰ部で見たように、賃金コストが低い国であることによる競争効果は産業部門ごとに大きく異なるのであり、これは、国の中で非常に大きな生産性格差が存在するためである。ユーロの二〇％切り下げ(15)は、リスクに最もさらされている部門にとっては、競争圧力の十分な緩和を意味しないだろう。次に、この論稿が提起しているもう一つの問題に注目したい。どのようにすれば、対ドルのユーロ相場を低下させること――そしてドルに釘付けされている人民元やルピーに対するユーロ相場を間接的に低下させること――ができるだろうか。アルテュスは、スイスを論じるときと同じ風にして、為替市場介入を持ち出す。つまり、ECBは大量のドル買いをすればよいという。本当に行うかどうかは疑わしいのだが、いまECBが介入を決意するとしよう。各回に購入しなければならないドルはどれくらいの量になるだろうか。現実主義的な唯一の解は、為替相場と金利に関する自由度を得るために、ユーロ圏と他通貨圏（ドル圏および円圏）との間に十分厳格な資本管理――域境における保護措置に加えて――を導入することであろう。そうすれば、アルテュスがイメージしている解も機能するチャンスがあるだろう。そもそもこの解はさほど独創的なものではない。およそこれは、戦後欧米諸国によって歴史的に採用されてきた解である。この下では、公的債務は決して「不幸」には見舞われない。公的債務水準がいかに高くなろうとも、成長政策によって全部吸収されるであろう。

このことはわれわれを本当の問題に連れ戻す。高成長を復活させることによってのみ、大量失業の問題に対する解決は見いだされる。ところでこの高成長復活の前提には、通貨の自律性——資本移動の厳格な管理によってのみこれは可能である——が含まれるとともに、公正貿易のルールを再確立しようとする保護主義的措置も含まれている。このことは、他にオルタナティブが存在しないということになるだろうか。この点について確証を得るために、まず国際通貨システムの問題を検討することから始めて、高成長復活を促進するための解が見いだされるかどうかを考察していきたい。

ドル危機は回避できないか?

一九九〇年代末以降の金融グローバル化の原動力となってきた私的債務が公的債務によって代替されることの問題については、既に指摘した。こうした転換が新しい国際通貨システムへの移行につながることを期待してよいものだろうか。有識者の中にはそういう意見の人もいる。その一人がイェルク・ビボウ[16]である。彼は、観点を異にする二つの議論を提出している。

まずビボウは、他のどの通貨も目下のところドルに置き換わることはできないことを確認している。ユーロはドルの代替物には――部分的にさえ――なりえない、とする彼の分析にはわれわれも同意するところである。すなわち、まずアジア新興諸国におけるユーロ建て取引の割合は取るに足らないものである。ユーロ圏諸国ではどうかと言えば、〔国によって〕大きな差が見られる。ユーロ建て輸出の割合と輸入の割合は、それぞれイタリアでは七五%・七〇%、スペインでは六一%・六〇%だが、フランスでは五二%・四五%、ギリシャでは四七%・四〇%と低下する。最後の二国はユーロの過大評価により多大な影響を被る。次に、ユーロは、通貨の中の通貨としての地位を承認させるのに必要な政治力を欠いている。一昨日には、イギリス艦隊がいてポンド・スターリングがあったし、そして昨日には、アメリカの軍事力・政治力があってドルがあった。しかしこの議論が別の意味を持つ可能性がある。一九九〇年代半ば以降アメリカの力の衰退はあまりに明白であり、ドルの地位に影響を与えないわけにはいかない。

もう一つの議論は経済学的なものだ。ビボウによれば、アメリカは、全世界への投資残高とそこから上がる収入によって、巨額の赤字を相殺している。このメカニズムによれば、まず巨額の財政赤字によってアメリカの成長がファイナンスされ、次にアメリカを主要市場とする他諸国の輸出に基づく〔他国の〕成長が引き起こされる。この成長によって、アメリカが他諸国に行っている投資およびそこから上がる収入のフローが増価することになる。[17]以上のことは、アメリカがグローバル・

レベルのリスクを取る投資家へと転化していること、そしてアメリカ以外の国の金利がアメリカの金利を系統的に上回っていることを意味する。[18] しかしこの議論には弱点もある。一方でこの議論によれば、市場はアメリカの純ポジションを常に推定できていることになる。このテーゼは、合理的期待論とほぼ同じものであり、受け入れ難い。他方で、外国投資が生み出す純フローは、現実には著しく大きくなければならないだろう。ところが最近の研究によれば、これが言えるかどうかは疑わしい。[19] 実際にはこのフローは、他諸国の政治・経済の状況に強く左右される。アメリカの政策の影響が全く及ばない要因が多く働くため、こうしたフローは確固としたものではない。

ドルの潜在的危機は何よりもまず、〈アメリカの脆弱性〉という信念《クロワヤンス》が新たに出現したことから始まった、アメリカのソブリン債務の危機である。先に述べたような投機メカニズムを始動させ、次々に堰を築いては崩してきたのが、この信念《クロワヤンス》である。本当を言えばこの債務〔ソブリン債務〕が問題なのではない。むしろソブリン債務は私的主体の債務形成の一環として位置づけられる。しかし私的債務の支払い可能性を決めているのは、公債および政府保証債（機関債と呼ばれる）である。対円でのドル下落はアメリカの貿易赤字によって説明されるのであり、決して公的債務の推移には対応していない。事実、日本の公的債務は、アメリカの公的債務――これはユーロ圏のそれを大幅に上回るのだが――よりもずっと大きい。二〇〇九年十月初めの短い間――ドルがユーロに対して切り上がった――に、金相場が下落せず上昇し続けたこともまた、市場参加者の期待を表す指標である。

今起きているのはおそらくドルの全面的な信頼喪失なのであって[20]、これが、市場参加者がアメリカの通貨を放棄して他国の通貨（ユーロ、円等）を選好したり、価値保蔵手段を一次産品に求めたりする傾向となって現れている。例えば、二〇〇四年末に総額一兆八〇〇〇億ドル弱であった一次産品関連証券は、二〇〇八年六月には一三兆ドル強となった[21]。実は単純なソブリン債務と私的（家計および企業）債務――GDPの一七五％に近い――の並行的推移よりもずっと不安なのが、アメリカの債務総額の構成である。二〇一〇年に公的債務はGDPの九〇％という上限を既に突破しておりこれ以降も増え続けるだろう。ここでは地方団体と連邦諸州の債務を考慮に入れていないことを付け加えておくべきだろう。連邦州の多く――特にカリフォルニア――は破産寸前の状態にある。

この基調的な動きに対して、ごく短期的には、次のような別の動きによって相殺することもできる。すなわち、中央銀行の裁量的行動、市場参加者の一時的な利得、あるいはアメリカにおける新たな銀行倒産に対する防止策のいずれかである。しかしこうした補正は一時的なものにすぎない。ドルの信頼喪失の一部は、今回の危機にも起因している。この危機について欧米では大言壮語が目立つが、世間の人々は皆、危機が決して終わっていないことを知っている[22]。なお今回の危機はまた、国際貿易における新しいアクターの台頭にも関連している。ドル危機は、いわゆる多極世界の誕生が別の形をとったものである。アメリカはもはや、世界規模の覇権を維持するのに必要な力を持っていない[23]。

現下の危機は、予め解が見いだされないままに展開している。アメリカに取って代われる国はないが、アメリカはもはや通貨・貿易に関する世界レベルでの基軸的地位を保持する力も手段も持っていない。〈世界規模で何かを変えることができるアメリカが復活した〉という見方には数字の裏づけはなく、ほとんど錯覚と言ってよい。また、Fed〔連邦準備制度〕がQE（量的緩和政策）[24]を実施しなければならなかったことは、今回の復活も弱かったことの証明である。市場参加者たちのうちで、アメリカ通貨の差し迫った危機から利益を得る者は一人もいない。なぜなら、それは資本損失を引き起こすからである。そこで市場参加者たちは、自らの資産を分散する操作を開始した。この分散化プロセスが一定の閾値に達するや否や、ドル危機が起こる可能性は大である。二、三年のうちに分散プロセスの加速がドル危機を駆り立てる可能性があると考えられる。この状況の下では、また二〇〇九年秋のG20ピッツバーグ・サミットの失敗と二〇一〇年六月末のトロント・サミット時における同じ失敗の繰り返しとを考慮に入れるならば、新ブレトンウッズ会議に要約されるような安定的な適合解の出現可能性は短中期的には排除してよい。これから世界が直面することとなる不安定性は、採用される解に応じて様々な布置を取るであろう。

実は、先に述べたように、現下の危機によってユーロは、ドルにとっての最良の防護となっている。金融市場参加者たちはまた、ユーロ圏の――かなり現実的な――弱点を、そして危機管理メカニズム――世間では誰もが時間稼ぎにすぎないと見ている――の欠陥を注視している。金融市場参加者たちはさらに、一時的待避先を米国財務省証券の保有に求めている。しかしその大部分は短期（三カ月物）証券である。こうした状況からは、ドルの「強さ」を結論することはできない。当事者たちの心に疑念が生じるや否や、ドルからの離反が急速に進むだろう。ユーロが軟化するとき、まずは突然のドル高が起きるが、その後、投機の波がアメリカの通貨に対して正面攻撃を加えるだろう。

それゆえ、現状では次のようなパラドクスが存在する。いかなる代償を払ってでもユーロを救済しようと望む人々は、現実にはドルの防衛を通じて、これまでに経験した混乱を永続させることにしかならない。しかしいっそう微妙な第二のパラドクスも存在する。すなわち、確かにユーロはまだ助かるだろうし、それとともにヨーロッパ内の金融政策協調の原理も救われるだろうが、そのための条件は、全くバラバラな構造的インフレ率の存在にシステムを適合させるべく、単一通貨の原理を放棄して共通通貨——各国通貨を補完するもの——の原理に移行することだ、というパラドクスである。ユーロ信奉者のなかにはいかなる代償を払ってでもユーロの現在の地位を守ろうとする人もいるが、しかしそのことは、かえって危機を深めるだけであろう。というのも現下の状況の下では、誰も、経済的異質性が増していく圏域における単一通貨——しかも本来の意味の連邦予算は存在しない——という構造的欠陥を打開することができないからである。

以上二つのパラドクスは、国際通貨システムの悲劇とでも呼べるものを助長する。これが悲劇であるのは、世界中の人々がこのシステムの潜在的危機を認識している場合には、頼みの綱としている解が現実には危機を悪化させるにすぎなくなるためである。どちらの側の人々の政策態度も、今日復元されてもいなければ復元できもしない文脈についてのイメージに囚われたままでいるので、表明されている意図とは反対のことが起こってしまう。こうして、ユーロ圏の擁護者たちがいつの間にかユーロの反対者に代わり、ドルの反対者たちがいつの間にかドルの良き支持者に転換することになるのである。

通貨間の戦争へ？

今日最もありそうに思える解は、多様な通貨同士の、および多様な価値準備手段同士の野放図な競争である。一次産品相場のパニックの中で垣間見える限りでの、われわれが向かおうとしている将来とは、そのようなものである。

こうした状況の下では、主要通貨（ドル、ユーロ、ポンド、円、そしておそらく元）間の平衡《パリテ》価格はかなり大幅に変動せざるをえなくなろう。経済に及ぼすその破壊的効果もかなり大きいだろう。というのも、相対価格（ユーロ建て価格の財をドル建てや他の通貨建てで表したもの）が急激に変動することになるからである。一方向ないし他方向への一五—二五％の変動が、短期間のうちに十分起きうる。例えば、過去にも、数カ月間でユーロが一・三〇ドルから一・五〇ドルへ上昇、今度は突然に一・二〇ドルへ下落、その後に一・三五ドルへ再上昇したことがあった。このような変動は経済計算を次第に困難ないし不可能にしていき、したがって国際貿易を実行不可能に、少なくとも極端にリスクあるものにしていくだろう。このようなシナリオにおいて留意すべきは、一次産品価格が全般に大きく変動せざるをえなくなることである。というのも、一次産品がその必要性に比例して「価値準備」となるからである。かくして、石油の価格だけでなく、穀類・コメ・肉・牛乳の価格もまた大きく変動せざるをえなくなる。金融グローバル化の結果としてこれらの市場における変動性が強まると、ちょっとした噂でも相場が動いてしまう。このことは既に穀物について確認されている。二〇一〇年夏、大量の備蓄があったにもかかわらず、穀物相場が大幅に上昇したが、これはもっぱら、ロシアの干ばつによる穀物不足の可能性が懸念されたためであった。

ここでも相対価格の問題が提起されるが、ここでは右の諸財の「交換関係」が問題である。これらの価格が急激に変化すると、局所的市場が完全なカオスへと投げ込まれる。現実には、金融アクターの投機圧力に対抗できるいかなる力も存在していない。このとき金融アクターは一次産品も運用先の一つとしか見ていないし、この先ますますそうなるだろう。この場合、発展途上国の立場は非常に困難なものになる危険がある。富――鉱物であれ農産物であれ――を保有する人々は、最低でも一年から三年は価格変動に直面するだろう。ブーム・バスト（「成長‐危機」）サイクルが加速的に展開されるか、投資を犠牲にして巨額の準備基金を構築するよう強いられるかするだろう(25)。景況の不安定性は長期的投資を阻害し、より投機的な投資および不動産を有利にする。このような条件の下では、一般に発展の論理は不安定性に苦しめられるだろう。それゆえこうした中では、通貨圏と通貨圏の間の貿易の激しい変動が、しかも既に危機の中で記録されたよりも大きな収縮が起きるのではないかと懸念される。この収縮は、社会的・エコロジー的保護主義の推進によって引き起こされる収縮よりもずっと大きいものとなろう。もしも用心を怠るならば、われわれが行き着く先は、保護主義ではなく、本物の自給自足となるだろう。

実は、現下の状況は、地域的通貨がドルの代替物として登場するのにかなり適している。国際通貨システムのより全体的な改革を期待しつつも、地域的通貨によって全般的な変動性を抑制し、地域の加盟諸国に対して安定性の諸条件を保障することができよう。ただしこの解はユーロ圏の例に倣うものではないだろう。既にユーロ圏の限界は知られており、満足のいく成長レジームをユーロ圏内部に確立できないことは明らかである。それゆえ将来は既定ではなく、現下の危機からは、国際経済関係を脅かす無政府状態が生み出されるかもしれないし、また地域的通貨の集合体に基づく秩序ある脱グローバル化が生み出されるかもしれない。

ロシアと中国の立場

以下では、大きな新興国、特にロシアと中国がどのような戦略を採用する可能性があるかを明らかにしておきたい。

ロシアの公式見解が発表されたが、そこにはジレンマが含まれていたと言ってよい。すなわちロシア首相による声明は、ロシアがユーロ圏の堅持を加盟諸国に要求する内容であったが、債務の一部を解消するためにＥＣＢが通貨を創出する必要性には言及していなかった。[26] この主張は、ユーロモアが込められているだけでなく、われわれのために教訓を垂れてもいる。しかしそれ以上の含意がある。すなわち、この主張には、ロシアがユーロの将来に利害関係を有していることが表明されているのである。

大幅なユーロ安は、貿易に関してだけでなく、自らの為替準備の価値に関してもロシアにマイナスの影響を及ぼす。四五〇〇億ドル以上に増加した為替準備は、約四〇％がユーロ建て証券からなっている。それゆえユーロが突然に減価すると、約一八〇〇億ドルがリスクにさらされることになる。しかし最も重大なのは対外貿易の問題である。ロシアの輸入は約四一％がユーロ圏諸国からのものである。ユーロ安になれば必ず、自国市場におけるロシアの競争力は低下するだろう。またロシアのガスのかなりの割合が、長期契約の形をとって、ユーロ圏に販売されている。それゆえユーロ安になれば、ロシアの輸出価額が減少するだろう。以上すべての理由から、ロシアはユーロ為替相場の維持さらにはその上昇――こちら〔ユーロ圏〕側の利益にはならない――に直接的な利害関係を持つと言える。ただし、ロシアの大企業は外国から巨額の借金をしており、その債務の一部がユーロ建てであることも考慮に入れなければならない。大企業にとってはユーロ安は明らかに有利である。

またロシアは、現代化を進める中で、大量に資本財を購入していくことが確実である。もちろんアジアからの購入も可能であり、既に日本・台湾・韓国で調達が始まっている。しかし資本設備の大きな割合は、ユーロ圏（ドイツ、イタリア、フランス）で調達せざるをえないだろう。だとすれば、持続的なユーロ安は、現代化関連の購入費用の低下につながる。これに加えて、ロシア産業の現代化のために、ロシア企業がユーロ圏企業を買収する可能性がある。以上のように、ロシアにとってユーロ安の再開・加速が有利である理由もある。

かくして、ここで考えている時間的視野に限っても、ロシアの利害には進化が見られる。短期的には、ロシアにとってユーロの価値の維持が有利であることは否定できないとしても、中長期には、この利益は少なくなる。むしろ真の問題は、ロシアが望む国際通貨システムが危機に瀕しているということだ。数年来ロシアは、国際取引におけるドルの役割を低下させようとしてきた。二〇〇九年初め以降、ロシアは、国際通貨システムの改革を主導する意思を表明し、IMFの特別引き出し権（SDR）を重視してきた。中国もこの立場を共有している。[27] もっと言えば、中国はこの点に関しては、ロシアの後塵を拝している。[28]

実は中国もジレンマに直面しており、これは、ロシアが直面するジレンマと似たり寄ったりである。人民元切り上げを求めるアメリカの圧力は次第にきつくなってきているが、今まで中国はこれを拒否してきた。中国は、そのような解が競争上不利になると考えただけでなく、一九九八年危機のときアジアの主要新興国が大幅な切り下げを進める中で〔中国だけは〕切り下げを思い止まることによって、既に多大な努力を傾けてきたとも考えている。また、人民元がドルに対して切り上げられるならば、私的アクター・公的セクターが保有しているドル建て資産は減価するであろう。しかし他方、中国のアクターたちは、自己のドル・エクスポージャー〔ドル建て資産の保有による為替リス

ク の引き受け」を減らそうとしている。このことを示唆するかのように、国際通貨システムの全体的改革が停滞している現在、彼らは一次産品への投資によって資産保全を図っている。ところが、この動きを通じて彼らは、国際通貨（および金融）システムのさらなる不安定化を招き寄せてしまっているのである。以上の諸条件を考慮するならば、中国が全体的改革を後押ししようとしていることも首肯しうる。

かくして、ロシアの主張――SDRの国際通貨化――は、ドルの大きな変動から身を守ろうとする他の国々の立場と収斂する。しかしロシアの提案はアメリカの反対に遭い、かつまたIMFの構造による抵抗にも直面している。これを乗り越えて、提案が正しく取り扱われることがあるとすれば、SDRがもっぱらアメリカへの信用供与手段としてのみ役立つのではないことが条件であることは明白である。しかし今のところこの提案を適用できる状態にはないと思われるので、中間的な解について考えねばならない。

短期的な見通しに関して、ロシアのエリートたちの間では大きな論争が起きている。これは、ドルへのオルタナティブを考えようとしない人々と、ロシアに必要であればロシアの通貨を――少なくとも地域規模における――準備手段に押し上げようとする人々との間での論争であった[29]。最近になって再びメドベージェフ大統領が言及しているのは、後者の目標である[30]。ただしこのことから、ロシアの長期的立場について速断すべきではない。確かに、ロシアが国際準備手段の定義という問題を率先して提起していること、そしてこの定義に貢献しようとしていることは明らかである。しかしロシアはもっと短期の目標も追求しているのである。

以上より、国際通貨システム改革による解は期待すべきではない。このシステムが目下直面している危機は長引かざるをえない。おそらくいろいろな解が現れることだろう。しかしどの解も不安定・部分的・一時的という判定を下されることだろう。ドル本位制の下では世界はうまくやっていけなくなってきているけれども、依然としてアメリカは別の——より首尾一貫した——システムの誕生を妨害できるだけの力を有している。他方で、大多数の国にとっては、輸出増加が明確な解であり、われわれは国際貿易が常にゼロサムゲーム以外のものでありうることを——特に景気後退や不況の局面においては——信じたがっている。だがどちらの側の意思も、新システムの出現を不可能にするだろう。経済成長に関して効率的であると同時に金融領域において安定的であるような真の解を見いだすには、金融グローバル化とよりもむしろ商品グローバル化との明確な断絶が必要である。

地域的な通貨を創設することが要求されるとしたら、様々なレベルの防護によってそれを投機から守らなければならないのであって、〈どうにかして金融グローバル化の流れに乗ろう〉などと考えるべきではない。地域的な通貨は秩序ある脱グローバル化の手段であり、一つの圏から他の圏への伝染のリスクを減らすものである。この通貨は「共通通貨」として機能しなければならない。つまり、こうした通貨は、各国間の協調に適合した成長レジームの基礎を築く責任を、各国通貨にそれゆえ各国金融政策に負わせることによって、(圏と圏の間の) 国際取引の手段として機能しなければならない。この共通通貨は、自由貿易ではなく完全雇用を基調とする地域的な貿易機関と組み合わされれば、さらに有効であろう。

やがては、ケインズが一九四二年に提案したバンコールから着想を得たシステム、ハバナ憲章の方針に基づいた貿易機関と接合されたシステムへと移行することが可能であろう。いずれにせよ来るべきシステムは、地域レベルにおける相互の努力を喚起し、そのことを通じてＷＴＯの終焉を告げるものでなければならない。

第10章　フランスに有利な解とは？

この三〇年というもの、フランスは、協調的な解を追求してきた。ユーロについても国際市場のルールについても、あらゆる行動手段を潔く放棄し、国民的な政策を断念してきた。根拠についてはここでは問わないとしても、このような姿勢ではわが国が笑い物になるだけだということは強調しておきたい。というのもこのような姿勢は、集団的な解を支配的なものにしようとする共同意志が存在する場合にのみ意味を持つからである。ところがそうした共同意志は明らかに不在である。他の国々は国民的な政策を進めているのだが、現在および過去のわが国の指導者たちにはこれが気に入らない。だが今日のヨーロッパは、五〜一〇カ国を管理するために考案された枠組みが二七カ国に適用されたことによって瀕死状態にあり、そこには集団的意志は欠如している。活力が見られるのは、各国のおよび――何よりもまず――ドイツの利己主義だけである。

さらに言えば、ヨーロッパは解というよりむしろ問題の一部である。ヨーロッパ信奉者によれば、ヨーロッパはグローバル化からわれわれを保護してくれるものである。ところが既に知られるように、むしろヨーロッパはグローバル化――商品グローバル化であれ金融グローバル化であれ――の強力な媒介者であった。今日では、ユーロが――現行の機能・組織化の様式ゆえに――アメリカ市場で生み出されたいわゆる「毒入り」商品〔サブプライム関連証券化商品〕によるヨーロッパ諸銀行の汚染を加速してきたことは明白である。ヨーロッパ諸銀行が直接間接にこうした証券を大量購入するよう強いられたのは、ユーロによって引き起こされた相対的不況のせいであり、この相対的不況には開放のルールと、ヨーロッパを席巻する競争の支配とが関与している。もちろん、われわれが別の政策をとっていたならば、すなわち、ユーロ圏が高成長促進的な金融政策を採用し、かつユーロ圏の域境で適切な資本管理を導入していたならば、この十年のバランスシートは別様なものとなっていたであろう。しかしそのようなことは行われなかったし、今さら後悔しても既に遅いのである。

政策の協力・協調が有利でありうるとしても、協力・協調は共同的目標に資するものでもなければならない。この点に、わが国の今のジレンマがある。わが国が一九八〇年代初め以降に敷かれた道に踏みとどまるならば、破滅の道をたどるだろうことは明らかである。しかしこの点だけで、わが国が今の政策と手を切るに至るだろうか、また貿易相手諸国が政策変更に理解を示すようになるだろうか。

ここでわれわれは、協調的行動に一方的行動を対置したい。協調的行動〔を進めること〕は大きな誤りであるが、しかしこの誤りは、論理的反省の放棄や不在からの帰結というよりむしろ、われわれに自国を低く評価し他国を賛美するように促すイデオロギー的圧力（フランスの「悪いところ」とか「遅れているところ」といった言説が示すように）から生み出されているのである。ここで次のことを再度確認しておかねばならない。一方的行動と協調的行動とは深いところではむしろつながっている。協調的行動によって一方的行動の効果が減退することがあるし、一方的行動が他の意思決定者に文脈の――それゆえ優先順位の――修正を強いることによって協調的行動への障害物が乗り越えられることもある。したがって、二つの行動を接合し、野心的目標へと動員するならば、現在直面している経済的・政治的、そして最後に道徳的な危機に対する解が見いだされていくだろう。

時間の問題

ここで再び問題についての確認をしておきたい。わが国は、商品グローバル化（要するに自由貿易）と金融グローバル化の組み合わせによって苦境に陥っている。それにわが国だけでなく、ヨーロッパの中心部――拡張して言えば主要諸国、それにいわゆる「第三世界」――も同じく苦境にある。グローバル化という一般的運動の二側面は、どちらも行き過ぎであり、それぞれの固有の限界に突き当たってしまった。今後二、三十年は潮の流れが引き戻されるように、グローバル化が後退していくであろうことは否めない。ただしこの後退は――既に述べたように――多様な形をとるであろう。グローバル化の後退はどのみち人間行動の産物であり、神話的で超自然的な「諸力」を見た者などどこにもいない。

今日、商品グローバル化は三つの大きな現象となって現れている。まず、中国の経済的・通商的な勢力拡大による圧力がある。注意しておきたいのは、この圧力が中国の成長から発生しているのではなく、中国モデルの輸出志向から、およびわれわれが〔国際的〕開放に努めていることから、発生しているということである。別の発展モデルも十分中国の人々の手の届く範囲にあるのであり、彼らはそういうモデルを追求すべきだ。居住者が一五億人以上いる国なのだから、巨大な国内市場を利用すれば正統性のある成長を十分に実現できるであろう。同じ推論は、インドというもう一つの大国にも適用できよう。次にEUはその内部に、「新規参入」諸国がとった戦略——大陸ヨーロッパの政治指導者と大企業との結託を前提としている——による問題を抱えている。この戦略は、中国の経済戦略と同じ効果をヨーロッパの規模において再生産しようとするものだが、「新規参入」諸国の国民にとっては別の効果もあった。これについては既に、彼らはわれわれから奪うものとの関係においてしか利益を得ていないことを明らかにした。最後にドイツの戦略という問題がある。この国は輸出能力を頼みの綱としてきたが、これは、この国の命運を今や世界経済の変動に委ねる危険な選択である。今日ドイツは、対新興国の貿易収支が赤字になりつつあるため、EUに〔輸出を〕集中せざるをえなくなっている。

ドイツの貿易収支（**表10**）を考察すると、三つのことが注意を引く。第一に、ヨーロッパ上位六

表10　2009年ドイツの貿易収支

（単位：10億ユーロ）

	輸 出	輸 入	収 支
フランス	81.941	54.559	27.382
イギリス	53.156	33.174	19.982
オーストリア	48.235	29.094	19.151
ベルギー	42.156	29.242	12.914
スペイン	31.296	19.257	12.040
イタリア	51.050	39.684	11.367
ポーランド	31.626	22.768	8.858
スウェーデン	15.879	10.417	5.462
ギリシャ	6.657	1.854	4.804
デンマーク	13.271	10.443	2.828
ポルトガル	6.173	3.555	2.618
ルクセンブルク	4.653	2.849	1.803
フィンランド	7.100	5.330	1.770
ルーマニア	6.702	5.276	1.426
エストニア	0.975	0.374	0.601
ブルガリア	1.948	1.381	0.567
ラトビア	0.869	0.408	0.462
キプロス	0.630	0.175	0.455
リトアニア	1.457	1.167	0.291
スロバキア	3.148	3.087	0.061
マルタ	0.317	0.258	0.059
スロバキア	6.733	7.379	–0.646
ハンガリー	11.932	14.115	–2.183
チェコ共和国	22.636	24.909	–2.273
オランダ	54.142	58.044	–3.902
アイルランド	3.712	13.848	–10.137
ヨーロッパ計	508.395	392.637	115.758
アメリカ	51.474	33.338	18.137

出所：comptes nationaux allemands.

カ国（フランス、イギリス、オーストリア、ベルギー、スペイン、イタリア）に対して実現されている貿易黒字がかなり大きい。それは、総額約一一六〇億ユーロのうちの、約一〇三〇億ユーロである。フランス・スペイン・イタリアだけで考えても、既に五一〇億ユーロの黒字である。第二に、ドイツの対アメリカ黒字は相対的に少ない。黒字一八〇億ユーロは、対フランスの黒字（二七〇億ユーロ）と比べてだけでなく、対イギリスや対オーストリアの黒字よりも小さい。このことから、ドイツの黒字がいかに地域的に集中しているかが明らかである。ドイツの黒字は、四分の三が対EU諸国で占められている。第三に——前の二つと同じくらい重要であるが——、ドイツはチェコ共和国、スロバキア、ハンガリーに対しては赤字である。ところがこれらの国は経済的に遅れているし、一次産品を産出するわけでもない。これらの国への赤字が意味しているのは、メイド・イン・ジャーマニーからメイド・バイ・ジャーマニーへの転換プロセスである。ドイツは工業部品の生産を中欧近隣国へ分散させ、最終組み立てのみを自国に留め置くことによって、下請け業者による生産の効果（高生産性、低コスト）を吸収した製品を、他の国々に販売できているのである。

こうしてわれわれは、一つの文章でもって〈ドイツは工業財輸出国であり、かつ脱工業化している〉と述べることが矛盾ではない理由を理解できる。ドイツにおける工業雇用統計の推移は、この国の脱工業化の傾向を裏づけている。脱工業化傾向は、社会的には、労働者やサラリーマンの賃金を相対的に——しばしば絶対的にも——低下させる効果がある。ドイツは好調であるかもしれないが、その国民の生活は、ますます多くの富（アメリカよりも小さい規模だがフランスよりも大きい）

を蓄積している最富裕の一%を除いて徐々に悪化してきている。最富裕の一%が国民所得の一二%以上を占めるというのは、一九二〇年代末～一九三〇年代初めの歴史的水準を超えて、ナチズム時代の一九三六年や一九三七年に達せられた水準に近づかんとするものである。

ある意味、この現象はユーロの産物であり、いわゆる新興諸国においても、先進国全体においても、金融の自由化を通じて、投機活動の重圧は、金融グローバル化のインパクトを示している。金融グローバル化の影響は大きくなった。投機活動の重圧はドイツでも確認される。ドイツでは、銀行システムが加速的に発展したが、それにともない銀行システムの活動は実体経済から次第に遊離してきた。ドイツにおける金融の遊離は、一九九〇年代半ばまで遡る。

ユーロはグローバル化に対する防衛線として位置づけられたが、実際には、グローバル化の影響を加速させてきた。ユーロという防衛線は、強い通貨国ドイツとその貿易相手諸国との間の妥協のうえに、構築された。ドイツは、近隣諸国がドイツの輸出品のために——不意に減価する恐れのない——市場を開放することと引き換えに、当時は近隣諸国よりも低かったドイツの金利を贈呈することに同意した。このようなことが（通貨圏理論がではなく）ユーロの根本的な存在理由であり、いわば測り知れないほど大きな取引を正当化するために常にユーロはいろいろな方向に歪められてきたのである。[1] ところが二〇〇七年末以降、市場は心拍停止してしまった。ドイツと近隣諸国との間の金利が再び乖離し始め、しかも、今日ギリシャ、アイルランド、ポルトガルについて見られるように乖離はしばしば劇的であった。フランスのように（当面は）低リスクと見られる国でさえ、金利は着実に上昇している。当時のヘルムート・コール首相がユーロは単一通貨なのか共通通貨――当時からわれわれはこれを提案していた――なのかを問題にしていたことからわかるように、この妥協はドイツにとって絶対的な必需品だったのであり、この点は今でも変わりないものとわれわれは考えている。分別ある解（共通通貨）から無分別な解（単一通貨）へのこうした転換を後知恵で正当化しようとする言説はどれも、連邦ヨーロッパへの前進という口実の下に、この事実についてのやや念入りな正当化をでっち上げるものでしかなかった。

今日、当初の妥協が崩れ去ったことは明白だ。しかしドイツは既に、近隣諸国の市場から期待できる利益をすべて――またはそれ以上――引き出している。ユーロは、金融的投機からどうにかして自己防衛しようという政策を妨害する要因となってしまったのである。

諸目標

次のことを確認しておきたい。すなわち、優先目標は社会進歩に置くべきであり、そのためには完全雇用の達成が重要だということである。繰り返しになるが、社会の原状を（危機以前の）八%という公式の失業率――実質的な失業率だと一二～一四%となる――で表現しようというのは無意味なことだ。経済成長の復活に基づいてのみ野心的な社会政策は可能となるのであり、当の経済成長はまた直接に、その社会的内容から影響を受けるだろう。かつてなかったことだが、われわれの間で現在作動しているものは、社会的なものと経済的なものの統一体なのである。

以上のような目標は野心的に見えるかもしれない。実際、現行の枠組みにとどまる限り、目標は野心的と言ってよい、つまり目標は達成不可能となるかもしれない。現行の枠組みの下では、「価格を下げコストを削る」よりほかに道はない。この道は、万人の万人に対する激烈な競争から始まり、そしてわれわれの社会的枠組みの間断なき低級化へと通じている。例えば、いかなる消費の回復も、対外不均衡を強める要因とならざるをえない。投資の回復についても、現行の価格、現行の為替相場の下ではフランス以外の場所に投資するほうが利益が大きくなることを考慮しないといけない。しかし、この枠組みからの脱却を受け入れさえすれば、逆に上記の目標は極めて穏当なものとなる。ちなみにこの枠組みに関しては、自由貿易を行うだけで労働力人口の約五％（公式の統計において）に相当する失業増加が起きることが既に知られている。

ここでの野心とは、〔以前と〕同じ大きさの成長を復活させるだけでなく、創出される雇用のうちの産業雇用の割合を高め、その産業雇用の下で環境破壊レベルを下げる——直接的に（種々の公害を減らすことによって）であれ、間接的に（輸送走行距離を減らすことによって）であれ——ことも同時に確保する新しい発展図式を導入しようというものである。創出される総雇用量のうちの産業雇用の割合を高めようというのは、産業雇用のほうが、人的支援関連のサービス雇用よりも報酬が多いためである。実はこの目標の根底にあるのは、真の意味の社会選択である。われわれは、金融・観光・対人サービスを中心に編成された社会を望んでいるのだろうか。この種の社会は、極めて大きな所得格差、そしてごく一握りの「スーパー・リッチ」層の長期固定化を含意している。それとも、われわれは重要な産業を核として——しかも刷新された条件の下で——編成された社会を望んでいるのだろうか。[2] この種の社会は、付加価値および一国の富についての分配改善を担保しており、前者の社会よりも多くの連帯・協力の価値を生み出す。以上より、完全雇用（数量目標）と再工業化（質的目標）とを同時に目標設定すべきである。

この目標は、ヨーロッパが達成を目指していることに対応している。あらゆる犠牲を払っての競争、あらゆる方向への開放に関するドグマが染み込んだ現行の政策を、重要な公共サービスの発展に基づく成長政策に取って代えることは、万人にとっての利益となる。新しい輸送インフラを発達させるならば、エネルギーの浪費や温室効果ガスの発生を抑える「グリーン」成長が促進される。ところが今日、そのようなインフラの発達は、大規模ネットワーク活動に関する欧州指令を一時凍結させないと実現できなくなっている。

もっと具体的に言えば、今後の行動は三つの方向で展開しなければならない。第一に、真正のソーシャル・ダンピングやエコロジカル・ダンピングによる影響を被っている国があるので、これを相殺するための保護措置を講じなければならない。すなわち、EU域境においては重税を、EU内部では社会的《ソーシャル》およびエコロジカル補償金を設定すべきである。ここでの税は、輸入のコストを高めることによって、域内生産者の競争力を回復させるものである。得られた税収は、この税の対象となっている国における——社会的《ソーシャル》・エコロジカル領域の進歩を可能にするための——基金に充当すればよい(3)。

第二に、単一《ユニク》通貨の論理から共通《コミュン》通貨の論理へ移行することによって、様々な加盟国の構造的インフレの格差が尊重されるようユーロ圏を進化させる必要がある。しかしそれだけでなく――かつこの点が重要なのだが――、ユーロ圏を自給自足的《アウタルキー》にとまでは言わないまでも、少なくとも金融圏として機能させるためには、ユーロ圏の内部における短中期資本の移動を大幅に制限することが必要である。ユーロが単一通貨であり続ける中間局面にあっては、公的赤字の一部に対する直接金融のメカニズム――いろいろな国の財務省への貸し付けによる――を設けなければならないだろう。

第三に、規制の側面については、競争と公共サービスに関する欧州指令を改定し、ユーロ圏各国における産業政策の実施やインフラ（エネルギー、輸送、通信）の建設を容易化すべきである。なお、この措置とあわせて、公的な信用センターを創設すべきである。このことは規制を通じて実現できるのであり、その狙いは、貯蓄の変換を確固たるものにすることによって、ＰＭＥ（中小企業）とＰＭＩ（中小産業）の経営資金を確保しようというものである。公的センターが機能するには、銀行間競争を強く制限することが必要である。そうしないと公的センターはナティクシス〔仏庶民銀行の事業中央機関〕のように乱脈経営に走る恐れがある。こういうわけで、この措置と並行して、いくつかの欧州指令を一時停止する措置が必要と考えられる。この領域においても、ヨーロッパを支配する「自由で歪められていない競争」の原理を無視しなければならないことは、十分明らかである。

以上三つの措置を手段に用いることによって、ユーロ圏レベルでの景気回復政策が可能になるだろう。今や、対外赤字の中で政策の効果が失われる心配も、外見上の公的債務の重圧（金利で見た公的債務のコストは複数の国で大幅に低下している）に押しつぶされる心配もなくなる。このことにより、ほどなくやってくるとされる危機は回避されるだろう。またユーロは、成長の要求に合致する水準である〇・九〜一ドルまで低下するだろう。

ここでわれわれは、このような政策が不可能なものであることも指摘しておきたい。というのも、以上の政策は、EUないしユーロ圏の諸国の間に一定水準の政策的同質性があることを前提しているからである。しかしそれ〔政策的同質性〕を実現することは、たとえ夢の中であれ不可能である。以下の点を確認しておきたい。すなわち、当面は上記のような政策が実施されることはないだろうし、貿易相手諸国全体のために実施されることがあるとしても、それは協議を通じてではない、ということである。しかし二七カ国に不可能なことが、二七カ国よりも小さいグループにおいては――フランスの意思決定について納得することが条件であるが――可能かもしれない。ここで言っておきたいのは、この十分に協調的な解は飛び抜けて最良の解であるが、現在の状況の継続は最悪の解だということである。口先ばかりで行動を起こさないやり方とは手を切り、まず行動しその後に語ることを習慣にすべきである。

手本になるという徳行

以上のことから、手本を示すことは徳行《とっこう》であると考えるべきだ。グローバル化の一部を除去しようというわれわれの改革は、グループ諸国によって共有されれば、もっと有効なものになるだろう。このときに提起されるのが、このグループ諸国はヨーロッパということになるのか、もしくはどの国がヨーロッパに所属しうるのか、という問題である。

制度的な存在としてのEU二七カ国は、グローバル化との訣別を進めるための条件を満たしていない。EUは、グローバル化のプロセスにあまりに深く関与しているので、われわれの主張が他〔フランス以外〕の二六カ国を惹き付けるであろうことは期待できない。これまでブリュッセルの指令は、グローバル化の媒介者としての役割を果たしてきた。しかし他面、EUでは狭すぎるのである。実は、われわれが構想するプロジェクトは、EU外であるが必ずしもヨーロッパ（ここでは地理的な意味）外ではない国々も対象にしている。例えばロシアはこれに含まれる。またわれわれのプロジェクトは、ヨーロッパ再構築に乗り出そうとしている国々の関心を引く可能性もある。実際、提示されている選択は、低成長とグローバル化への従属をもたらす現在のヨーロッパの道を進むのか、それともできる限りの高成長、完全雇用、新しい社会的プロジェクトの始動を優先させる新しい流れを作り出すのかというものであり、この選択はわが国の貿易相手諸国の間に決定的な確執を引き起こすだろう。ただし、この選択は仮想現実的なものであってはならない。最初に後者の選択肢による措置を一方的に実行するとき、現実にわが国に続く用意のある国はどこなのか、われわれは見極めるべきである。また、まずは一方的に措置を講じるのは、われわれに課されている足枷から解放されるためというよりむしろ、あまりに遅れをとったがゆえに今や緊急を要する訣別を促すためである。

これによりわが国がEUから仲間外れにされると言う人もいるだろう。なぜなら、われわれはもはやEUの諸条約を尊重しないからである。しかし欧州指令よりも各国のルール・法のほうが上位にあることは、ドイツにおいてカールスルーエの憲法判断の際に改めて確認されている。この点は知っていただきたい。つまり二〇〇九年六月三十日の判決では、EUにおける民主主義プロセスの限界ゆえに、国民国家のみが民主主義的正統性の受託者であると明言されているのである[4]。何らかの欧州指令に関してその適用の一時停止を決定するとき、理はわれわれの側にあるであろう。指令を改定して金融グローバル化と商品グローバル化に関する討議を再開するようEUに命じるか、それとも、EUが解体のプロセスに突入するか、そのどちらかしかない。それというのも、わが国が提案する諸措置には、近隣諸国に対して、できる限り早く模倣するか、自国の状況悪化に甘んじるか〔の選択〕を迫る効果があるだろうからである。それゆえこれは決して「孤立した騎士」の政策ではない。諸措置には大いに意義があるから、近隣諸国は模倣に駆り立てられ、そこからの新しい協調へと道が開かれるに違いない。ただしこれらの諸措置はおそらく、われわれの知るヨーロッパの死と、新しい同盟《アリヤンス》の誕生とを意味するであろう。

どのような手続きをとればよいだろうか。多くの人々は、今直面している非常事態に適用できる手段がフランス憲法にあることを忘れている。第一六条〔大統領の緊急措置権についての規定〕がそれである。今日、〈われわれの制度（社会制度を含む）の機能も国の独立も差し迫った脅威にはさらされていない〉と異議を唱える人はいないであろう。よって第一六条の利用には十分に理があり正統性もある。また、講じられる措置は、国務院の判断を必ずしも必要としない「統治行為」である。(5)

以上を踏まえてユーロの事例を考えてみよう。ユーロ圏を離脱しようとする必要は全くない。むしろわれわれの関心は、ユーロ圏の進化を追求することにある。既に述べたように、国民諸通貨の上に付加された共通通貨を軸とした金融政策協調圏を目指して、ユーロ圏を進化させようというのである。政府は第一六条に則って、フランス銀行にユーロ建ての国庫前渡金を取り扱わせ、国庫証券取引を通じて買い取られる公債部分をこれでカバーするよう要求することができる。こうすれば、金利負担を減らせるだけでなく、格付け機関からの圧力も免れることができよう。公債の最終的なファイナンスに不安を抱く必要はない。何よりもまず海外投機によって貯蓄が減らないよう措置を講じるならば、わが国の今の貯蓄率で十二分に足りるのである。資本管理を復活させることによって、自国金利に対する支配は回復するであろう。

もちろん、ドイツ政府が憤慨し抗議してくることは想定しておくべきだ。しかし、ドイツにはどんな行動の可能性があるだろうか。一方で、ドイツがいくつかの隣国（オランダ、オーストリア等）

とともにユーロ圏からの離脱を決意することは考えうるが、これを行えば、ドイツはその貿易の構造からして足元に大きな傷を負うことになろう。というのも、マルクを復活させるとすると、為替相場の急上昇が（それゆえフランスには有利な切り下げが）起こるからである。もう一方で、ドイツが、共通通貨の原理へとユーロ圏を徐々に進化させていくための協議を受け入れることが考えられる。しかし共通通貨の原理は、貿易相手国の側の急激な通貨安に対する補償を含意している。前者の場合にしろ後者の場合にしろ、わが国の利益となる。〔上記の諸措置を講ずる結果として〕二つの仮説のうちの後者（協議体制に対応する）の可能性はなくなるけれども、前者の可能性は残されている。

種々の論点に言及してきたが、まとめると次のようになる。すなわち、上記のような政策がわが国に有利であることにより、他の国々はわが国を模倣するよう直ちに促されるであろう。そうなれば今度は、欧州条約を改定するための交渉、すなわち新規加盟諸国を加えた新しい国家グループをベースにして条約を書き直すための交渉を開始する可能性が出てくるであろう。

ここで述べたシナリオは、フランスの「栄光の孤立」のシナリオではなく、カードを切り直し、貿易相手諸国に決断を迫る訣別のシナリオである。最終的にわれわれは、ヨーロッパの建設を再び軌道に乗せる可能性を、決して踏み外してはならない道——完全雇用と社会進歩の道——をそこに組み込む可能性を得るであろう。これまでとは違い、禁欲の布教者が口を開く出番はないのであって、むしろわれわれは、その昔ダントンが垂れた印象深い次の教えからヒントを得るべきなのである——「大胆であれ、さらに大胆であれ、常に大胆であれ」。

訳者あとがき

本書は、Jacques Sapir, *La démondialisation*. Points (Éditions du Seuil), 2011 の全訳である。本書には第1章にいくつかの章節を加えたものの翻訳（井村由紀訳でE・トッドほか『自由貿易という幻想』藤原書店、二〇一一年に所収）が既に別個にある。当時は、日本政府のTPP交渉参加方針への批判という文脈の中で、自由貿易の成果に関する統計的錯覚を暴露した部分（第1章）が特に注目されたものと思われる。ところが、昨年のイギリスEU離脱《ブレグジット》の決定と今年のフランス大統領選におけるマリーヌ・ルペン（ユーロ離脱派とされる）の善戦をきっかけに、フランスのユーロ離脱戦略に関する理論家としてのサピール氏の名が広く知られるようになった。それとともに、ユーロ圏解体の提案を含む氏の脱グローバル化《デグロバリザシオン》（ないし脱世界化《デモンディアリザシオン》）論の全体像を日本に紹介することの重要性も高まってきた。そこで今回、本書の全体を新たに翻訳・刊行する運びとなった次第である。

本書全体のモチーフは「はじめに」で提示されている。脱グローバル化は既に進行中であるが、悲惨と貧困をともなう混乱した過程である。これを秩序づけてよりましなものにすることが重要である。そのためにまずは、行き詰まりに陥ったグローバル化過程を総括するところから始めようというわけだ。以下、本書のあらすじを述べておきたい。

第Ⅰ部「商品のグローバル化」では、第1章でまず、商品グローバル化（自由貿易のこと）の成果に関する虚実が明らかにされる。自由貿易が高成長や最貧困国支援に寄与するという宣伝は虚偽であり、強力な国民的開発政策の下でのみグローバル化は経済発展に結びつくとされる。第2章では、自由貿易を推進する国際機関＝WTOの意向に従わないという選択の正統性が主張される。WTOの原則（競争と自由貿易）は不安定化と輸出ドライブを促してきただけだとされ、WTOの枠組みを外れた発展戦略の可能性を示す例（ロシアと中国）が挙げられる。第3章では、自由貿易の推進力の一つが特定の利害の優先にあったことが示される。所得分配の分析を踏まえ、一九七〇年代初め以降の利潤圧縮（賃金による利潤の圧迫）を逆転させようとする指導階級の意思があったことが示唆される。第4章では、フランス経済に対する自由貿易の影響が論じられる。拡大EU（二七カ国体制）の不況効果の下でフランスは所得・雇用の減退を被っているが、現行のフランスの経済政策はこの点を無視しており欠陥を抱えるとされる。

第Ⅱ部「金融グローバル化の進展と限界」では、第5章でまず、第二次大戦末のブレトンウッズ会議前後の理論的・経験的成果から含意が引き出される。ブレトンウッズ体制は、金融グローバル化の危険を回避しようとするケインズのプロジェクトの否定であり、現実にそれがうまく機能したのは体制の原理が適用されなかった時期だけだったとされる。第6章では、ブレトンウッズ体制解体から二〇〇七年夏以降の金融危機に至る経過が総括される。アメリカの一国主義的政策用具と化したブレトンウッズ体制は限界に突き当たり崩壊、その後IMFとアメリカによる金融グローバル化推進により、現下の危機の源泉となる特殊な資本主義モデル（新自由主義モデル）が生み出されたとされる。現在見られるのは、通貨無秩序への対応である各国の保護政策がさらなる無秩序を生み出すという悪循環であり、これこそケインズのプロジェクトが回避しようとしていたものだという。第7章では、危機回避のための規制のあり方が論じられる。現下の危機によってプルーデンス（健全性）規制の無力さは明らかであり、外的な規制である「禁止主義的規制」のみが有効とされる。第8章では、現時点でのユーロに対する評価が示される。ドイツ（低金利の提供）と他諸国（自国通貨安の放棄）との大きな取引《ビッグ・ディール》により単一通貨ユーロが創設されたが、この妥協は諸国間の金利格差発生により崩壊したこと、構造的インフレ率の諸国間格差の下で単一通貨が財政的連帯を欠くことは致命的な欠陥であり、資本管理による保護を追求すべきことが述べられる。

以上を踏まえて最後に「エピローグ」において、危機の行き詰まり状況が分析され、秩序ある脱グローバル化のための責任ある道が提示される。第9章では、対外的不均衡に対応して諸国間でマクロ経済状況が乖離する現状を考慮しながら、秩序ある脱グローバル化のための条件が探られる。現行体制下では公的赤字と輸出主導による解も新国際通貨制度による解も危機脱出につながらないこと、来るべき通貨間競争激化の下で「地域的諸通貨の集合体」が秩序ある脱グローバル化の手段となることが述べられる。第10章では、フランスに有利な解とその実現のための戦略が提示される。「協調的な解」に関する共同意志が諸国間に欠如している現状では、一方的行動と協調的行動を組み合わせて完全雇用と再工業化（工業雇用の比率上昇）という野心的目標に動員することが適切な解であるとされ、具体的な行動（社会的・エコロジー的保護措置、単一通貨から共通通貨への移行、産業政策・インフラ建設推進の措置）が提起される。こうした解の追求はユーロ圏の進化なくして不可能であるが、現在のドイツの利害・位置がこれを困難にしている。そこで最後に、フランスが率先して行動を起こし、ユーロ圏を再編していくという戦略が提示される。

以上のように本書では、商品のグローバル化と金融のグローバル化についての総合的な検討に基づき、ユーロ圏再編の戦略――必ずしもユーロ離脱を要するのもではない――が提示されている。最新の知見を活用した政治経済学的考察は堅実であり、説得力のある戦略の提示に成功していると言えよう。「日本語版への序」では議論をEU離脱論へと進めているが、著者の主張は全体として首尾一貫している。「ユーロ離脱」論の真意を理解するためにも本書を活用していただければ幸いである。

本書ではたびたび、責任ある行動の必要性が強調されている。パートナー諸国における協調的姿勢の欠如を言い訳に行動を起こさないことは怠慢であり、ユーロ圏改革のための行動をフランスが率先して行えというのが著者の主張である。日本も脱グローバル化の流れのなか、随所で重大な選択を迫られている。国の責任ある選択とは何かを考えるうえでも、本書は大いに参考になるに違いない。

最後に、忙しいなか快く「日本語版への序」の執筆を引き受けてくださった著者のジャック・サピール氏、校正原稿への訳者の細かい朱入れに短期間に対応してくださった藤原書店編集部の刈屋琢氏にはこの場を借りて厚くお礼申し上げたい。

二〇一七年六月

坂口明義

本書関連年表（1919–2017）

一九一九　1　第一次世界大戦のパリ講和会議（6月、ベルサイユ条約調印）。
　12　ケインズ、『平和の経済的帰結』発表。
一九二〇　2　独、国家社会主義ドイツ労働者党（ナチ）設立（翌年7月、ヒトラーが党首に）。
一九二二　4　ジェノバ会議にて金為替本位制導入。
一九二九　10　ウォール街大暴落、世界経済危機。
一九三〇　1　国際決済銀行設立。
一九三三　1　独、ヒトラー首相就任。
　3　米、F・D・ルーズベルト大統領就任。ニューデュール政策を開始。
　4　ケインズ、ダブリンにて「国家的自給」の講義。
　6　米、グラス・スティーガル法制定。
一九三四　1　米ルーズベルト大統領、金1オンス＝35ドルと定める（～七一年）。
一九三九　9　第二次世界大戦勃発。
一九四一　9　ケインズ、国際通貨同盟を提唱。
一九四二　ケインズ、バンコールを提案。

一九四四　7　ブレトンウッズ会議。IMF（国際通貨基金）とIBRD（国際復興開発銀行〔世界銀行〕）が創設。
一九四五　2　ルーズベルト、チャーチル、スターリンによるヤルタ会談。
　5　ドイツ降伏。
　8　日本降伏、第二次世界大戦終結。
　10　国際連合設立。
一九四六　4　ケインズ死去。
一九四七　10　GATT（関税と貿易に関する一般協定）署名。
一九四八　3　国連貿易雇用会議にて、ITO（国際貿易機構）を設立するための国際貿易憲章（ハバナ憲章）採択（発効せず）。
一九四九　1　COMECON（経済相互援助会議）結成。
　4　NATO（北大西洋条約機構）結成。
一九五〇　7　EPU（欧州決済同盟）業務開始（～五七年）。

一九五八　1　EEC（欧州経済共同体）発足。
一九六一　11　欧米主要国中央銀行、金プール設立。
一九六七　1　EC（欧州共同体）が原加盟六カ国で発足。
　　　　　8　ロンドン協定によりSDR（特別引出権）創設。
一九六八　5　仏、五月革命勃発。
一九七一　8　ニクソン・ショック（ドルの金交換停止）。
一九七三　3　主要国、変動相場制移行。
　　　　　10　第一次オイルショック。
一九七九　3　EMS（欧州通貨制度）発足。
　　　　　5　英、サッチャー政権（〜九〇年）
一九八〇　3　米、預金金融機関規制緩和・通貨統制法（DIDMCA）成立。
一九八一　1　米、レーガン政権（〜八九年）
一九八二　8　メキシコ、債務不履行（累積債務危機の開始）。
一九八三　3　仏、緊縮政策（ドロール・プラン）への転換、「強いフラン」政策開始。
一九八五　3　ソ連、ゴルバチョフ書記長就任（〜九一年）。
一九八六　4　ソ連、チェルノブイリ原発事故。
　　　　　9　GATTウルグアイ・ラウンド交渉開始。
一九八七　10　ロンドンで金融ビッグバン開始。
　　　　　7　欧州単一議定書発効。
　　　　　10　ブラックマンデー、世界で株価暴落。
一九八九　6　中国、天安門事件。
　　　　　6　東欧革命。
一九九〇　10　東西ドイツ統一。
一九九一　1　湾岸戦争。
　　　　　12　ソ連邦解体。
一九九二　6　リオ地球サミット開催。
　　　　　2　欧州連合の創設を定めるマーストリヒト条約調印（九三年一月発効）。
　　　　　12　NAFTA調印（九四年一月発効）。
一九九三　1　米、クリントン大統領就任
一九九五　1　WTO（世界貿易機構）発足。
　　　　　1　EU一五カ国に拡大。
一九九七　7　アジア通貨危機。
　　　　　12　地球温暖化防止京都会議。

一九九八　6　ECB（欧州中央銀行）発足。
　　　　　8　ロシア通貨危機。
一九九九　1　EU（欧州連合）発足、統一通貨ユーロ導入へ。
　　　　　11　WTOシアトル会議。
　　　　　11　米、グラム・リーチ・ブライリー法（金融サービス近代化法）制定。
二〇〇〇　1　仏、週三五時間労働法制定。
　　　　　3　ロ、V・プーチン大統領就任。
二〇〇一　1　米、G・W・ブッシュ大統領就任。
　　　　　9・11　米国同時多発テロ事件。
　　　　　11　WTOドーハ会議。
二〇〇二　1　ユーロ、市中流通開始。
　　　　　2　欧州協議会発足。
　　　　　11　中国、胡錦濤党総書記選出。
　　　　　12　米エンロン社、破産申請。
二〇〇三　1　スイス・ダボスで世界経済フォーラム開催。ブラジル、ポルト・アレグレで世界社会フォーラム開催。
　　　　　3　イラク戦争開始（〜11年、撤退完了）。
二〇〇四　11　米、G・W・ブッシュ大統領再選。
二〇〇五　7　WTOドーハ・ラウンド、交渉凍結。
　　　　　8　仏、パリ郊外で暴動。
　　　　　11　独、A・メルケル首相就任。
二〇〇七　1　EU二七カ国に拡大。
　　　　　5　仏、N・サルコジ大統領就任。
　　　　　6　英、G・ブラウン首相就任。
　　　　　12　サブプライムローンに端を発した経済危機が顕在化。
二〇〇八　5　ロ、D・メドヴェージェフ大統領就任。
　　　　　7　WTO閣僚会合にてドーハ・ラウンド決裂。
　　　　　8　ロ、プーチン首相就任。
　　　　　9　米投資銀行リーマン・ブラザーズが破綻（リーマン・ショック）。
二〇〇九　1　米、B・オバマ大統領就任。
　　　　　10　ギリシャ国家財政の粉飾決算に端を発し、翌年のユーロ危機へ波及。
二〇一〇　5　英、D・キャメロン首相就任。
　　　　　7　米、金融規制改革法案成立。
二〇一一　1　チュニジアでジャスミン革命。以後、エジプトなどで独裁政権打倒（アラブの春）（～一二年）。

3・11 東日本大震災発生。

5 オサマ・ビン・ラディン、米特殊部隊によってパキスタンで殺害。

8 リビア、カダフィ独裁政権崩壊。

二〇一二 5 ロ、プーチン大統領就任。

8 ロ、メドヴェージェフ首相就任。

15 仏、F・オランド大統領就任。

11 米、オバマ大統領再選。

二〇一四 1 シリアで政府軍と反体制派による武力衝突が続く。

二〇一五 1 仏、シャルリー・エブド襲撃事件。

2 世界最大規模の金融グループHSBCホールディングスによる富裕層顧客の巨額脱税幇助が発覚。

9 フォルクスワーゲン（VW）の排ガス不正発覚。

11 仏、パリで同時多発テロ事件。

二〇一六 6 英、国民投票でEU離脱決定。

二〇一七 1 米、D・トランプ大統領就任。

5 仏、E・マクロン大統領就任。

第10章　フランスに有利な解とは？

(1) J. Sapir, « La crise de l'euro: erreurs et impasses de l'européisme », *Perspectives républicaines*, n° 2, juin 2006, p. 69-84参照。

(2) ここで、イノベーションが、もっぱら――あるいは主に――新製品に関して起きるだけではなく、より古い伝統的な製品を製造する方法においても起きることを想起しておきたい。

(3) これは、とりわけベルナール・カッセン（Bernard Cassen）によって主張された「利他的保護主義」の原理である。

(4) H. Haenel, « Rapport d'Information », n° 119, Sénat, session ordinaire 2009-2010, 2009参照。

(5) Arrêt Rubin de Sterven.

(21) Banque des réglements internationaux, *Quarterly Review*, Bâle, juin 2009, table 22a.

(22) C. C. Bertaut, S. B. Kamin, C. P. Thomas, « How Long Can The Unsustainable U.S.Current Account Deficit Be Sustained ? », *International Finance Discussion Paper*, no. 935, Board of Governors of the Federal Reserve System, Jul. 2008参照。

(23) J. Sapir, *Le Nouveau XXIe Siècle*, *op. cit*.

(24) 古典的な金融政策手段（指導的金利の決定）がもはや有効でないとき、中央銀行が経済により多くの通貨を注入することを可能にする中央銀行の介入様式。アメリカでは0%に近い金利をもってこれが行われている。

(25) D. Baker, K. Walentin, « Money for Nothing: The Increasing Cost of Foreign in Developing Nations », Washington (D.C.), Center for Economic Policy and Research, 2001; D. Rodrik, « The Social Cost of Foreign Exchange Reserves », *International Economic Journal*, vol. 20, no. 3, 2006, p. 253-266参照。

(26) ウラジーミル・プーチンへのインタビュー（2010年6月10日午前2時）。premier.gov.ru/eng/events/news/10948にて閲覧可能。

(27) X. Zhou, *Reform the International Monetary System*, Pékin, People's Bank of China, 2009.

(28) « China Ready to Discuss New Reserve Currency at G20 Summit », Pékin, 23 Mar. 2009. RIA Novosti（en.rian.ru/world/20090323/120689432.html）にて閲覧可能。« China Central Bank Backs Russian Idea for New Reserve Currency », Pékin, 24 Mar. 2009. RIA-Novosti（en.rian.ru/business/20090324/120703288.html）にて閲覧可能；L. Yamping, « China, Super Currency, Call Shows Dollar Concern (Update 1) », Bloomberg.com, 24 Mar. 2009, www.bloomberg.com/apps/news?pid=20601087&sid=aiSIBUOMzWdw&refer=home.

(29) J. Fraher, J. Richter, « Russia's Kudrin Signals No Alternative to Dollar (Update2) », Bloomberg.com, 15 Jun. 2009, www.bloomberg.com/apps/news?pid=20601087&sid=awOCMo25zbYY を参照。Vesti テレビチャンネル（2009年6月16日）におけるBRIC サミットの中継も参照のこと；ロシア連邦大統領の顧問 Arkadi Dvorkovitch が経済問題について行った声明；および « Shanghai Group Backs Russian Proposal on Common Currency », 16 Jun. 2009（RIA-Novosti のサイト［www.bloomberg.com/apps/news?pid=20601087&sid=aPd0YnupJiyY&pos=3］にて閲覧可能）を参照。

(30) P. Abelsky, « Medvedev Promotes Ruble to Lessen Dollar Dominance (Update1) », Bloomberg.com, 19 Jun. 2010, www.bloomberg.com/apps/news?pid=20601087&sid=aPd0YnupJiyY&pos=3参照。

（6） J. Bivens, « Globalization, American Wages, and Inequality », *op. cit.* 参照。

（7） P. Klugman, « Trade and Inequality, Revisited », Voxeu.org, 15 Jun. 2007, www.voxeu.org/index.php?q=node/261参照。

（8） F. Fillon, point-presse sur la situation économique, 18 août 2008参照。

（9） M. Brewer, A. Goodman, J. Shaw, L. Sibieta, *Poverty and Inequality in Britain: 2006*, London, Institute for Fiscal Studies, 2005; W. Paxton, M. Dixon, The State of the Nation; An Audit of Injustice in UK, London, Institute for Public Policy Research, 2004 参照。

（10） J. E. Stiglitz, « Moving Beyond Market Fundamentalism to a More Balanced Economy », *Annals of Public and Cooperative Economics*, vol. 80, no. 3, 2009, p. 345-360参照。

（11） « Global Stability Report. Meeting New Challenges to Stability and Building a Safer System », Washington (D.C.), IMF, *World Economic and Financial Surveys*, Apr. 2010, figure 1-4, p. 4.

（12） « The G-20 Toronto Summit Declaration, june 26-27, 2010 », secretariat du G-20, points no 11 et 12 de la declaration 参照。

（13） *Ibid.*, annexe 1, point no 13.

（14） *Flash-Économie*, n° 342, Natixis, 1er juillet 2010.

（15） この注を執筆する時点では、対ドルでのユーロを意味するだろう……。

（16） J. Bibow, « Bretton Woods II is Dead, Long Live to Bretton Woods III ? », *Levy Economics Institute Working Paper*, no. 597, Annandale-on-Hudson (N.Y), Bard College, May 2010.

（17） P. R. Lane, G. M. Milesi-Ferretti, « A Global Perspective on External Positions », IMF Working Washington (D.C.), IMF, 2006参照。類似したテーゼが、J. D'Arista, « U.S.Debt and Global Imbalances », *International Journal of Political Economy*, vol. 36, no. 4, Aug. 2007, p. 12-35で主張されている。

（18） P. O. Gourinchas, H. Ray, « From World Banker to World Venture Capitalist: U.S.External Adjustment and the Exorbitant Privilege », *NBER Working Paper*, no. 11563, Cambridge, National Bureau of Economic Research, 2005.

（19） S. E. Curcuru, C. P. Thomas, F. E. Warnock, « Current Account Sustainability and Relative Reliability », *NBER Working Paper*, no. 14295, Cambrige, National Bureau of Economic Research, 2008.

（20） M. Brown, O. Biggadike, « I-Believe-in-Strong-Dollar Turns Relic as China Begs Stability », Boomberg.com, 8 Oct. 2009, www.bloomberg.com/apps/news?pid=20601109&sid=aPoUCijvAfCk 参照。

no. 1, 2005, p. 29-50参照。

第II部の結論──断末魔の金融グローバル化

（1）F. Lordon, *Jusqu'à quand ? Pour en finir avec les crises financières*, Raisons d'agir 2008参照。

（2）M. Aglietta, « Comprendre la crise du credit structure », *Lettre du CEPII*, n° 275, février 2008参照。

（3）C. Goodhart, P. Avinash, « How to Avoid the Next Crash », *Financial Times*, 30 Jan. 2008参照。

（4）K. P. Gallagher, B. Coelho, « Capital Controls and 21st Century Financial Crises: Evidence from Colombia and Thailand », *PERI Working Paper Series*, no. 213, Amherst (Ma.), University of Massachusetts Amherst, Jan. 2010参照。

エピローグ

（1）例えば、フランスでPaul JorionやFrédéric Lordonがブログ上でこの2年にわたって公表してきたもの。とりわけ以下参照。F. Lordon, « Commencer la démondialisation financière », *Le Monde diplomatique*, mai 2010; および « La régulation financière, entre contresens et mauvais vouloir », texte publié sur la blog « La pompe à phynance », 21 avril 2010, blog.mondediplo.net/2010-04-21-La-regulation-financiere-entre-contresens-et-mauvais-vouloir.

第9章　現下の危機の行き詰まり

（1）W. Godley, D. B. Papadimitriou, G. Hannsgen, G. Zezza, « The U.S.Economy: Is There a Way Out of the Woods ? », *Strategic Analysis*, Annandale-on-Hudson (N.Y.), Levy Economics Institute of Bard Colleg, 2007.

（2）例えばNouriel Roubiniのような専門家でも、アメリカ内部の危機因子をほぼ無視してきた。N. Roubini, B. Setser, « Will the Bretton Woods II Regime Unravel Soon ? The Risk of a Hard Landing in 2005-2006 », *op. cit.* 参照。

（3）U.S.Congress, Joint Economic Committee, State Median Wages and Unemployment Rates, Jun. 2008.

（4）*Id.*

（5）U.S.Congress, Joint Economic Committee, Number of Uninsured Americans is 7.2 Million Higher than when President Bush Took Office, 26 Aug. 2008,（www.jec.sanate.gov で閲覧可能）.

(42) または完全雇用と両立するインフレ率、すなわち現行のモデルでは産出量ギャップのゼロ水準によって表されるインフレ率。J. Sapir, « What Should the Inflation Rate Be ? (On the Importance of a Long-Standing Discussion for Defining Today's Development Strategy for Russia) », *Studies on Russian Economic Development*, vol. 17, no. 3, May 2006参照。

(43) C. Conrad, M. Karanasos, « Dual Long Memory in Inflation Dynamics across Countries of the Euro Area and the Link Between Inflation, Uncertainty and Macroeconomic Performance », *Studies in Nonlinear Dynamic & Econometrics*, vol. 9, no. 4, Nov. 2005（掲載誌は The Berkeley Electronic Press より刊行されており、Bepress.com サイト www.bepress.com/snde で閲覧可能）。

(44) この結論は、新古典派的分析の枠組みの中で証明されている。

(45) M. A. Wynne, *Core Inflation: A Review of Some Conceptual Issues, ECB Working Paper*, no. 5, Francfort, Banque centrale européenne, 1999参照。

(46) J. Sapir, « Articulation entre inflation monétaire et inflation naturelle: un modèle hétérodoxe bi-sectoriel »（仏露セミナー（Stavropol, octobre 2006）で提出されたペーパー）; « Kakim dolzhen byt'uroven'infljacii ? (O znatchenii davnykh diskuccij dlja opredelenija segodnjachej strategii razvitija Rossii) [Quel niveau pour l'inflation ?] », *Problemy Prognozirovanija*, no 3, 2006, p. 11-22参照。

(47) G. A. Akerlof, W. T. Dickens, G. L. Perry, « The Macroeconomics of Low Inflation », *Brookings Papers on Economic Activity*, no. 1, 1996, p. 1-59; T. M. Anderson, « Can Inflation Be Too Low ? », *op. cit.* 参照 .

(48) オリヴィエ・コワビヨン（Olivier Coibion）は論文 « Inflation Inertia in Sticky Information Models » (*op. cit.*) において、種々の経済活動部門に推論を拡張する必要性も主張している。

(49) G. A. Akerlof, W. I. Dickens, G. I. Perry, « Options for Stabilization Policy », *Brookings Institution Policy Brief*, no. 69, Feb. 2001参照。

(50) ユーロ乖離現象については、以下を参照のこと。J. Sapir, « From Financial Crisis to Turning Point. How the U.S. "Subprime Crisis" Turned into a Worldwide One and Will Change the World Economy », *Internationale Politik und Gesellschaft*, no 1, 2009, p. 27-44; I. Angeloni, M. Ehrmann, « Euro Area Inflation Differentials », *BE Journal of Macroeconomics*, vol. 7, no 1, 2007, p. 31（Bepress.com サイト www.bepress.com/bejm/vo17/iss1/art24）; C. de Lucia, « Où en est la convergence des économies de la zone euro ? », *Conjuncture Paribas*, no 3, mars 2008, p. 3-21.

(51) J. Bibow, « Germany in Crisis. The Unification Challenge, Macroeconomic Policy Shocks and Traditions, and EMU », *International Review of Applied Economics*, vol. 19,

(31) A. Swoboda, « Robert Mundell and the Theoretical Foundation for the European Monetary Union », Washington (D.C.), IMF, Dec. 1999, この文章はやや異なる型式においてフランス語で公表されている（*Le Temps*, Genève, 13 décembre 1999）。

(32) ドイツ・フランス・イタリア・スペインを合わせるとユーロ圏GDPに対して、1998年から2007年の間に、価格不変の下では78.5%から77%に、現行価格の下では79.8%から77.5%になった。

(33) G. A. Akerlof, W. T. Dickens, G. L. Perry, « The Macroeconomics of Low Inflation », *Brookings Papers on Economic Activity*, no. 1, 1996, p. 1-59.

(34) G. A. Akerlof, J. L. Yellen, « Can Small Deviations from Rationality Make Significant Difference to Economic Equilibria ? », *American Economic Review*, vol. 75, no. 4, 1985, p. 708-720; および « A Near-Rational Model on the Business Cycle with Wage and Price Inertia », *Quarterly Journal of Economics*, supplement, vol. 100, no. 5, 1985, p. 823-838.

(35) こうした研究に関する、および経済学者によるその受容——およびその非受容——の条件に関する詳細な分析は、J. Sapir, *Quelle économie pour le XXI*^{e} *siècle ?*, *op. cit.*, chap. 1を見よ。

(36) J. Sapir, « Novye podhody teorii individual'nyh predpotchenij i ee sledstvija [Nouvelles approaches de la théorie des préférences individuelles et leurs consequences] », *Ekonomitcheskij Zhurnal*, vol. 9, n° 3, 2005, p. 325-360を参照。

(37) G. A. Akerlof, « Behavioral Macroeconomics and Macroeconomic Behavior », *American Economic Review*, vol. 92, no. 3, Jun. 2002, p. 411-433参照。この文章は、ジョージ・A・アカロフが2001年にノーベル賞を受賞したときの談話に対応している。

(38) 例えば、ユーロ導入を後押しした考察の一部の元となっているいわゆるマンデル=フレミング・モデル。

(39) B. C. Greenwald, J. E. Stiglitz, « Toward a Theory of Rigidities », *American Economic Review*, vol. 79, no. 2, 1989, p. 364-369, J. E. Stiglitz, « Toward a General Theory of Wage and Price Rigidities and Economic Fluctuations », *ibid.*, p. 75-80を参照。

(40) T. M. Andersen, « Can Inflation Be Too Low ? », *Kyklos*, vol. 54, no. 4, p. 591-602.

(41) この点についての考察はN. G. Mankiw, R. Reis, « Sticky Information: A Model of Monetary Nonneutrality and Structural Slumps », Harvard University, Oct. 2001によって始められた。このテキストは、ネッド・フェルプスの祝賀会に際して提示されたものである。粘着情報モデルについてのO. Coibion, « Inflation Inertia in Sticky Information Models », *Contributions to Macroeconomics*, vol. 6, no. 1, 2006.

(19) 2005年7月初めに知られるようになったCDC-Ixis〔CDCグループの投資銀行〕による研究の中のPatrick Arthusの論稿（P. -A. Delhommais, « Une étude se demande si la France et l'Italie vont être contraintes d'abandonner l'euro », *Le Monde*, 9 juillet 2005に引用されている）を参照。

(20) M. Touatiの論稿（*Lettre des études économiques*, 9 mars 2006）参照。

(21) S. Federbusch, « La surévaluation de la monnaie unique coût cher à la croissance », *Libération*, 26 avril 2006.

(22)『ル・ヌーヴェル・オブセルヴァトゥール』（*Le Nouvel Observateur*）誌に掲載されたD. Nora, N. Tatu, S. Fay, N. Funès, « Faut-il brûler l'euro ? » でこう述べられている。この論説はエブドマデールのサイトで閲覧可能である（hebdo.nouvelobs.com/sommaire/dossier/098407/faut-il-bruler-l-euro.html）。

(23) B. Blackstone, « After Debt Crisis, New Tension Between ECB, Germany », *Wall Street Journal*, 26 May 2010参照。

(24) S. Scherer, « Greece Will Default, Euro May Disappear, Attali Tells *Repubblica* », Businessweek.com, 29 Jun. 2010, www.businessweek.com/news/2010-04-29/greece-will-default-euro-may-disappear-attali-ttells-repubblica-html 参照。

(25) R. A. Mundell, « A Theory of Optimum Currency Area », *American Economic Review*, vol. 51, no. 3, 1961, p. 657-665.

(26) これはマンデル＝フレミング・モデルの結論の一つである。R. A. Mundell, *International Economics*, London, Macmillan, 1968, chap. XVI-XVII（渡辺太郎・箱木真澄・井川一宏訳『国際経済学［新版］』ダイヤモンド社、2000年、第16-17章）; J. Frenkel, A. Razin, « The Mundell-Fleming Model a Quarter of Century Later », *IMF Staff Papers*, vol. 34, n° 4, Washington (D.C.), IMF, Dec. 1987, p. 567-620参照。

(27) L. A. Ricci, « A Model of an Optimum Currency Area », *IMF Working Paper*, Washington (D.C.), IMF, Jun. 1997. IMFのサイトで閲覧可能（www.imf.org/external/pubs/ft/wp/wp9776.pdf）。

(28) R. A. Mundell, « A Plan for a European Currency », *in* H. Johnson, A. Swoboda (dir,), *The Economics of Common Currencies*, London, George Allen & Unwin, 1973, p.143-173参照。

(29) R. A. Mundell, « Uncommon Arguments for Common Currencies », *ibid.*, p. 114-132.

(30) 産業補助金についてのこうした主張は、ダニエル・コーエンの論説に——信じられるだろうか——見られる。D. Cohen, « Imaginer la monnaie unique », *in* M. Aglietta (dir.), *L'Écu et la Vieille Dame*, Economica, 1986, p. 154を参照。

(5) N. Roubini, B. Setser, « Will the Bretton Woods II Regime Unravel soon ? The Risk of a Hard Landing in 2005-2006 », New York, Mimeo/New York University, 2005.

(6) J. M. Keynes, « Alternative Theories of the Rate of Interest », *Economic Journal*, vol. 47, no. 4, 1937.

(7) J. Bibow, « Insuring Against Private Capital Flows: Is It Worth the Premium ? What Are the Alternatives ? », *International Journal of Political Economy*, vol. 37, no. 4, p. 5-30, Sep. 2008参照。

(8) M. Chinn, J. Frankel, « Why the Euro Will Rival the Dollar », *International Finance*, vol. 11, no. 1, p. 49-73, 2008.

(9) J. G. Neuger, S. Kennedy, « Crisis Spawns Drive to Fix Euro With More Rules, Ties (Update 1) », Bloomberg.com, 17 Feb. 2009.

(10) E. Ross-Thomas, « Spain Downgraded by S&P as Slump Swells Budget Gap (Update 3) », Bloomberg.com, 19 Jan. 2009, www.bloomberg.com/apps/news?pid=20601068&sid=aNdVKbHeAvTw&refer=home 参照 .

(11) P. Dobson, « European Yield Spreads Widen on Concern Debt Crisis Deepning », Businessweek.com, 25 Jun. 2010, www.businesweek.com/news/2010-06-25/european-yield-spreads-widen-on-concern-debt-crisis-deepning.html 参照。

(12) A. Worrachate, « Italian Bond Futures Offer Proxy to Hedge Greek, Irish Debt (Update 1) », Bloomberg.com, 11 Sep. 2009, www. bloomberg. com/apps/news?pid=20601087&sid=alna80VTdbyM.

(13) J. Ostry *et al.*, « Capital Inflows: The Role of Controls », *IMF Staff Position Note*, Washington (D.C.), IMF, 2010.

(14) フランスについては、F. Cachia, « Les effets de l'appréciatiion de l'euro sur l'économie française », *Note de Synthèse de l'INSEE*, INSEE, 20 juin 2008を参照。

(15) ユーロの不況効果については、J. Bibow, « Global Imbalances, Bretton Woods II and Euroland's Role in All This », *in* J. Bibow, A. Terzi (dir.), *Euroland and the World Economy: Global Player or Global Drag ?* New York, Palgrave Macmillan, 2007を参照。

(16) S. Kennedy, T. R. Keene, « Feldstein Says Greece Will Default and Portugal May Be Next », Businessweek.com, 30 Jun. 2010, www.businessweek.com/news/2010-04-29/feldstein-says-greece-will-default-and-portugal-may-be-next.html 参照。

(17) A. Moses, S. D. Harrington, « Bank Swaps, Libor Show Doubt on Euro Bailout », Bloomberg.com, 11 May 2010参照。

(18) J. Regan, R. Harui, « Euro Erases Gains as Bailout Optimism Ebbs; Stocks, Cooper Drop », Bloomberg.com, 11 May. 2005; L. Mnyanda, P. Dodson, « Euro Rally Proves to Be Short-Lived on Rate Bets (Update 2) », Bloomberg.com, 11 May 2010参照。

S'organiser face à la crise, Paris/Berlin/Heidelberg/New York, Springer/Verlag France, 2010, p. 161-188.

(32) 正当な手続きで権力に就いたが不当な行為を犯す独裁者である *tyrannus ab exertitio* を念頭に置いている。

(33) 不当な手続きで権力についた独裁者である *tyrannus absque titulo* を念頭に置いている。

(34) D. Rodrik, « The Social Cost of Foreign Exchange Reserves », *International Economic Journal*, vol. 20, no. 3, Sep. 2006, p. 253-266参照。

(35) M. Feldstein, « A Self-Help Guide for Emerging Markets », *Foreign Affairs*, Mar.-Apr. 1999.

(36) S. Fischer, « Opning Remarks at the IMF/World Bank International Reserves: Policy Issues Forum », Washington (D.C.), IMF, 28 Apr. 2001（IMF のサイト www.imf.org/external/np/speeches/2001/042801.htm で閲覧可能）。

(37) M. Aglietta, Y. Landry, *China, vers la superpuissance*, Economica, 2007参照。

(38) J. Sapir, *Le Nouveau XXIe Siècle, op. cit.* 参照。

(39) *World Economic Outlook-2007*, Washington (D.C.), IMF, Oct. 2007.

(40) Repport Annuel 2007, Bâle, Banque des règlements, 2007.

(41) D. Baker, K. Walentin, « Money for Nothing: The Increasing Cost of Foreign Reserve Holdings to Developing Nations », *CEPR Briefing Paper*, Washington (D.C.), Center for Economic Policy and Research, Nov. 2001参照。

(42) D. Hauner, « A Fiscal Price Tag for International Reserves », *IMF Working Paper*, Washington (D.C.), IMF, Apr. 2005参照。

第8章　国際通貨危機とその影響

(1) M. P. Dooley, D. Folkerts-Landau, P. Garber, « An Essay on the Revived Bretton Woods System », *NBER Working Papers Series*, no. 9971, Cambridge, National Bureau of Economic Research, 2003.

(2) M. P. Dooley, D. Folkerts-Landau, P. Garber, « Bretton Woods II Still Defines the International Monetary System », *NBER Working Papers Series*, no. 14731, Cambridge, National Bureau of Economic Research, 2009.

(3) B. Bernanke, « The Global Saving Glut and the U.S.Current Account Deficit », remarques, Federal Reserve Board, 10 Mar. 2005.

(4) L. H. Summers, « Reflections on Global Current Account Imbalances and Emerging Markets Reserve Accumulation », *L. K. Jha Memorial Lecture*, Reserve Bank of India, Mar. 2006.

出版物を回顧している付録1を参照のこと。

(19) E. Fama, « Efficient Capital Market: a Review of Theory and Empirical Work », *Journal of Finance*, vol. 25, no. 2, 1970, p. 383-417; F. Fama, K. French, « Permanent and Temporary Component of Stock Prices », *Journal of Political Economy*, vol. 96, no. 2, 1988, p. 246-273. この概念の批判的分析として、C. Walter, « Une Histoire du concept d'efficience sur les marchés financiers », *Annales. Histoire, sciences sociales*, vol. 51, n° 4, 1996, p. 873-905を参照。

(20) B. Black, « The Legal and Institutional Preconditions for Strong Securities Markets », *UCLA Law Review*, vol. 48, 2001, p. 781-855参照。

(21) J. Gravereau, J. Trauman (dir.), *Crises financières*, Economica, 2001参照。

(22) D. Baker, « Progressive Conditions for a Bailout », *Real-World Economic Review*, no. 47, Oct. 2008, p. 243-249（www.paecon.net/PAEReview/Issue47/Baker47.pdf で閲覧可能）。

(23) H. L. Rosenthal, « Letter: Republican Opposition to Debt Reduction in Financial Crises. The Great Depression and Today », *The Economists' Voice*, vol. 5, Sep. 2008（Bepress.com のサイト www.bepress.com/ev で閲覧可能）。

(24) P. Bolton, H. L. Rosenthal, « Political Intervention in Debt Contracts », *Journal of Political Economy*, vol. 110, no. 5, 2002, p. 1103-1134.

(25) R. Herring, A. Santomero, « What is Optimal Regulation ? », Pennsylvania Financial Institution Center, Philadelphia (Pa.), University of Pennsylvania, 2000.

(26) F. Allen, D. Gale, « Financial Contagion », *Journal of Political Economy*, vol. 108, no. 1, 2000, p. 1-33; E. Nier, J. Yang, T. Yorulmazer, A. Alentorn, « Network Models and Financial Stability », *Journal of Economic Dynamics and Control*, vol. 31, p. 2033-2060.

(27) H. P. Minsky, « The Financial-Instability Hypothesis: Capitalist Processes and the Behaviour of the Economy » *in* C. Kindleberger, H. Laffargue (dir.), *Financial Crises: Theory, History and Policy*, Cambridge, Cambridge University Press, 1982.

(28) I. Goldstein, A. Pauzner, « Contagion of Self-Fulfilling Financial Crises due to Diversification of Investment Portofolios », *Journal of Economic Theory*, vol. 119, no. 1, Nov. 2004, p. 151-183参照。

(29) R. Cifuentes, G. Ferruci, H. Song Shin, « Liquidity Risk and Contagion », *Journal of the European Economic Association*, vol. 3, no. 2-3, Apr.-May. 2005, p. 556-566参照。

(30) M. Gallegati, B. Greenwald, M. G. Richiardi, J. E. Stiglitz, « The Asymmetric Effect of Diffusion Processes: Risk Sharing and Contagion », *Global Economy Journal*, vol. 8, no. 3, 2008（Bepress.com サイト www.bepress.com/gej/vol8/iss3/2で閲覧可能）参照。

(31) J. Sapir, « L'illusion prudentielle » in C. Walter (dir.), *Nouvelles normes financières.*

Global Analysis », *IMF Working Paper*, Washington (D.C.), IMF, Nov. 2007.

(3) W. Bagehot, *Lombard Street. A Description of Money Market (1873)*, London, John Murray, 1917（久保恵美子訳『ロンバード街——金融市場の解説』日経 BP 社、2011年）参照。

(4) J. Carswell, *The South Sea Bubble*, London, Cresset Press, 1961参照。

(5) H. P. Minsky, *Stabilizing an Unstable Economy*, New Haven (Conn.), Yale University Press, 1986（吉野紀・浅田統一郎・内田和男訳『金融不安定性の経済学——歴史・理論・政策』多賀出版、1989年）参照。

(6) Financial Accounting Standards Board, « FASB Interpretation no. 46, Consolidation of Variable Interest Entities », FIN46R, Norwalk (Conn.), Dec. 2003.

(7) E. Brian, C. Walter, « Puissance de calcul et conditions de prévision », *in* E. Brian, C. Walter (dir.), *Critique de la valeur fondamentale*, Springer, 2007, p. 165-182参照。

(8) É. Challe, « Valeur fondamentale et efficacité informationnelle », *ibid.*, p. 26-54.

(9) J. Sapir, *Les Trois noirs de la science économique*, *op. cit.*

(10) *Containing Systemic Risks and Rstoring Financial Soundness*, *op. cit.*, p. 64, box 2-4, et p. 65.

(11) S. Kennedy, « SEC Bans Short Selling Hundreds of Financial Stocks. Regulator Says Ban Is Needed to Protect Market Integrity: Banking Stocks Soar », Marketwatch.com, 19 Sep. 2008参照。

(12) このリストは Marketwatch.com サイトで閲覧可能である。

(13) A. Barr, « Companies Try to Scramble Aboard SEC Lifboat. GE, CIT Ask to Be on List of Stocks That Can't Be Shorted, Amex May Ask Too », Marketwatch.com, 19 Sep. 2008参照。

(14) M. Aglietta, L. Berrebi, *Désordres dans le capitalism mondial*, Odile Jacob, 2007, p. 121.

(15) *Ibid.*, p. 127.

(16) J. Sapir, « Sept jours qui ébranlèrent la finance », Actualités de la recherche en histoire visuelle, 22 septembre 2008, www.arhv.lhivic.org/index.php/2008/09/22/816-sept-jours-qui-ebranlemant-la-finance; « Une decade prodigieuse. La crise financière entre temps court et temps long », *Revue de la régulation*, n° 3, 2e semestre, 2008（Revue のサイト revues.org/document4032.html で閲覧可能）参照。

(17) M. Aglietta, A. Brender, V. Coudert, *Globalisation financière: l'aventure obligée*, Economica, 1990.

(18) 1983年の日付を持つ IOSCO の第一決議（IOSCO, Resolution on the Regulation of Securities Market, Madrid, Apr. 1983）、特に IOSCO の初め11年の

donnée au séminaire du FMI « Asia and the IMF », Hong Kong, 19 septembre 1997参照。

(38) これらの人物とロシアにおける惨憺たる操作への彼らの関与とのつながりについては、J. Sapir, *Les Économistes contre la démocratie*, Albin Michel, 2002, chap. 1参照。

(39) J. A. Ocampo, J. G. Palma « Dealing with Volatile External Finances at Source: The Role of Preventive Capital Account Regulations », *in* J. E. Stiglitz, J. A. Ocampo (dir.), *Capital Market Liberalization and Development*, Oxford, Oxford University Press, 2007参照。

(40) H. -J. Chang, J. G. Palma, H. Whittaker, *Financial Liberalization and the Asian Crisis*, London, Palgrave, 2001参照。

(41) J. Bibow, « The International Monetary (Non)-Order and the "Global Capital Flows Paradox" », *Levy Economics Institute Working Paper*, no. 531, Annandale-on-Hudson (N.Y.), Bard College, Apr. 2008参照。

(42) 以下を参照のこと。R. Rajan, « Sands in Wheels of International Finance: Revisiting the Debate in Light of the East Asian Mayem », Institute of Policy Studies Working Paper, Singapore, Apr. 1999; V. N. Mel'nikov, « Voprosy valyutnogo regulirovaniya i valyutnogo kontrolya v period finansovogo krizisa », Den'gi i Kredit, no 12, Dec. 1998, p. 36-42; J. Sapir, « Currency and Capital: Controls in Russia – Why and How to Implement Them Now », *Studies on Russian Economic Development*, vol. 11, no. 6, 2000, p. 606-620.

(43) B. J. Cohen, « Contrôle des capitaux: pourquoi les gouvernements hésitent-ils ? », *Revue économique*, vol. 52, n° 2, mars 2001, p. 207-232参照。

(44) ここで彼の注目すべき著作を挙げておこう。R. Wade, *Governing the Market. Economic Theory and the Role of Government in East Asian Industrialization*, Princeton (N.J.), Princeton University Press, 1990参照。

(45) R. Wade, « The Coming Fight Over Capital Controls », *Foreign Policy*, vol. 113, winter 1998/1999, p. 41-54.

第7章　金融グローバル化を内部から規制できるか？

(1) IOSCO, Resolution in the Regulation of Securities Market, Madrid, Apr. 1983; IOSCO, Objectives and Principles of Securities Regulation, Madrid, Sep. 1998; OICV-IOSCO, Methodology for Assessing Implementation of the IOSCO Objectives and Principles of Securities Regulation, Madrid, Oct. 2003.

(2) A. Carvajal, J. Elliot, « Strengths and Weaknesses in Securities Market Regulations: A

(D.C.), Center for Responsible Lending, 2006; R. Bostic *et al.*, *State and Local Anti-Predatory Lending Laws: The Effect of Legal Enforcement Mechanisms*, Working Paper, Washington (D.C.), Center for Responsible Lending, 7 Aug. 2007参照。

(24) A. B. Ashcraft, T. Schuermann, « Understanding the Securitization of Subprime Mortgage Credit », *FIC Working Paper*, vol. 43, no. 7, Wharton Financial Institutions Center, Philadelphia (Pa.), 2007参照。

(25) Standard & Poor's, Case-Shiller Index.

(26) すなわち、ローン（ここでは抵当貸付）担保の増価に基づく所得効果。

(27) T. Curry, L. Shibut, « The Cost of tha Savings and Loan Crisis: Truth and Consequences », *FDIC Banking Review*, Dec. 2000, p. 26-35. FDICサイト（www.fdic.gov/bank/analytical/banking/2000dec/brv）で閲覧可能である。

(28) A. Greenspan, « The Roots of the Mortgage Crisis », *The Wall Street Journal*, 12 Dec. 2007. ジャン=クロード・トリシェは、同じ時期に同じ愚かさを貫き、循環と危機が資本主義経済の不可避なモメントであると主張し、こうして1945年から1985年までの時期を忘却してしまった。

(29) チリやシンガポールと最近締結した協定のケースである。

(30) D. Rodrik, « Why Did Financial Globalization Disappoint ? », (avec A. Subramanian), *IMF Staff Papes*, vol. 56, no. 1, Mar. 2009, p. 112-138参照。

(31) M. A. Kose, E. S. Prasad, K. Rogoff, S. -J. Wei, « Financial Globalization: A. Reappraisal », *IMF Woriking Paper*, Washington (D.C.), IMF, revu en Dec. 2006（www.economics.harvard.edu/faculty/rogoff/files/Financial_Globalization_A_Reap praisal_v2.pdfで閲覧可能）を参照。

(32) M. A. Kose, E. S. Prasad. M. E. Terrones, « Growth and Volatility in an Era of Globalization », *IMF Staff Papers*, no. 52, numéro special, Washington (D.C.), IMF, Sep. 2005.

(33) G. L. Kaminsky, C. M. Reinhardt, C. A. Vegh, « When it Rains, it Pours: Procyclical Capital Flows and Macroeconomic Policies », *IMF Discussion Paper*, Washington (D.C.), IMF, Aug. 2004.

(34) E. S. Prasad, R. G. Rajan, A. Subramanian, « Foreign Capital and Economic Growth », *Brookings Papers on Economic Activity*, no. 1, 2007, p. 153-209参照。

(35) D. Rodrik, « Why Did Financial Globalization Disappoint ? », *op. cit.* 参照。

(36) J. J. Polak, « The Articles of Agreements of the IMF and the Liberalization of Capital Movements », *in* S. Fisher *et al.* (dir.), *Should the IMF Pursue Capital-account Convertibility* ?, *op. cit* 参照。

(37) S. Fisher, « Capital Account Liberalization and the Role of the IMF », conference

だったアラバマ州議員のヘンリー・B・スティーガルであった。

(10) 不動産価値のいかなる増加も追加的信用能力に転化することを可能にする融資のこと。

(11) 2005年3月17日にニコラ・サルコジがUMP（国民運動連合）の全国大会において行った演説「正義と責任の政策のために」はUMPのサイトにて閲覧可能である（www.u-m-p.org/site/Index.php/ump/s_informer/discours/intervention_de_nicolas_sarkozy_president_de_ump）。

(12) 「担保」による保証付きで発行される証券であるが、この「担保」となるのは債券や不動産である。証券が外見上は担保によって保証されているので、証券がもたらす利子率を低下させることが可能になる。さらに、この担保の価値は証券に十分対応していることが必要である。実際には、そのことを知っているのは、証券の発行者だけである。

(13) 他の債券、株式または証券によって保証されている債務証券。

(14) 住宅ローンによって保証された証券。

(15) J. P. Morgan Corporate Quantitive Research, « Credit Derivatives Handbook », New York, J. P. Morgan, Dec. 2006, p. 6参照。

(16) J. P. Morgan Corporate Quantitive Research, « Credit Derivative: A Primer », New York, J. P. Morgan, Jan. 2005参照。

(17) 金融会社はタックスヘイブンに設立されるのが一般的である。

(18) J. R. Barth, *The Great Savings and Loan Dabacle*, Washington (D.C.), American Enterprise Institute Press, 1991; L. J. White, *The S&L Debacle, Public Policy Lessons for Bank and Thrift Regulation*, Oxford/New York, Oxford University Press, 1991参照。

(19) この諺は一般に、元ドイツ首相ヘルムート・シュミットのものとされている。

(20) 例えばIMFは、「……ある種の複雑な商品は金融システムにほとんど何ももたらさなかった。むしろそれは、危機の深さと期間を悪化させたかもしれない」（*Containing Systemic Risks and Restoring Financial Soundness, Global Financial Stability Report*, Washington (D.C.), IMF, Apr. 2008, p. 54）と述べている。

(21) 特定目的ビークル（SPV）と呼ばれるものがここでの問題である。

(22) この「熱」ないし「熱狂」について分析した古典的著作として、C. P. Kindleberger, *Manias, Panics and Crashes. A History of Financial Crises*, édition revue, New York, Basic Books Publishers, 1992（吉野俊彦・八木甫訳『熱狂、恐慌、崩壊——金融恐慌の歴史』日本経済新聞社、2004年）がある。

(23) アメリカにおける略奪融資の慣習をめぐる論議については、W. Li, K. Ernst, *Do State Predatory Home Lending Laws Work ?*, Working Paper, Washington

第6章　ブレトンウッズ体制の解体から通貨無秩序の進行へ

(1) これは何よりもまず、在外資産の完全な交換性を規定している。

(2) アメリカを中心に、イギリス、スイス、フランス、イタリア、ドイツ連邦共和国、ベルギー、オランダが参加した。

(3) 最初の介入はまさにこの1962年に遡る。しばしば、フランス政府は、金為替本位の復活を望むジャック・リュエフの立場に与していたと言われてきた。様々な表明からはこう聞こえるかもしれないが、この点は全く不正確である。実際には、フランスによって公式に主張された立場は、ドルが金との関係によってシステムの基軸であると同時にアメリカの経済政策のための道具でもあることはありえないということを強調するだけのものにすぎなかった。フランスが公式に金本位への選好に言及するには、1965年を待たねばならない。

(4) J. S. Odell, *U.S.International Monetary Policy*, Princeton (N.J.), Princeton University Press, 1982参照。

(5)「グループ」の構成は、1962年に結成された一般借入同盟に対応して、アメリカ、イギリス、日本、カナダ、スウェーデン、フランス、イタリア、ドイツ連邦共和国、ベルギー、オランダである。

(6) 1965年のイア・ドラン渓谷の戦い以降、アメリカ軍は次第に激しい戦闘に直面していった。ベトナム民主共和国軍の正規部隊（RDVN）もその中には含まれていた。1967年、南ベトナムと北ベトナムの間の非戦闘地域ぎりぎりのところにあったアメリカのケサン基地の周辺で、何度も敗北に転じる恐れのあった煮え切らない戦いが繰り広げられた。

(7) その自由主義的信条が見直されているモーリス・アレは、変動相場をリスク要因と見なしていた。変動相場が新しい金融商品の発達を後押しし、それが今度は新たなリスク分散を可能にし、そしてついにシステミック・リスクへと至るというのである。M. Allais, *La Crise mondiale d'aujourd'hui*, Clément Juglar, 1999参照。

(8) 連邦貿易委員会のサイトで閲覧可能である（www.ftc.gov/privacyiitiatives/financial_rules.html）。

(9) 1933年6月16日に成立したグラス・スティーガル法は、われわれが禁酒法的規制と呼ぶものの典型である。これは、1929年恐慌を引き起こした金融的無秩序への対応の中で、「融資」活動と「市場」活動とをきっぱりと区別することによって、アメリカの銀行制度を組織化するものだった。二人の法案提出者は、財務省長官であった1913年に連邦準備制度を創設したヴィルジニ・カーター・グラス上院議員と、当時下院の銀行通貨問題委員会の委員長

America, London, Allen & Unwin, 1924（橋本勝彦抄訳『アメリカ資本主義批判』世界全体主義大系第11、白揚社、1940年）参照。T. Veblen, *The Theory of the Leisure Class*, New York, Macmillan, 1899（村井章子訳『有閑階級の理論［新版］』ちくま学芸文庫、2016年）も参照。

（28）彼は1927年に、H. P. Minsky, « Uncertainty and the Individual Structure of Capitalist Economies », *Journal of Economic Issues*, vol. 30, no. 2, Jun. 1996, p. 357-368の中で *John R. Commons Papers* から引用されているJ・R・コモンズ宛の手紙で、コモンズよりも自分に近いと感じる経済学者がいないことは疑いないと書いている。

（29）ホワイトは財務省長官ハリー・モーゲンソーの補佐であった。彼はソビエトの情報局とコンタクトがあったことが明白であるが、そのことでケインズとの論議における彼の立場が影響を受けることはなかったようである。

（30）武器貸与法は、破壊された物資を戦後返済し、利用されない武器や設備をアメリカに返還するという留保条件の下で、イギリスや他の同盟諸国が支払いを行うことなく軍事物資や諸設備を獲得することを正統化した。総額439億ドル（1945年の物価で）になるこの措置は、アメリカの工業能力に対する同盟諸国のアクセスに決定的に貢献し、ソ連はそこからかなりの利益を得た。ソ連が受け取ったのは総額の29％であるが、これに対してイギリスは43％であった。U.S. President Office, *Reports to Congress on Lend-Lease Operation* no. 21, Washington (D.C.), US-GPO, 1945参照。対ロシア援助については以下を参照。M. Harrison, *Soviet Planning in Peace and War, 1938-1945,* Cambridge, Cambridge University Press, 1985; H. P. van Tuyll, *Feeding the Bear. American Aid to Soviet Union*, 1941-1945, New York, Greenwood Press, 1989; およびJ. Sapir, « The Economics of War in Soviet Union in World War II » *in* I. Kershaw, M. Lewin, (edits.), *Stalinism and Nazism/Dictatorships in Comparison*, Cambridge, Cambridge University Press, 1997, p. 208-236.

（31）このアプローチは、1946年9月にイギリス政府が行った決定に反映されている。これは、何十もの現代的なターボジェットエンジン、すなわちロールスロイスの「ダーウェント」や「ニーン」をソ連に引き渡すことを認可する決定であり、これらはほどなくしてソ連の産業によって模倣された。

（32）J. Kaplan, G. Schleiminger, *The European Payments Union, Financial Diplomacy in the 1950's*, Oxford, Clarendon Press, 1989; R. Triffin, *Europe and the Money Muddle. From Bilateralism to Near-Convertibility, 1947-1956*, New Haven (Conn.)/London, Yale University Press, 1957参照。

（33）« Proposal for an International Currency Union », 18 Nov. 1943.

再訪の折にこのプロジェクトを練り上げ始めたようである。

（14） *HL Debate*, 18 mai 1943, vol. 127, cc 520-564.

（15） ケインズは上院でこのことを再度力説している（*id.*）。

（16） J. M. Keynes, « Proposals for an International Currency Union – Second draft, November 18, 1941 », *op. cit.*, section 10. これは、その後世界銀行となっていくものについての最初の定式化として理解されうる。

（17） R. Skidelsky, *John Maynard Keynes*; vol. 2. *The Economist as Saviour*, 1920-1937, London, Macmillan, 1992（古屋隆・宮崎義一訳『ジョン・メイナード・ケインズ2――裏切られた期待 1883-1920年』東洋経済新報社、1992年）参照。

（18） 将来の妻である踊り子リディア・ロポコヴァとの1922年から1925年にかけての文通を見ると、ケインズの政治的・知的立場がよくわかる。P. Hill, R. Keynes (edits.), *Lydia & Maynard. The Letters of Lydia Lopokova and John Maynard Keynes*, London, Andre Deutsch, 1989参照。

（19） J. M. Keynes, « National Self-Sufficiency », Yale Review, 1933（松川周二訳「国家的自給」ケインズ『デフレ不況をいかに克服するか――ケインズ1930年代評論集』文春学藝ライブラリー、2013年）.

（20） J. Sapir, « Retour vers le future: le protectionnisme est-il notre avenir ? », *L'Économie politique*, n° 31, 3e trimestre, 2006.

（21） J. M. Keynes, « Proposals for an International Currency Union – Second draft, November 18, 1941 », *op. cit.*, section 10, paragraphe 6.

（22） *Ibid.*, section 8, paragraphe 2.

（23） ここにおいて、ケインズが諸国間の財政競争を、そして金融アクターが一国の主権的経済政策を不安定化させる可能性を禁止しようとする非常に明確な立場をとっていることが認められる。

（24） ここでケインズは、為替相場を攪乱し、――為替管理体制がなければ――その国の経済的現実に少しも対応しない為替相場の切り上げをもたらすという、資本流入の不安定効果を予想している。資本フローの不安定な性質はIMFのアナリストによっても認められている。以下を参照。G. L. Kalinsky, C. Rheinart, C. A. Vegh, « When It Runs, It Pours: Pro-Cyclical Capital Flows and Macroeconomic Policies », *IMF Working Paper*, Washington (D.C.), IMF, Aug. 2004.

（25） J. M. Keynes, « Proposals for an International Currency Union – Second draft, November 18, 1941 », *op. cit.*, section 7, paragraphe 5.

（26） 彼の論文 « National Self-Sufficiency », *op. cit.* において既に取り組まれていたテーマである。

（27） T. Veblen, *Absentee Ownership and Business Enterprise in Recent Times: The Case of*

一訳「チャーチル氏の経済的帰結」『ケインズ全集』第9巻、東洋経済新報社、1981年).

(5) A. Schubert, *The Credit-Anstalt Crisis of 1931*, Cambridge, Cambridge University Press, 1991.

(6) 例えば2010年11月に、ヨーロッパ諸銀行のバランスシート上の「不良債権」はおよそ1兆ユーロと推定される。これは、同じ年の5～6月にこれら機関に対して実施されたストレステストすなわち「ストレス状況の下でのテスト」の結果をかなり疑わせるものである。

(7) これは以下の論者によるテーゼである。C. P. Kindleberger, « Commercial Policy Between the Wars », *in* P. Mathias, S. Pollard (dir.), *The Cambridge Economic History of Europe*, vol. 8, Cambridge, Cambridge University Press, 1989. および H. James, *The End of Globalization: Lessons from the Great Depression*, Cambridge, Harvard University Press, 2001.

(8) A. Estevadeordal, B. Frants, A. M. Taylor, « The Rise and Fall of World Trade, 1870-1939 », *NBER Working Papers Series*, no. 9318, Cambridge, National Bureau of Economic Research, 2002.

(9) R. Findlay, K. H. O'Rourke, « Commodity Market Integration: 1500-2000 » *in* M. D. Bordo, A. M. Taylor, J. G. Williamson (dir.), *Globalization in Historical Perspective*, Chicago, University of Chicago Press, 2003.

(10) A. Estevadeordal, B. Frants, A. M. Taylor, « The Rise and Fall of World Trade, 1870-1939 », *op. cit.*

(11) I. Kershaw, *Hitler. A Profile in Power*, Longman, London, 1991 (石田勇治訳『ヒトラー――権力の本質』白水社、1999年); *Hitler, Essai sur la charisme en politique*, Gallimard 1995のタイトルで仏訳されている。同じ著者による以下も参照されたい。*Nazi Dictatorship: Problems and Perspectives of Interpretation*, London, Oxford University Press, 1993 および « Working Towards the Führer » in I. Kershaw, M. Lewin (dir.), *Stalinism and Nazism. Dictatorships in Comparison*, Cambridge, Cambridge University Press, 1997.

(12) W. Sheridan Allen, « The Collapse of Nationalism in Nazi Germany » *in* J. Breuilly (dir.), *The State of Germany*, London, Longman, 1992参照。

(13) J. M. Keynes, « Proposals for an International Currency Union–Second Draft, November 18, 1941 » *in* D. Moggridge (dir.), *Collected Writings of John Maynard Keynes*, vol. 25, London, Macmillan, 1980, p. 42-66 (村野孝訳「国際通貨同盟の提案」『ケインズ全集』第25巻、東洋経済新報社、1992年、46-71頁). この文書の最初のバージョンは1941年10月の日付があり、ケインズは1941年5月のアメリカ

ある。D. Scalera, A. Zazzaro, « The Unpleasant Effects of Price Deregulation in the European Third-Party Motor Insurance Market: A Theoretical Framework », *The B. E. Journal of Economic Analysis & Policy*, vol. 7, 2007（Bepress.com のサイト www.bepress.com/bejeap/vol7/iss1/art50で閲覧可能）。この論文は公共サービス部門にも完全に適用可能である。

（18）以下を参照。S. Borenstein, « The Trouble with Electricity Markets: Understanding California's Restructuring Disaster », *Journal of Economic Perspective*, vol. 16, no. 1, 2002, p. 191-211.

（19）以下を参照。J. Percebois, P. Wright, « Electricity Consumers under the State and the Private Sector: Comparing Price Performance of the French and UK Electricity Industries, 1990-2000 », *Utilities Policy*, no. 10, 2001, p. 167-179.

第 I 部の結論

（1）D. Rodrik, « Industrial Policy: Don't Ask Why, Ask How », *Middle East Development Journal*, 2008, p. 1-29.

第II部　金融グローバル化の進展と限界

（1）R. Dornbusch, « Capital Controls: An Idea Whose Time is Past » *in* S. Fischer *et al.*, « Should the IMF Pursue Capital-Account Convertibility ? » *Essays in International Finance*, no. 207, Princeton (N.J.), Princeton University Press, 1998, p. 20-27.

（2）J. Ostry *et al.*, « Capital Inflows: The Role of Controls », *International Monetary Fund Staff Position Note*, Washington (D.C.), IMF, 2010参照。

第5章　ブレトンウッズの失敗

（1）1919年に刊行された彼の著書、*The Economic Consequences of the Peace* は世界的な成功を収めた。

（2）私の同僚であるベルナール・マリスの表現を借りている。Bernard Maris, *Keynes ou l'économiste citoyen*, Presse de Sciences Po, 2ᵉ éd., 2007.

（3）J. M. Keynes, *A Tract on Monetary Reform*, publié en 1923, repris dans D. Moggridge (dir.) *Collected Writings of John Maynard Keynes*, vol. 4, London, Macmillan, 1973（中内恒夫訳「貨幣改革論」『ケインズ全集』第4巻、東洋経済新報社、1978年）参照。

（4）J. M. Keynes, *The Economic Consequences of M. Churchill*, publié en 1925, repris dans D. Moggridge (dir.), *Collected Writings of John Maynard Keynes*, vol. 9, *op. cit*（宮崎義

(4) J. -F. Jamet, « Productivité, temps de travail et taux d'emploi dans l'Union européenne », *Questions d'Europe*, n° 45, Fondation Robert-Schuman, 2006.

(5) 以下を参照。P. Artus, « Pourquoi l'ouverture aux échanges semble être défavorable dans certains cas ? », *Flach-IXIS*, n° 2004-53, 17 février 2004.

(6) 以下を参照。P. Artus, « Quels risques pésent sur les salaries européens ? », *Flash-IXIS*, n° 2006-153, 11 avril 2006.

(7) ここでは、国際開放に関連して引き起こされる雇用創出を考えている。

(8) *JEC*, U. S. Senate, 26 Aug. 2008. 以下も参照のこと。U. S. Congress, State Median Wages and Unemployment rates, prepared by the Joint Economic Committee, *US-JEC*, Jun. 2008.

(9) R. Bigot, « Hauts revenus, bas revenus et "classes moyennes". Une approche de l'évolution des conditions de vie en France depuis 25 ans », Intervention au colloque « Classes moyennes et politiques publiques » organisé par le Centre d'analyse stratégique, Paris, 10 décembre 2007.

(10) F. Cachia, « Les effets de l'appréciation de l'euro sur l'économie française », *Note de Synthèse de l'INSEE*, Paris, INSEE, 20 Jun. 2008.

(11) 以下を参照。J. Bibow, « Global Imbalances, Bretton Woods II and Euroland's Role in All This » in J. Bibow, A. Terzi (dir.), *Euroland and the World Economy: Global Player or Global Drag ?*, New York, Palgrave Macmillan, 2007.

(12) 公的債務の「持続可能性」の度合いについては以下を参照。T. Aspromourgos, D. Rees, G. White, « Public Debt Sustainability and Alternative Theories of Interest », *Cambridge Journal of Economics*, 2009（cje.oxfordjournals.org/cgi/content/full/bep010v1で閲覧可能）。

(13) 以下を参照。E. D. Domar, « The "Burden of the Debt" and the National Income », *American Economic Review*, vol. 34, no. 4, 1944, p. 798-827.

(14) J. Sapir, « Dette: Benoît Hamon n'a rien compris ! », Mirianne2. fr., 5 octobre 2009.

(15) 以下を参照。P. Artus, « Capacité de production, demande de facteurs et incertitude sur la demande », *in* P. Artus, P. -A. Muet (dir.), *Investissement et Emploi*, Economica, 1986, p. 236-256; texte reprenant un article paru dans les *Annales de l'INSEE* en 1984. 次も参照。E. Malinvaud, « Capital productif, incertitudes et profitabilité », *Annales d'économie et de statistique*, n° 5, 1987, p. 1-36.

(16) 以下を参照。D. A. Aschauer, « Why is Infrastructure Important ? », *in* A. H. Munnell (dir.), *Is There a Shortfall in Public Capital Investment ?*, Boston, Federal Reserve Bank of Boston, 1990.

(17) 保険分野における欧州競争政策の効果について知るには、以下が有益で

Washington (D.C.), 29 Mar. 2007; U. S. Department of Commerce, « Historical Income Tables – Income Inequality, Table IE-1 », Washington (D.C.), 13 May 2005.

（10）（輸入＋輸出）／GDP。

（11）以下を参照。J. Bernstein, E. McNichol, A. Nicholas, *Pulling Apart. A State-by-State Analysis of Income Trends*, Washington (D.C.), Center of Budget and Policy Priorities et Economic Policy Institute, Apr. 2008; J. Bivens, « Globalization, American Wages and Inequality », *Economic Policy Institute Working Paper*, Washington (D.C.), 6 Sep. 2007.

（12）完全雇用を達成するのに必要なインフレ率を「構造的インフレ率」と呼ぶ。この率は部分的に、「新しい通貨コンセンサス」によるモデルにおいて、現実の GDP と潜在的完全雇用 GDP との差から導出される。

（13）この政策については以下を見よ。F. Lordon, *Les Quadratures de la politique économique*, Albin Michel, 1997.

（14）こうした研究の中から以下を参照されたい。L. Chertok, M. Sapir (dir.) *La Fatigue*, Toulouse, Privat, 1967; P. Aboulker, L. Chertok, M. Sapir, *Psychologie des accidents*, Expansion scientifique française, 1961.

（15）以下を参照。Les Dossiers de la DARES, « Efforts, risques et charge mentale au travail. Résultats des enquêtes Conditions de travail 1984, 1991, et 1998 », hors-série, n° 99, La Documentation française, 2000; P. Legeron, *Le Stress au travail*, Odile Jacob, 2001.

（16）疫学的調査（フランスにおいて存在しないのは問題である）に基づいて提出されたスウェーデンとスイスの数字である：I. Niedhammer, M. Goldberg *et al.*, « Psychosocial Factors at Work and Subsequent Depressive Symptoms in the Gazel Cohort », *Scandinavian Journal of Environmental Health*, vol. 24, no. 3, 1998. フランスについては、限定的な調査が現象の重要性に関して説得力ある結論を与えている：S. Bejean, H. Sultan-Taieb, C. Trontin, « Conditions de travail et coût du stress: une évaluation économique », *Revue française des affaires sociales*, n° 2, 2004.

第4章　グローバル化の重圧

（1）もちろんここでは中東欧諸国を考えている。

（2）これは、自動車生産において同一モデルが異なる国で生産され、労働時間による直接的比較を可能にするケースである。

（3）R. Ruonen, B. Manying, « China's Manufacturing Industry in an International Perspective: A China-Germany Comparison », *Économie international*, n° 92, 2002, p. 103-130.

(16) C. Durand, « Pourquoi les firmes métallurgiques russes s'internationalisent-elles ? Une perspective institutionnelle et systémique », *Revue d'études comparatives Est-Ouest*, vol. 38, n° 1, mars 2007, p. 151-194.

第3章　グローバル化は誰に奉仕しているか？

(1) その原型となったモデルは1933年の日付を持つ。サミュエルソンの証明を統合したのは1941年である。以下を参照のこと。B. Ohlin, *Interregional and International Trade*, Cambridge, Harvard University Press, 1933; W. Stomper, P. Samuelson, « Protection and Real Wages », *Review of Economic Studies*, no. 9, Nov. 1941, p. 58-67.

(2) 以下を参照のこと。F. Duchin, « International Trade: Evolution in the Thought and Analysis of Wassily Leontief », 2000 (www.Wassily.leontief.net/PDF/Duchin.pdf, p. 3で閲覧可能)。

(3) 以下を参照。A. MacEwan, *Neo-Liberalism or Democracy ?: Economic Strategy, Markets and Alternatives For the 21st Century*, New York, Zed Books, 1999.

(4) P. Krugman, « A Globalization Puzzle », 21 Feb. 2010 (krugman.blogs.nytimes.com/2010/02/21/a-globalization-puzzle で閲覧可能)。

(5) 以下を参照。R. Hira, A. Hira, avec un commentaire de L. Dobbs, « Outsourcing America: What's Behind Our National Crisis and How We Can Reclaim American Jobs », AMACOM/American Management Association, May. 2005: P. C. Roberts, « Jobless in the USA », Newsmax.com, 7 Aug. 2003, www.newsmax.com/archives/articles/2003/8/6/132901.shtml.

(6) 以下を参照。H. -J. Chang, *Kicking Away the Ladder: Development Strategy in Historical Perspective*, London, Anthem Press, 2002.

(7) J. -L. Beffa, « Pourquoi les modes de gestion continuent à différer: le cas de Saint-Gobain », *in* R. Boyer et P. -F. Souyri (dir.), *Mondialisation et Régulation*, La Découverte, 2002, p. 124 (渡辺純子訳「なぜ経営方式はいつまでも異なるのか——サン=ゴバン社の事例」、R・ボワイエ、P-F・スイリ編『脱グローバリズム宣言——パクス・アメリカーナを超えて』山田鋭夫・渡辺純子訳、藤原書店、2002年、第9章).

(8) 例外はギリシャであり、係数が0.330から0.321になった。スウェーデンにおいては、1990年代に大きく上昇したが、2000年代の低下によって相殺された。

(9) 以下を参照。A. Aaron-Dine, I. Shapiro, « Share of National Income Going to Wages and Salaries at Record Low in 2006 », Center of Budget and Policies Priorities,

racionalizacija ekonomiceskoj strategii [La crise russe et la rationalisation de la stratégie économique] », *Rossijskij Ekonomiceskij Zurnal*, n° 1, 1999, p. 3-15: M. N. Uzyakov, « O perspektyvah ekonomitcheskogo rosta v Rossii [Les perspectives de la croissance économique en Russie] », *Problemy Prognozirovanja*, n° 4, 2002, p. 3-14.

(9) 以下を参照。J. Sapir, « Transition, Stabilization and Disintegration in Russia: The Political Economy of Country Unmaking », *Emergo*, vol. 2, no. 4, 1995, p. 94-118; « Différenciation régionale et fédéralisme budgétaire en Russie », *Critique internationale*, n° 11, avril 2001, p. 161-178.

(10) *Id.*

(11) 例えば以下を参照。R. M. Auty, « The Political Economy of Resource-Driven Growth », *European Economic Review*, May. 2001; J. -M. Balland, F. Patrick, « Rent Seeking and Resource Booms », *Journal of Development Economics*, vol. 61, no. 3, 2000, p. 527-542; T. Lynn Karl, « The Perils of the Petro-State: Reflections on the Paradox of the Plenty », *Journal of International Affairs*, no. 53, autumn 1997, p. 31-48; S. Khan Ahmad, Nigeria, *The Political Economy of Oil*, Oxford, Oxford University Press, 1994.

(12) 以下を参照。V. V. Ivanter *et al.*, « Budushchee Rossii: inercionnoe razvitie ili innovacionnyj proryv [Le futur de la Russie: développement inertiel ou tournant vers l'innovation ?] », *Problemy Prognozirovanija*, no 5, 2005, p. 17-63; A. P. Belousov, « Scenarii ekonomicheskogo rasvitija Rossii na pjathidecatiletnjuju perspektivu [Les scenario du développement économique de la Russie dans une perspective à cinq ans] », *Problemy Prognozirovanija*, no. 1, 2006, p. 3-52.

(13) 一次産品のレントに関連する輸出収入の急増によって引き起こされる経済に対する悪質な効果を「オランダ症候群」と呼ぶが、これは、1960年代にオランダが北海ガスの開発によって陥ったものである。以下を参照。W. Max Corden, « Booming Sector and Dutch Disease Economics: Survey and Consolidation », *Oxford Economic Papers*, vol. 36, 1984, p. 359-380; J. Isham, L. Pritchett, M Woolcock, G. Busby, « The Varieties of the Resource Experience: How Natural Resources Export Structures Affect the Political Economy of Economic Growth », *World Bank Economic Review*, vol. 19, no. 2, 2003.

(14) J. Sapir, « Makrostrukturnye faktory I organitchenija investirovanija v Rossii [Facteurs macrostructurels et renforcement de l'investissement en Russie] », *Problemy Prognozirovanija*, no. 3, 2002, p. 19-29.

(15) T. Speranskaia, « Les enjeux de la croissance économique russe et les sources de son financement », *AcComEx*, Chambre de commerce et d'industrie de Paris, septembre-octobre 2005, n° 65.

York, CEPA, New School for Social Research, 1998; D. Rodrik, « Globalization, Social Conflict and Economic Growth », Prebisch Lecture 1997, Genève, UNCTAD/CNUCED, 1997.

(42) H. -J. Chang, *Bad Samaritans: The Myth of Free Trade and the Secret History of Capitalism*, New York, Random House, 2007.

第2章　商品グローバル化の制度は避けて通れないか？

(1) 経済憲法の原則に対する批判としては以下を参照のこと。J. Sapir, *Quelle économie pour le XXIe siècle ?*, Odile Jacob, 2005.

(2) こうした批判の最初の集成は K. Gallagher, T. Wise, « Is Development Back in Doha Round ? », *Policy Brief*, no. 18, Genève, South Centre, Nov. 2009を参照。もっと前の研究として以下を参照。S. Polaski, « Winners and Losers: The Impact of the Doha Round on Developing Countries », Carnegie Endowment for International Peace, Washington, 2006.

(3) 以下を参照。A. Arutunyan, « Moscow to review WTO policy », *Moscow News*, 28 Aug. 2008 (mnweekly.rian.ru/national/20080828/55343641.html).

(4) 以下を参照。« Russia, Belarus, Kazakhstan seek to join WTO as customs bloc », RIA-Novosti, 11 Jan. 2009.

(5) 以下を参照。V. M. Kapicyn, O. A. Gerasimenko, L. N. Andronova, « Analiz Ekonomicheskoj situacii v Promyshlennosti Rossi v 1999-2000 [Analyse de la situation économique de l'industrie russe en 1999-2000] », *Problemy Prognozirovanija*, no. 5, 2001, p. 92-99.

(6) 例えばIMFは1999年2月に、プリマコフの政策はGDPの7%の減少となって表れる一方、5%強の増加を引き起こし、すなわち12%の誤差……と予想している。これについては以下で分析されている。J. Sapir, « The Russian Economy: From Rebound to Rebuilding », *Post-Soviet Affairs*, vol. 17, no. 1, janvier-mars 2001, p. 1-22.

(7) 以下を参照。J. Sapir, « À l'épreuve des faits... Bilan des Politiques macroéconomiques mises en œuvre en Russie », *Revue d'études comparatives est-ouest*, vol. 30, n° 2-3, 1999, p. 153-213. 加えて同じ著者の以下を参照。« Le consensus de Washington et la transition en Russie: histoire d'un échec », *Revue international de sciences sociales*, n° 166, décembre 2000, p. 541-553.

(8) 以下を参照。S. Glaz'ev, « Sostoitsja li v 1999-m perekhod k politike rosta ? [La transition vers une politique de croissance se poursuivra-t-elle en 1999 ?] », *Rossijskij Ekonomiceskij Zurnal*, n° 1, 1999, p. 22-39; A. Nekipelov, « Rossijskij krizis i

Can We Be in CGE-Based Assessments of Free-Trade Agreements ? », *GTAP Working Paper*, no. 26, West Lafayette (Ind.), Purdue University, 2004.

(30) 以下を参照。L. Taylor, R. von Arnim, « Modelling the Impact of Trade Liberalisation: A Critique of Computable General Equilibrium Models », *Oxfam*, Oxford, Oxford University Press, 2006.

(31) 以下を参照。F. Ackerman, K. Gallagher, « Computable Abstraction: General Equilibrium Models of Trade and Environment », *in* F. Ackerman, A. Nadal (dir.), *The Flawed Foundations of General Equilibrium: Critical Essays on Economic Theory*, New York/London, Routledge, 2004, p. 168-180. 一般均衡理論に関するより一般的な批判的分析としては以下を参照。J. Sapir, *Les Trous noires de la science économique, op. cit.*, chap. 1.

(32) 以下を参照。F. Ackerman, « An Offer You Can't Refuse: Free Trade, Globalization and the Search for Alternatives » *in* F. Ackerman, A. Nadal (dir.), *The Flawed Foundations of General Equilibrium, op. cit.*, p. 149-167.

(33) 以下を参照。J. K. Sundaram, R. Von Arnim, « Trade Liberalization and Economic Development », *Science*, vol. 323, Jan. 2009, p. 211-212.

(34) 以下を参照。F. Ackerman et K. Gallagher, « Computable Abstraction: General Equilibrium Models of Trade and Environment », *op. cit.*

(35) 以下を参照。J. Sapir, *K Ekonomitcheskoj teorii neodnorodnyh sistem. Opyt issledovanija decentralizovannoj ekonomiki (Théorie économique des systèmes hétérogènes. Essai sur l'étude des économies décentralisées),* traduction de E. V. Vinogradova et A. A. Katchanov, Moscou, Presses du Haut Collège d'Économie, 2001.

(36) 以下を参照。F. Ackerman, « The Shrinking Gains from Trade: A Critical Assessment of Doha Round Projections », *Global Development and Environmental Institute, Working Paper*, vol. 5, no. 1, Medford (Ma.), Tufts University, Oct. 2005.

(37) 以下を参照。J. E. Stiglitz, A. H. Charlton, « A Development-Friendly Prioritization of Doha Round Proposals », *IPD Working Paper*, « Initiative for Policy Dialogue », New York/Oxford, 2004.

(38) M. Ezekiel, « The Cobweb Theorem », *Quarterly Journal of Economics*, vol. 52, no. 1, 1937-1938, p. 255-280.

(39) *Ibid.*, p. 8.

(40) M. Ezekiel, « The Cobweb Theorem », *op. cit.*

(41) 以下を参照。J. A. Ocampo, L. Taylor, « Trade Liberalization in Developing Economies: Modest Benefits but Problems with Productivity Growth, Macro Prices and Income Distribution », *Center for Economic Policy Analysis Working Paper*, no. 8, New

(18) C. Oya, « Agricurutural Maladjustment in Africa: What Have We Learned After Two Decades of Liberalisation ? », *Journal of Contemporary African Studies*, vol. 25, no. 2, 2007, p. 275-297.

(19) S. B. Diarra, J. M. Staatz, R. J. Bingen, N. N. Dembélé, « The Reform of Rice Milling and Marketing in the Office du Niger: Catalyst for an Agricultural Success Story in Mali », *Staff Paper*, vol. 99, no. 26, East Lansing, Michigan, Michigan State University Press, Department of Agricultural Economics 1999.

(20) 19世紀の真の終焉である1918年から、20世紀の終焉を実際に画した1991年のソ連解体まで。われわれは「小さな20世紀」のこうした観念を、J. Sapir, *Le Nouveau XXIe Siècle*, Seuil, 2008において説明した。

(21) P. Bairoch, R. Kozul-Wright, « Globalization Myths: Some Historical Reflections on Integration and Growth in the World Economy », Discussion Paper, no. 113, Genève, UNCTAD-OSG, Mar. 1996.

(22) F. Rodriguez, D. Rodrik, « Trade Policy and Economic Growth: A Skeptics Guide to the Cross-National Evidence », *op. cit.*

(23) 以下を参照。J. Sapir, « Libre-échange, croissance et développement: quelques mythes de l'économie vulgaire », *in Revue du Mauss*, n° 30, 2e semester, La Découverte, 2007, p. 151-171.

(24) S. Leahy, « Tsunami of E-Waste Could Swamp Developing Countries », Globalpolicy.org, 22 Feb. 2010, www.global-policy.org/social-and-economic-policy/the-environment 参照。

(25) 森林は例えば、「樹冠密度30%以上、樹高5メートル以上のゾーンと」定義されている。以下を参照。L. Philips, « Palm Oil Plantations are Now "Forests" Says EU », Globalpolicy.org, 4 Feb. 2010, www.globalpolicy.org/social-and-economic-policy/the-environment.

(26) 以下を参照。S. dos Santos Rosha, L. Togeiro de Almeida, « Does Foreign Direct Investment Work For Sustainable Development ? A Case Study of the Brazilian Pulp and Paper Industry », *Discussion Paper*, no. 8, Mar. 2007.

(27) 以下を参照。P. Enderwick, J. Scott-Kennel, « FDI and Inter-Firm Linkages: Exploring the Black Box of the Investment Development Path », *Transnational Corporations*, vol. 14, no. 1, 2005.

(28) 以下を参照。M. Araya, « FDI and the Environment: What Empirical Evidence Does – and Does Not – Tell Us ? » *in* L. Zarsky (dir.), *International Investment for Sustainable Development*, London, Earthscan Publications, 2005.

(29) 以下を参照。T. Hertel, D. Hummels, M. Ivanic, R. Keeney, « How Confident

(6) 以下を参照。D. Ben-David, « Equalizing Exchange: Trade Liberalization and Income Convergence », *op. cit.*

(7) 以下を参照。H.-J.Chang, « The Economic Theory of the Developmental State », *in* M. Woo-Cumings (dir.), *The Developmental State*, Ithaca, Cornell University Press, 1999; *Kicking away the Ladder: Policies and Institutions for Development in Historical Perspective*, London, Anthem Press, 2002（横川信治監訳『はしごを外せ——蹴落とされた発展途上国』日本評論社、2009年）.

(8) A. Amsden, *Asia's Next Giant*, New York, Oxford University Press, 1989.

(9) R. Wade, *Governing the Market*, Princeton (N.J.), Princeton University Press, 1990.

(10) G. K. Helleiner (dir.), *Trade Policy and Industrialization in Turbulent Times*, London, Routledge, 1994.

(11) 以下を参照。C. -C. Lai, « Development Strategies and Growth with Equality. Re-evaluation of Taiwan's Experience », *Rivista Internationale de Scienze Economiche e Commerciali*, vol. 36, n° 2, 1989, p. 177-191.

(12) D. Rodrik, « What Produces Economic Success ? », in R. French-Davis (dir.), *Economic Growth with Equity: Challenges for Latin America*, London, Palgrave Macmillan, 2007. 同じ著者の以下も参照。« After Neoliberalism, What ? », *Project Syndicate*, 2002 (www.project-syndicate.org/commentary/rodrik7).

(13) 以下を参照。T. Mkandawire, « Thinking About Developmental State in Africa », *Cambridge Journal of Economics*, vol. 25, no. 2, 2001, p289-313: B. Fine, « The Developmental State is Dead. Long Live Social Capital ? », *Development and Change*, vol. 30, no. 1, 1999.

(14) 国内総生産（GDP）は領土ベースで実現された生産を、国民総生産（GNP）は国民ベースで実現された生産を測定する。

(15) 私は、開発の専門家であれば誰でも知っているこの逆説を、*Les Trous noirs de la science économique* (Albin Michel, 2000; rééd. Points/Seuil, 2003, p. 48-49) で分析した。以下を参照。E. Kraev, *Estimating GDP Effects of Trade Liberalization on Developing Countries*, London Christian Aid, 2005.

(16) この過程についての説明は以下を見よ。C. Oya, « Sticks and Carrots for Farmers in Developing Countries: Agrarian Neoliberalism in Theory and Practice » *in* A. Saad-Filho, D. Johnston (dir.), *Neoliberalism: A Critical Reader*, London, Pluto, 2005, p. 127-134.

(17) 教育的事例はコート・ジヴォワールのそれである。以下を参照のこと。A. Langer, « Horizontal Inequalities and Violent Group Mobilization in Côte d'Ivoire », *Oxford Development Studies*, vol. 33, no. 1, Mar. 2005, p. 25-44.

Philosophie, vol. 45, n°4, 1991, p. 459-498.
(15) S. Goyard-Fabre, « Y-a-t-il une crise de la souveraineté ? », *op.cit.*, p. 480-1.
(16) Goyard-Fabre S., *Jean Bodin et le Droit de la République*, PUF, Paris, 1989.
(17) Bely L. (dir.), avec le concours d'Isabelle Richefort et *alii*, *L'Europe des traités de Westphalie: esprit de la diplomatie et diplomatie de l'esprit,* actes du colloque tenu à Paris, du 24 au 26 sept. 1998, organisé par la Direction des archives et de la documentation du ministère des Affaires étrangères, PUF, Paris, 2000, p. 615.
(18) Sapir J., *La Fin de l'Eurolibéralisme*, Paris, le Seuil, 2006.
(19) D. Rodrik, « Industrial Policy: Don't Ask Why, Ask How », *Middle East Development Journal*, 2008, p. 1-29.

はじめに

(1) J. Généreux, *La Grande Régression*, Seuil, 2010.

第I部　商品のグローバル化——その冒険・遭難・結末

(1) 以下を参照。J. Sapir, « Le vrai sens du terme. Le libre-échange ou la mise en concurrence entre les Nations », in D. Colle (dir), *D'un protectionnisme l'autre. La fin de la mondialisation ?*, PUF, « Major », 2009.
(2) J. Sapir, « Retour vers le future: le Protectionnisme est-il notre avenir ? », *L'Économie politique*, n° 31, 3e trimestre, 2006参照。

第1章　世界化の神話と伝説

(1) D. Dollar, « Outward-Oriented Developing Economies Really Do Grow More Rapidly: Evidence From 95 LDC, 1976-1985 », *Economic Development and Cultural Change*, 1992, p. 523-554.
(2) D. Ben-David, « Equalizing Exchange: Trade Liberalization and Income Convergence », *Quarterly Journal of Economics*, vol. 108, no. 3, 1993.
(3) J. Sachs, A. Warner, « Economic Reform and The Process of Global Integration », *Brookings Paper on Economic Activity*, no. 1, 1995, p. 1-118.
(4) S. Edwards, « Opennes, Productivity and Growth: What We Do Really Know ? », *Economic Journal*, vol. 108, Mar. 1998, p. 383-398.
(5) 以下を参照。F. Rodriguez, D. Rodrik, « Trade Policy and Economic Growth: A Skeptics Guide to the Cross-National Evidence », *in* B. Bernanke, K. Rogoff (dir.), *NBER Macroeconomics. Annual 2000*, Cambridge (MA), MIT Press, 2001.

原　注

日本語版への序――イギリスのEU離脱とトランプの勝利から脱グローバル化を考える

（1）J. Sapir, "President Trump and free trade", in *real-world economics review*, issue no. 79, 30 Mar. 2017, p. 64-73, http://www.paecon.net/PAEReview/issue79/Sapir79.pdf.

（2）J. Sapir, « Le vrai sens du terme. Le libre-échange ou la mise en concurrence entre les Nations » in, D. Colle (dir.), *D'un protectionnisme l'autre – La fin de la mondialisation ?*, Coll. Major, PUF, Paris, septembre 2009.

（3）J. Sapir, « La mise en concurrence financière des territoires. La finance mondiale et les États » in, D. Colle (dir.), *D'un protectionnisme l'autre – La fin de la mondialisation ?*, Coll. Major, PUF, Paris, septembre 2009.

（4）それだから、ここではG・ルカーチ（Lukacs G., *Histoire et conscience de classe. Essais de dialectique marxiste*. Paris, Les Éditions de Minuit, 1960, 383 pages. Collection « Arguments »〔城塚登・古田光訳『歴史と階級意識』白水社、1991年〕）からの影響以上のことが表明されている。

（5）以下を参照のこと。E. Laclau. *La Razón Populista*, FCE, Buenos Aires, 2005.

（6）R. Bellamy, « 'Dethroning Politics': Liberalism, Constitutionalism and Democracy in the Thought of F. A. Hayek », *British Journal of Political Science*, 24, 1994, p. 419-441.

（7）以下を参照。Saint Augustin, *Œuvres*, sous la direction de Lucien Jerphagnon, vol. II, Paris, Gallimard, « La Pléiade », 1998-2002.

（8）これについては以下で分析されている。J. Sapir, *Souveraineté, Démocratie, Laïcité*, Michalon, Paris, 2016.

（9）D. Dyzenhaus, *Hard Cases in Wicked Legal Systems. South African Law in the Perspective of Legal Philosophy*, Oxford, Clarendon Press, 1991.

（10）D. Dyzenhaus, *The Constitution of Law. Legality in a Time of Emergency*, Cambridge University Press, London-New York, 2006, p. 22.

（11）R. Bellamy, « 'Dethroning Politics': Liberalism, Constitutionalism and Democracy in the Thought of F. A. Hayek », *British Journal of Political Science*, 24, 1994, p. 419-441.

（12）J. Sapir, « La zone Euro: du cadre disciplinaire à la 'Democrannie' », in Coll., *L'Euro est-il mort ?*, Editions du Rocher, Paris, 2016, p. 111-124.

（13）R. J. Dupuy, *Le Droit International*, PUF, Paris, 1963.

（14）S. Goyard-Fabre, « Y-a-t-il une crise de la souveraineté ? », in *Revue Internationale de*

著者紹介

ジャック・サピール

（Jacques Sapir 1954– ）

経済学者、社会科学高等研究院（EHESS）主任研究員。

EU・ユーロの問題性を問う *La Fin de l'Euro-libéralisme*（ユーロ・リベラリズムの終焉／ Seuil, 2006）*Faut-il sortir de l'euro ?*（ユーロを離脱すべきか？／ Seuil, 2012）*Souveraineté, Démocratie, Laïcité*（主権・民主主義・政教分離／ Michalon, 2016）*L'euro est-il mort ?*（ユーロは死んだか？／ Le Rocher, 2016）*L'euro contre la France, l'euro contre l'Europe*（フランス対ユーロ、ヨーロッパ対ユーロ／ Cerf, 2016）といった一連の著作で大きな話題を呼ぶ。

その他の著作に、*Les Trous noirs de la science économique. Essai sur l'impossibilité de penser le temps et l'argent*（経済科学のブラックホール：時間とお金を考えられないことについて論じる／ Seuil, 2003）*Feu Le Système Soviétique*（ソビエト体制の栄光／ La Découverte, 2015）等がある。（いずれも未邦訳）

訳者紹介

坂口明義（さかぐち・あきよし）

1959年生。専修大学経済学部教授。金融・経済理論が専門。著書に『貨幣経済学の基礎』（ナカニシヤ出版、2008年）、『現代貨幣論の構造』（多賀出版、2001年）、訳書にオルレアン『価値の帝国』（藤原書店、2013年）、アグリエッタ、オルレアン『貨幣主権論』（監訳、藤原書店、2012年）、ボワイエ『金融資本主義の崩壊』（共訳、藤原書店、2011年）、オルレアン『金融の権力』（共訳、藤原書店、2001年）、アグリエッタ『成長に反する金融システム』（新評論、1998年）など。

EU崩壊《ほうかい》――秩序《ちつじょ》ある脱《だつ》＝世界化《せかいか》への道《みち》

2017年8月10日　初版第1刷発行©

訳　者　坂　口　明　義
発行者　藤　原　良　雄
発行所　株式会社　藤　原　書　店

〒162-0041　東京都新宿区早稲田鶴巻町523
電　話　03（5272）0301
FAX　03（5272）0450
振　替　00160‐4‐17013
info@fujiwara-shoten.co.jp

印刷・製本　中央精版印刷

落丁本・乱丁本はお取替えいたします
定価はカバーに表示してあります

Printed in Japan
ISBN978-4-86578-133-5

移民問題を読み解く鍵を提示

移民の運命
〈同化か隔離か〉

E・トッド
石崎晴己・東松秀雄訳

家族構造からみた人類学的分析で、国ごとに異なる移民政策、国民ごとに異なる移民に対する根深い感情の深層を抉る。フランスの普遍主義的平等主義とアングロサクソンやドイツの差異主義を比較、「開かれた同化主義」を提唱し「多文化主義」の陥穽を暴く。

Ａ５上製　六一六頁　**五八〇〇円**
（一九九九年一一月刊）
◇978-4-89434-154-8

LE DESTIN DES IMMIGRÉS
Emmanuel TODD

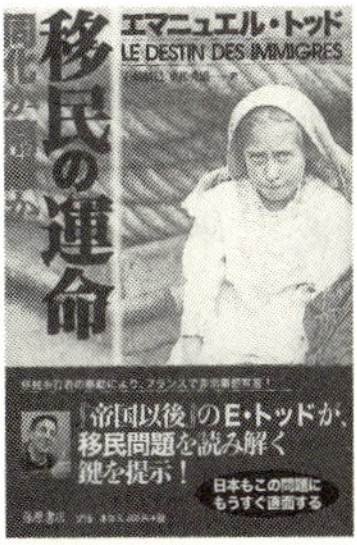

エマニュエル・トッド入門

世界像革命
〈家族人類学の挑戦〉

E・トッド
石崎晴己編

『新ヨーロッパ大全』のトッドが示す、「家族構造からみえる全く新しい世界のイメージ」。マルクス主義以降の最も巨視的な「世界像革命」を成し遂げたトッドの魅力のエッセンスを集成し、最新論文も収録。**［対談］速水融**

Ａ５並製　二二四頁　**二八〇〇円**
（二〇〇一年九月刊）
◇978-4-89434-247-7

全世界の大ベストセラー

帝国以後
〈アメリカ・システムの崩壊〉

E・トッド
石崎晴己訳

アメリカがもはや「帝国」でないことを独自の手法で実証し、イラク攻撃後の世界秩序を展望する超話題作。世界がアメリカなしでやっていけるようになり、アメリカが世界なしではやっていけなくなった「今」を活写。

四六上製　三〇四頁　**二五〇〇円**
（二〇〇三年四月刊）
◇978-4-89434-332-0

APRÈS L'EMPIRE
Emmanuel TODD

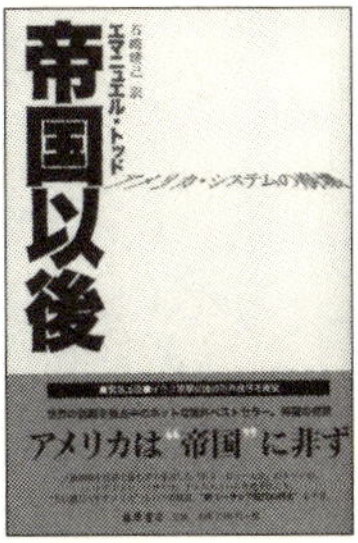

「核武装」か？「米の保護領」か？

「帝国以後」と日本の選択

E・トッド
池澤夏樹／伊勢﨑賢治／榊原英資／佐伯啓思／西部邁／養老孟司 ほか

世界の守護者どころか破壊者となった米国からの自立を強く促す『帝国以後』。「反米」とは似て非なる、このアメリカ論を日本はいかに受け止めるか？　北朝鮮問題、核問題が騒がれる今日、これらの根源たる日本の対米従属の問題に真正面から向き合う！

四六上製　三四四頁　**二八〇〇円**
（二〇〇六年一二月刊）
◇978-4-89434-552-2

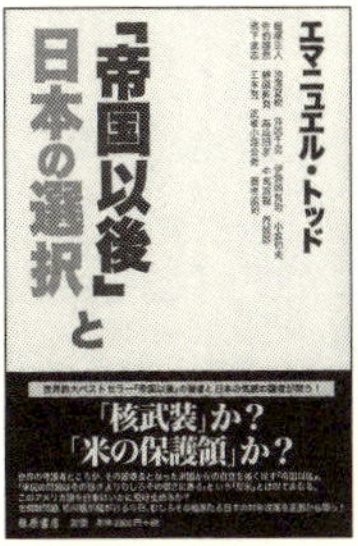

アラブ革命も予言していたトッド

アラブ革命はなぜ起きたか
（デモグラフィーとデモクラシー）

E・トッド
石崎晴己訳＝解説

米国衰退を予言したトッドは欧米の通念に抗し、識字率・出生率・内婚率などの人口動態から、アラブ革命の根底にあった近代化・民主化の動きを捉えていた。［特別附録］家族型の分布図

四六上製　一九二頁　二〇〇〇円
（二〇一一年九月刊）◇978-4-89434-820-2

ALLAH N'Y EST POUR RIEN! Emmanuel TODD

自由貿易はデフレを招く

自由貿易という幻想
（リストとケインズから「保護貿易」を再考する）

E・トッド

自由貿易による世界規模の需要縮小こそ、世界経済危機＝デフレ不況の真の原因だ。「自由貿易」と「保護貿易」についての誤った通念を改めることこそ、経済危機からの脱却の第一歩である。

F・リスト／D・トッド／J－L・グレオ／J・サピール／松川周二／中野剛志／西部邁／関曠野／太田昌国／関良基／山下惣一

四六上製　二七二頁　二八〇〇円
（二〇一一年一一月刊）◇978-4-89434-828-8

預言者トッドの出世作！

最後の転落
（ソ連崩壊のシナリオ）

E・トッド
石崎晴己監訳
石崎晴己・中野茂訳

一九七六年弱冠二五歳にしてソ連の崩壊を、乳児死亡率の異常な増加に着目し、歴史人口学の手法を駆使して預言した書。本書は、ソ連崩壊一年前に新しく序文を附し、刊行された新版の完訳である。〝なぜ、ソ連は崩壊したのか〟という分析シナリオが明確に示されている名著の日本語訳決定版！

四六上製　四九六頁　三二〇〇円
（二〇一三年一月刊）◇978-4-89434-894-3

LA CHUTE FINALE Emmanuel TODD

グローバルに収斂するのではなく多様な分岐へ

不均衡という病
（フランスの変容1980-2010）

E・トッド
H・ル・ブラーズ
石崎晴己訳

アメリカの金融破綻を預言した名著『帝国以後』を著したトッドが、最新の技術で作成されたカラー地図による分析で、未来の世界のありようを予見する！　フランスで大ベストセラーの最新作。

カラー地図一二七点
四六上製　四四〇頁　三六〇〇円
（二〇一四年三月刊）◇978-4-89434-962-9

LE MYSTÈRE FRANÇAIS Hervé LE BRAS et Emmanuel TODD

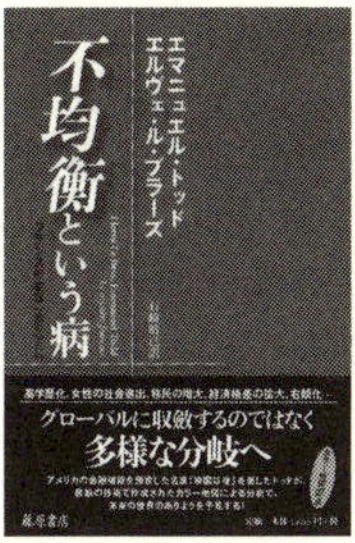